RÜGEN
HIDDENSEE · STRALSUND

Mit zahlreichen Hinweisen für Aktivurlauber

Grażyna und Wolfgang Kling

TRESCHER VERLAG

2., aktualisierte Auflage 2022

Trescher Verlag
Reinhardtstr. 9
10117 Berlin
www.trescher-verlag.de

ISBN 987-3-89794-598-2

Herausgegeben von Bernd Schwenkros und Detlev von Oppeln

Reihenentwurf und Gesamtgestaltung:
Bernd Chill

Gestaltung, Satz, Bildbearbeitung: Bernd Chill
Lektorat: Hinnerk Dreppenstedt
Stadtpläne und Karten: Johann Maria Just, Martin Kapp, Bernd Chill

Gedruckt auf chlorfrei gebleichtem Papier

Printed in Germany

Alle Angaben in diesem Reiseführer wurden sorgfältig recherchiert und überprüft. Dennoch können Entwicklungen vor Ort dazu führen, dass einzelne Informationen nicht mehr aktuell sind. Gerne nehmen wir dazu Ihre Hinweise und Anregungen entgegen. Bitte schreiben Sie an **post@trescher-verlag.de**.

Titel: Kreidefelsen in der Nähe des Kap Arkona auf Rügen
Vordere Klappe: Hiddensee, Dornbusch
Hintere Klappe: Stralsund, Markt

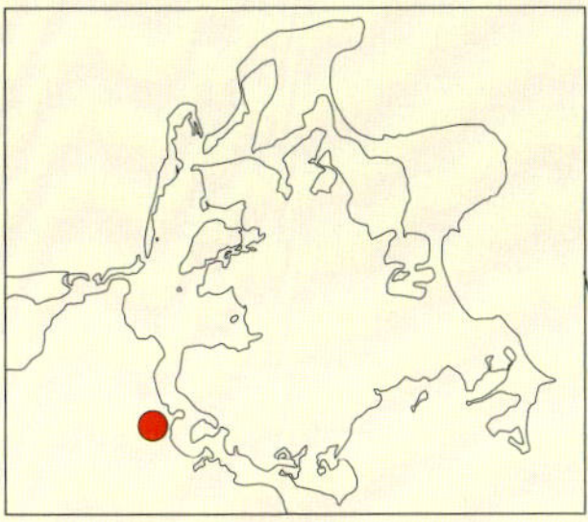

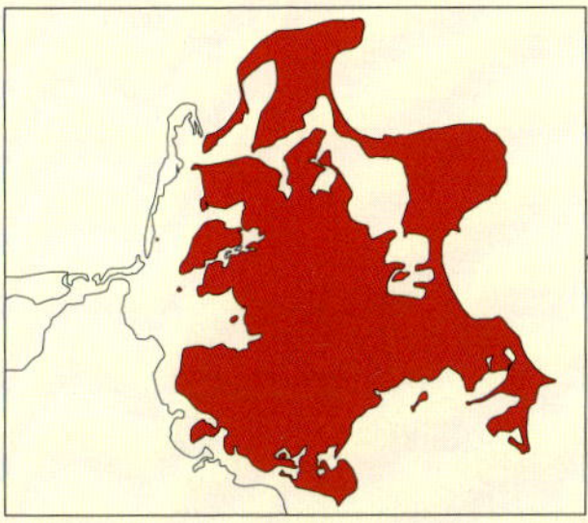

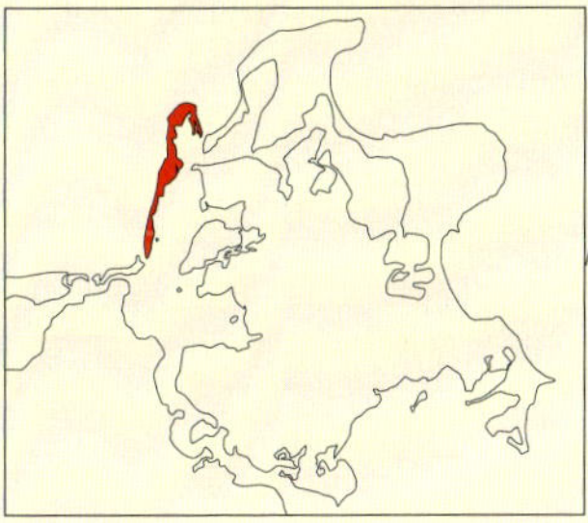

Der Nordosten Rügens: Meer, Buchenwald, Kreidefelsen

Bäderarchitektur in Binz – filigran und elegant

Vorwort

Rügen ist nicht nur die größte Insel Deutschlands, sondern auch die landschaftlich abwechslungsreichste und nicht zuletzt auch die sonnenreichste. Das Eiland mit seiner eigenwillig zerlappten Küstenform ist ein Produkt der Eiszeit, geformt von den Ablagerungen aus dem Gletschereis, später durch die Meeresströmungen, durch Sandbewegungen und durch die Stürme, die Jahr für Jahr die Steilufer schleifen und stets neue bizarre Formen hinterlassen. Die insgesamt 578 Kilometer lange Küstenlandschaft beeindruckt mit schilfumsäumten Buchten, bizarren Felsformationen, traumhaften Sandstränden sowie fast unberührten Naturstränden, die sich oft an den steilen Kliffküsten entlangziehen. Auf den knapp 1000 Quadratkilometern Fläche finden sich alle Reize der vorpommerschen Landschaft auf wunderbare Weise vereint: Das filigrane Inselgebilde besitzt Feinsandstrände, Steilküsten, Endmoränenzüge, Grundmoränenplatten, Heidegebiete, Boddengewässer, Binnenseen, Moore, Sölle und Bäche.

In solcher Landschaft sind die Möglichkeiten für Freizeitvergnügungen fast grenzenlos: Badespaß in Meer und Bodden, Kiten, Surfen und Suppen, Segeln auf der Ostsee, Golfen für Anfänger und auf höchstem Niveau, Angeln in den fischreichen Bodden, Radeln über tischplatte und hügelige Regionen, Wandern querfeldein, durch Naturschutzgebiete und rauschende Buchenwälder oder entlang der Abbruchkante zu den in der Sonne blendend weiß leuchtenden Kreidefelsen der berühmten Stubbenkammer. Großer Wert wird überall auf Familienfreundlichkeit gelegt: Es entstanden zahlreiche Ferienparks, Erlebnisbauernhöfe und Badewelten. Zu den Highlights für die ganze Familie zählt sicherlich das faszinierende Ozeaneum Stralsund.

Die quirligen und vornehmen Seebäder an der Ostküste Rügens wurden in der Mitte des 19. Jahrhunderts in kaum 20 Jahren aus dem vorpommerschen Sandboden gestampft. Aus verschlafenen Fischernestern wurden moderne und mondäne Bäder sowie touristische Zentren. Die charakteristische, elegante Bäderarchitektur aus der Gründerzeit verwandelte die Orte am Meer in traumhafte, einzigartige Idealstädte. Heute sind Rügens Seebäder und die touristische Infrastruktur tüchtig auf Vordermann gebracht und grundlegend auf die neue Zeit ausgerichtet. Nun prägen Wellness, Spa und Thalasso das touristische Angebot der Kurorte entlang der Küste. Auch die Inselgastronomie hat sich grandios verändert, mittlerweile kann man sich auf Rügen auch kulinarisch verwöhnen lassen. Das Spektrum an Unterkünften ist mittlerweile riesig, das kulturelle Angebot enorm ausgeweitet, insofern hat sich das Bild Rügens in den letzten Jahren mächtig gewandelt. Weitgehend erhalten blieb aber zum Glück das große Kapital der beiden Schwesterinseln Rügen und Hiddensee: ihre einzigartige Natur.

Ihre Schönheiten und die vielfältigen Möglichkeiten für einen Urlaub haben Rügen und Hiddensee längst zu einem Ganzjahresreiseziel werden lassen, zur bei weitem beliebtesten Insel Deutschlands. Der vorliegende Reiseführer ist als Angebot für Natur-, Aktiv- und Kultururlauber zu verstehen, die vielfältigen Reize der Insel zu entdecken.

Grażyna und Wolfgang Kling im Frühjahr 2022

Das Wichtigste in Kürze

Informationen vor Reiseantritt

Zentrale Informationen erteilen:
Tourismuszentrale Rügen, Ringstr. 113–115, 18528 Bergen, Tel. 03838/80770. www.ruegen.de
Insel Information Hiddensee, Achtern Diek 18a, 18565 Vitte, Tel. 038300/608684. www.seebad-hiddensee.de
Tourismuszentrale Hansestadt Stralsund, Am Markt 9, 18439 Hansestadt Stralsund, Tel. 03831/24690. www.stralsundtourismus.de
Touristen-Information Bergen, Markt 23, 18528 Bergen, Tel. 03838/807760. www.ruegen.de
Fremdenverkehrsverein Binz, Wylichstr. 13, 18609 Binz, Tel. 038393/665740. www.gastgeber-binz.de
Kurverwaltung Sellin, Warmbadstr. 4, 18586 Sellin, Tel. 038303/160. www.ostseebad-sellin.de

Campingplätze

Das Bundesland Mecklenburg-Vorpommern ist nach Bayern die bedeutendste Campingregion in Deutschland. Die meisten Anlagen an der Küste und auf den Inseln wurden in den letzten Jahren modernisiert. Sie liegen vorwiegend in landschaftlich reizvollen Gegenden (www.vcwmv.de). Auf Rügen gibt es 27 Camping- und Caravanplätze, auf Hiddensee ist das Zelten verboten. Viele Plätze auf Rügen bieten zudem kleine Ferienhäuser und Bungalows.

Einkaufen

Die Ladenöffnungszeiten in den Ostseebädern an der Küste und auf den Inseln sind von Montag bis Freitag freigegeben, samstags darf bis 22 Uhr geöffnet werden. Gemäß der Bäderregelung öffnen viele Geschäfte in den Ferienorten vom letzten Sonntag im März bis Ende Oktober auch sonntags. In allen Seebädern auf Rügen gibt es Promenaden und Einkaufsstraßen mit originellen Läden zum Stöbern, Boutiquen und Lifestyle-Geschäfte, ebenso in der Hansestadt Stralsund.

Klima

Auf den beiden vorpommerschen Inseln herrscht ein Übergangsklima, ein gemäßigtes Meeresklima mit kontinentalen Einflüssen. Das bedeutet: milde Winter und relativ

In den Sommermonaten verkehren Fahrradbusse

kühle Sommer, 30 Grad plus kommen eher selten vor. Mehr als 10 Grad minus sind im Winter allerdings auch fast schon eine kleine Wettersensation. Vor allem die Sommer sind in diesem Klimabereich oft sehr unbeständig. In den Hochsaisonmonaten Juli und August kann sich die Wetterlage mehrmals an einem Tag ändern. Für die Rüganer hat ihre Insel sowieso ein eigenes Klima, der Wetterbericht wird gerne ignoriert. Während es auf dem Festland regnet, scheint auf Rügen und Hiddensee oft die Sonne, die beiden Inseln gehören neben Usedom zu den sonnenreichsten Regionen Deutschlands. Regelmäßig erscheinen der Dornbusch auf Hiddensee und das Kap Arkona auf den ersten Plätzen bei den Rankings der sonnenverwöhntesten deutschen Orte.

Kurtaxe

In allen Seebädern sowie in allen staatlich anerkannten Erholungsorten auf den Inseln wird traditionell Kurtaxe erhoben. Kinder und Jugendliche bis 16 Jahre sind in der Regel davon befreit, Schwerbehinderte mit Ausweis, Arbeitslose und Sozialhilfeempfänger zahlen weniger. Die Höhe der Kurabgabe schwankt in der Hauptsaison zwischen einem Euro pro Tag (Glowe, Sassnitz), 2 Euro auf Hiddensee, 2,80 Euro in Binz und 3,50 Euro in Sellin. Zwischen Oktober und April bezahlt man etwa die Hälfte. Die Abgabe dient vor allem für Investitionen in die touristischen Infrastrukturen des Kurorts. Beim Vorzeigen der Kurkarte werden oftmals Preisermäßigungen gewährt, etwa beim Besuch von Stränden, Kurkonzerten, Ausstellungen und Ortsführungen. Bezahlt wird die Kurtaxe in der Regel beim Check-in. Die Gebühr wird vom Quartiergeber an die Gemeinde abgeführt.

Notrufe

Feuerwehr, Rettungsdienst: 112.
Polizei: 110.
Pannenhilfe ADAC: 018000/2222222.
AvD: 0800/9909909.
Zentraler Kartensperr-Notruf: 116116.

Unterkünfte und Preisniveau

Sowohl auf beiden Inseln als auch in der Hansestadt Stralsund ist das touristische Übernachtungsangebot breit gefächert. Es reicht von Jugendherbergen, familienfreundlichen Campingplätzen – da ist Hiddensee wegen des Campingverbots ausgenommen – über einfache Privatunterkünfte, Urlaub auf dem Bauern- oder Gutshof bis hin zu komfortablen Ferienwohnungen, Appartements und luxuriösen Design- oder Biohotels mit anspruchsvollen Wellness- und Spa-Bereichen oder einem Rundum-Verwöhnprogramm. Besonders schick und wie einst die Grafen logiert man auf Rügen in etlichen Schlössern und Herrenhäusern. Rund 70 000 Gästebetten stehen den Urlaubern auf der größten deutschen Insel zur Verfügung. Die meisten Unterkünfte, auch die meisten First-Class-Tempel, befinden sich im Ostseebad Binz. Ein umfassendes Gastgeberverzeichnis für Rügen und Hiddensee verschickt die Tourismuszentrale in Rügen (s.o.). Haustiere sind nicht in jedem Quartier erwünscht. Man sollte also unbedingt vor der Anreise beim Vermieter nachfragen. Einige Pensionen und Hotels sind in den Wintermonaten geschlossen, andere gewähren in dieser Zeit (außer Weihnachten und Silvester) und in der Vorsaison gravierende Preisnachlässe. In diesem Buch werden die Preise für ein Doppelzimmer mit Frühstück zur Hauptsaison in drei Kategorien eingeteilt: €=bis 70 Euro, €€=bis 140 Euro, €€€=über 140 Euro.

Unterwegs auf der Insel

Rügen besitzt ein dichtes öffentliches Busnetz, die Seebäder und die anderen Ortschaften sind gut miteinander verbunden. In den Sommermonaten verkehren zudem so genannte Radzfatz-Busse, die auch Fahrräder transportieren *(→ S. 212)*.

Ausführliche Informationen bieten die Reisetipps von A bis Z (→ S. 209).

Unterwegs mit Kindern

Wo in den Urlaubsgebieten Mecklenburg-Vorpommerns Seine Majestät lacht, der Fischkönig Gustav I., ist Familienfreundlichkeit garantiert. Das gekrönte Maskottchen ist das Symbol für ›Familienurlaub MV – geprüfte Qualität‹ des Tourismusverbandes. Und der fröhliche Gustav hat hier auf den vorpommerschen Inseln gut lachen – in diversen Hotels, auf Campingplätzen und Ferienparks, in Freizeit- und Erlebnisbädern, auf Bauern- und Reiterhöfen sowie Stränden. Insgesamt rund 60 Kilometer feinste Sandstrände auf Rügen und mehrere Kilometer auf Hiddensee laden zum Buddeln und Burgenbauen ein. Sicherlich sind die Strände die schönsten Sandkästen der Welt, doch was macht die Familie bei schlechtem Wetter? Der feine weiße Ostseestrand allein ist es gewiss nicht allein, was Rügen und Hiddensee so anziehend macht. Auch bei Schmuddelwetter wird es auf den Inseln nie langweilig, und in der Hansestadt Stralsund ganz sicher auch nicht.

Museen und Technisches

Das ehemalige Affenhaus im Schlosspark von Putbus, das zu Zeiten von Fürst Malte erbaut wurde, beherbergt heute ein **Puppen- und Spielzeugmuseum** mit über 300 Exponaten (→ S.117). Im **Schulmuseum Middelhagen** kann man eine Unterrichtsstunde erleben, wie sie vor rund 100 Jahren stattfand (→ S. 149). Abtauchen auf den Meeresgrund und den Lebensraum der Ostsee kennenzulernen, das ist in der **Tauchgondel Sellin** (→ S. 142) möglich. An der Fährbrücke in Stralsund ist die Bark **Gorch Fock I** festgemacht und lädt zur Besichtigung ein (→ S. 89). Ebenfalls zu besichtigen ist das 90 Meter lange einstige britische **U-Boot H. M. S. Otus** im Hafen von Sassnitz (→ S. 164). In Europas einzigem **Kreidemuseum in Gummanz** lernt man nicht nur viel über die Entstehung der Kreide, über ihren Abbau und Verwendung, im Programm stehen auch Fossiliensuchen in der Buddelkiste und Exkursionen in den Kreidetagebau (→ S. 165). Die **Homunkulus Figurensammlung auf Hiddensee** (→ S. 208) zeigt die Vielzahl der handgemachten Marionetten, die ein paar Schritte weiter im maritimen Kammertheater ›Seebühne‹ auftreten, mit fantasievollen Programmen ›für Kinder ab 6 Jahren und Erwachsene‹.

Tiere, Pflanzen und Steine gucken

Im **Dinosaurierland Rügen** sind 100 originalgetreue Nachbildungen der frühen Erdbewohner zu bewundern (→ S. 172). Im

Der Baumwipfelpfad bei Binz

Im Meeresmuseum Stralsund

faszinierenden **Ozeaneum Stralsund** lernt man die Lebensräume der nördlichen Meere kennen. Hier sind in riesigen Aquarien die Giganten des Meeres zu bestaunen. Schwärme von Fischen und Haie ziehen durchs Wasser, Mitmachen ist im Ausstellungsbereich ›Meer für Kinder‹ gefragt (→ S. 89). Im **Deutschen Meeresmuseum Stralsund** sind unter anderem Bewohner des Mittelmeers wie Muränen und Langusten zu sehen. In den Schildkröten- und Haibecken wird es besonders bei den Fütterungen spektakulär (→ S. 86). Bei Mukran kann man zu den **Feuersteinfeldern** wandern und nach schönen Steinen suchen. Vielleicht findet man sogar einen originellen Hühnergott mit einem durchgehenden Loch darin (→ S. 165).

Vielfältiges

Auf dem **Erlebnisbauernhof Kliewe** in Mursewiek und dem **Erlebnisbauernhof Lange** in Lieschow gibt es jede Menge zu entdecken und auszuprobieren (→ S. 191 und S. 192). Klettern, rutschen, rodeln, golfen, Gokartfahren, das alles ist möglich in der **Erlebniswelt Rugard** bei Bergen (→ S. 130). Der **Baumwipfelpfad** windet sich durch den küstennahen Buchenwald und führt auf einen 40 Meter hohen hölzernen Turm, der einem Adlerhorst ähnelt. Weit schweift der Blick von dort oben über die Boddenlandschaft und die Ostsee. Im dazugehörenden **Naturerbe Zentrum Rügen** lässt sich in der Erlebnisausstellung mit spannenden Experimentierstellen so manches Geheimnis der Natur entdecken (→ S. 130). Eine Zeitreise durch 70 Millionen Jahre Erdgeschichte bietet die Ausstellung im **Nationalpark-Besucherzentrum Königsstuhl** (→ S. 169). Das ganze Jahr über rattert mit Volldampf der **Rasende Roland** durch die Landschaft im Südosten Rügens (→ S. 148). Im **Rügen Park Gingst** sind viele bedeutende Bauwerke im Kleinformat zu sehen (→ S. 194). Badespaß wird in den Bade- und Erlebniswelten **Ahoi! Rügen** im Ostseebad Sellin (→ S. 156) und in der abenteuerlichen Tobelandschaft **Splash** in Neddesitz (→ S. 176) garantiert. Im **Seilgarten Prora** warten 11 Parcours mit über 100 Übungen auf Klettermaxe ab fünf Jahren (→ S. 156). Und direkt am Nordstrand von Göhren bietet der **Abenteuer Dünengolf-Platz** Spiel und Spaß für die ganze Familie - golfen mit Meerblick (→ S. 156).

Herausragende Sehenswürdigkeiten

Hansestadt Stralsund ▾
Die Hansestadt Stralsund bildet das Tor nach Rügen. Die **Altstadt** mit ihren Backsteinkathedralen, dem prunkvollen Rathaus, den Klöstern und prächtigen Patrizierhäusern gehört seit 2002 zum Weltkulturerbe der UNESCO (→ S. 75).

Wahrzeichen ▾
Die berühmten Wahrzeichen Rügens sind auch die touristischen Insel-Klassiker: Die schroff-bizarre **Kreideküste** mit dem 118 Meter hohen **Königsstuhl der Großen Stubbenkammer** im Nationalpark Jasmund (→ S. 166) und das **Kap Arkona** mit den beiden so ungleichen Leuchttürmen, die ganz nah nebeneinander stehend wie Pat und Patachon anmuten (→ S. 183).

Der **Hochuferweg** entlang der Kreideküste von Sassnitz bis nach Lohme zählt zu den schönsten Wanderwegen Deutschlands. Am oft windgepeitschten Kap liegen auch die Reste der Jaromarsburg, vom 9. bis zum 12. Jahrhundert eine Kultstätte der slawischen Ranen.

Das Wahrzeichen Hiddensees ist der **Leuchtturm Dornbusch** im Inselnorden. Ein wunderschöner Wanderweg führt von dort durch das Hügelland (→ S. 203).

Architektur ▴
Architektonische Meisterwerke aus der Hochzeit der Seebäder vor mehr als 100 Jahren sind vor allem an den Promenaden und Einkaufsmeilen von Binz, Göhren und Sellin erhalten geblieben. Die eleganten, weißen Gebäude der **Seebäderarchitektur** mit großzügigen Freitreppen, filigran verzierten Giebeln, offenen Loggien, Marmorsäulen, Erkern und Ecktürmchen sind ein Spiegelbild der gesellschaftlichen Stellung ihrer reichen Bauherren und übertreffen sich in Glanz und Gestaltung (→ S. 139).

Ein besonderes Schmuckstück dieser nostalgischen Architektur ist die **Seebrücke von Sellin**. Die feine Dame in Weiß wurde erst 1992 nach altem Vorbild wieder errichtet und ist fast 400 Meter lang (→ S. 142).

Eine Aussichtsplattform besitzt das **Jagdschloss Granitz** bei Binz, zugänglich für schwindelfreie Besucher. Das Neorenaissance-Schmuckstück inmitten des Granitzwaldes war der Jagdsitz des Fürsten Wilhelm Malte I. (→ S. 135).
Die weiße, klassizistische **Rosenstadt Putbus** gilt heute mit ihren zahlreichen architektonischen Baudenkmälern als die Kunst- und Kulturhauptstadt der Insel (→ S. 114).

Naturerlebnisse ▼
Mit Rügens Natur auf Augenhöhe befindet man sich auf dem barrierefreien **Baumwipfelpfad des Naturerbe Zentrums Rügen**. Von der Aussichtsplattform ›Adlerhorst‹ in 82 Höhenmetern über dem Meeresspiegel genießt man ein grandioses Panorama über die Insel und aufs nahe Baltische Meer (→ S. 130).
Rügens eindrucksvolle und kilometerlange **Alleen** erscheinen im Sommer wie grüne Tunnels (→ S. 39).
Der **Nordstrand der Halbinsel Wittow** ist vielleicht der attraktivste Strand Rügens. Er erstreckt sich vom Kap Arkona die steile Kliffküste entlang (→ S. 182).

Rasender Roland ▲
Die Rügensche Bäderbahn, der **Rasende Roland**, verbindet seit fast 120 Jahren Putbus mit den Seebädern im Osten der Insel auf Schmalspurgleisen und mit historischen Dampflokomotiven (→ S. 148).

Sassnitz ▲
Der **Hafen** von Sassnitz mit seiner 1450 Meter langen Außenmole, den Ausflugsdampfern, Fischkuttern und Fischverkaufsstellen bietet das ganze Jahr über ein maritimes Flair. In der schönen **Altstadt** trifft man auf prächtige Strandvillen, die dort, fast mediterran anmutend, an den steilen Hang gebaut wurden (→ S. 160).

Im Norden der flachen Küste Pommerns, Stralsund gegenüber, erhebt sich, gleichsam ein nordisches Arkadien, das romantische, viel besuchte Rügen aus der umflutenden Ostsee und vereinigt mit den reizenden und malerischen Naturschönheiten den erhabnen Anblick des Meeres und merkwürdige Denkmäler der Vorzeit. Auffallend dringt von allen Seiten das Meer tief ins Land ein, so dass viele Busen und Buchten entstehen, welche daselbst Bodden, Binnenwasser und Wieken heißen und das Land zu Inseln, Halbinseln, Landengen und Erdzungen machen.

Ernst Moritz Arndt (1769–1860)

Kurhaus und Strand in Binz

LAND UND LEUTE

Landschaften

Hymnen auf die landschaftlichen Reize Rügens und seiner kleinen Schwester Hiddensee wurden und werden viele gesungen, das Füllhorn ihrer Schönheiten ist prall. Rügen darf sich zudem mit seinem außergewöhnlich vielgestaltigen Landschaftskleid rühmen. Genau genommen besteht das Eiland aus einem Kern- oder Hauptland, auch ›Muttland‹ genannt, sowie vier größeren Halbinseln. Alle diese Teile besitzen einen ganz eigenen landschaftlichen Charakter. Die meist ebene bis flachwellige Grundmoränenlandschaft Kernrügens erstreckt sich in etwa zwischen den Ortschaften Bergen, Putbus, Garz und Gingst. Sie ist vornehmlich von der Landwirtschaft geprägt. Ganz im Norden der Insel liegt die Halbinsel Wittow, die Kornkammer Rügens. Sie schließt nordöstlich mit dem Kap Arkona ab und ist an ihrem südwestlichen Ende mit der langen, schmalen Halbinsel Bug verbunden. Beide Halbinseln sind vom Kernland Rügens durch den Rassower Strom, den Breetzer Bodden und den Breeger Bodden abgetrennt. Am Kliff Gellort, nur einen Steinwurf vom Kap Arkona entfernt, liegt der nördlichste Punkt des Bundeslandes Mecklenburg-Vorpommern. Die Schaabe ist eine sichelförmige, zwölf Kilometer lange und völlig unbebaute Nehrung, die die Halbinsel Wittow mit der Halbinsel Jasmund im Nordosten Rügens verbindet. Auf Jasmund befindet sich das landschaftliche Highlights der Insel: die spektakuläre Kliffküste mit ihren bizarren Kreidefelsen und dem 118 Meter hohen Königsstuhl der Großen Stubbenkammer. Das für norddeutsche Verhältnisse fast schon gebirgige Jasmund ist mit dem Kernland wiederum durch eine Nehrung verbunden, durch die knapp zehn Kilometer lange und etwa zwei Kilometer breite Schmale Heide zwischen Sassnitz und dem Seebad Binz. Die Nehrung wird von der Prorer Wiek im Osten und dem Kleinen Jasmunder Bodden im Westen begrenzt. Im Südosten Rügens ragt die stark gegliederte und – von oben aus der

Teile Rügens sind landwirtschaftlich geprägt

Vogelperspektive gesehen – fast ausgefranst wirkende Halbinsel Mönchgut in den Greifswalder Bodden. Rügischer Bodden heißt der Küstenbereich mit der weißen Stadt Putbus zwischen den Halbinseln Mönchgut und Zudar. Das Inselland im Westen ist weitgehend flach. Vorgelagert sind hier die völlig tischplatte Insel Ummanz und die rund 19 Quadratkilometer große Insel Hiddensee, auf der etwa 1300 Einwohner leben.

Rügen ist mit 976 Quadratkilometern Fläche die weitaus größte Insel Deutschlands, rund 68 000 Menschen leben auf ihr. Sie dehnt sich von Nord nach Süd über 52 Kilometer aus, von Ost nach West über 43 Kilometer. Der höchste Punkt der Insel ist mit 161 Metern der Piekberg auf der Halbinsel Jasmund. Die Küstenlänge Rügens entspricht, da höchst abenteuerlich zerkerbt und zerlappt, mit ihren unglaublichen 574 Kilometern ungefähr der Entfernung von Berlin nach Frankfurt am Main. Die außerordentlich vielfältige und herb-schöne Boddenküste Vorpommerns und speziell Rügens ist in ihrer landschaftlichen Eigenart wohl einmalig in Europa. Sie ist mit den berühmten grellweißen, steilen Kreidefelsen des Königsstuhls besonders markant ausgeprägt. Aber die große Freilichtschau eiszeitlichen Geschehens auf Rügen und Hiddensee hat noch weitere beeindruckende Höhepunkte zu bieten: bizarr verschnörkelte Küstenformen, lagunenartige Gewässer, Dünenwälder, mit Buchen bestandene Steilküsten, sandige Heideflächen, Moore in den Niederungen und natürlich kilometerlange, zum Teil sehr feinsandige Strände. Rügen ist außerdem mit unzähligen eiszeitlichen Findlingen übersät, die 22 größten Steinblöcke des Eilands zählen zu den geschützten Geotopen, zu den Steinen, die Einblicke in die Erdgeschichte vermitteln. Der Buskam ist der dickste dieser ›wandernden Steine‹. Er wiegt 1600 Tonnen und liegt bei Göhren wie eine kleine Insel im Meer. Der Riesenfindling bei Nardevitz hat seine letzte Ruhe auf einem Feld gefunden und bringt auch stattliche 281 Tonnen auf die Waage (→ S. 27).

Die Ostsee – ein Erbe der Eiszeit

Martha Müller-Grählert (1876–1939), vorpommersche Heimatdichterin. Das berühmt gewordene ›Ostseewellenlied‹ wurde später auf die Nordsee übertragen und zum ›Nordseewellenlied‹.

Ostseewellenlied
Wo die Ostseewellen trecken an den Strand,
wo de gele Ginster bleugd in´n Dünensand,
wo de Möven schriegen grell in –t Sturmgebruus,
dor is mine Heimat, dor bün ick to Hus.

Die Ostsee ist ein Binnenmeer, nicht sehr tief und nicht sehr salzig. Sie ist erdgeschichtlich ein sehr junges Meer, und sehr klein obendrein, gerade mal 413 000 Quadratkilometer groß und dabei maximal 459 Meter tief. Die Ostsee entstand erst vor rund 13 000 Jahren, als sich die Eismassen der letzten Eiszeit (Weichseleiszeit) aufgrund steigender Temperaturen allmählich nach Norden zurückzogen. In der Baltischen Senke bildete sich daraufhin ein riesiger Eisstausee mit Süßwasser. Er besaß noch keine Verbindung zur Nordsee. Dafür hatte geomorphologisch gut 100 000 Jahre zuvor die Saale-Eiszeit gesorgt: Sie hatte mit ihren von Skandinavien vordringenden Gletschern Gesteinsschutt, Sande und Tone aufgeschüttet, die nach ihrem Abschmelzen ein über 100 Meter hohes Wallsystem formten – die Moränen von Jütland und Schleswig-Holstein. Sie bilden bis heute die Hauptbarriere zwischen der Nordsee und der Ostsee. Erst vor circa 8000 bis 5000 Jahren kam es durch den globalen Anstieg des Meeresspiegels sowie durch Landhebungen zu schmalen Verbindungen zwischen den beiden Meeren. Das salzige Nordseewasser drang nun nach Osten in den sogenannten Ancylussee ein, und es entstand ein salzig-brackiges Meer. Das Aussehen des neuen Binnenmeeres verändert sich seit Jahrtausenden stetig. Die gegenwärtige Entwicklungsphase der Ostsee wird von den Wissenschaftlern als Myameer bezeichnet – in Anlehnung an die heute allerorten anzutreffenden Sandklaffmuschel Mya arenaria, die sich vor etwa 1500 Jahren in der Ostsee ausbreitete. Seitdem sind die Küstenformen der Ostsee, so wie wir sie heute vorfinden, annähernd gleich geblieben.

Das Baltische Meer, wie die Ostsee in den meisten Sprachen genannt wird, ist das größte Brackwassermeer – Gemisch aus Fluss- und Meereswasser, also Süß- und Salzwasser – der Erde. Mehr als 200 Flüsse münden in die Ostsee. Von ihnen erhält sie Süßwasser, atlantisches Salzwasser strömt von der Nordsee ein. Der Salzgehalt des Baltischen Meeres ist mit maximal 2,5 Prozent äußerst gering, nach Osten hin nimmt er noch weiter bis auf nur noch 0,3 Prozent ab. Im Küstenbereich der Inseln Rügen und Hiddensee liegt der Salzgehalt nur bei einem Drittel dessen, was für die meisten Ozeane typisch ist, durchschnittlich 3,5 Prozent. Daher entsteht im Winter oft eine starke Eisbildung, die besonders im Bottnischen und Finnischen Meerbusen mehrere Monate anhält.

Mit den größeren Mündungsflüssen fließt jährlich über eine Million Tonnen Stickstoff aus dem wachsenden Einsatz von Kunstdünger in der Landwirtschaft in die Ostsee, außerdem Unmengen an Phosphaten und Nitraten. Die chemischen Substanzen verwandeln das Meer in eine blühende Landschaft, in der vor allem Blaualgen bestens gedeihen. Die sinken auf den Meeresboden, wenn sie absterben, werden dort zersetzt und entziehen dem Wasser so den letzten Sauerstoff. Es bildet sich am Boden ein übel riechender Faulschlamm, in dem kein Fisch oder auch Muschel überleben kann. Die Belüftung des Ostseegrundes ist nur durch Frischwasserzufuhr aus der Nordsee möglich. Die Zufuhr von Salzwasser, von belebenden Sauerstoffduschen, ist für die Ostsee also absolut lebensnotwendig. Doch die bleibt oft jahrelang aus. Nur bei anhaltend stürmischen Westwinden strömt salzreiches Nordseewasser durch die Meerengen des Großen und des Kleinen Belt ein. Nach längerer Pause fand der letzte große Salzwasserzustrom Ende 2014 statt. In der Regel erfolgt nur alle 30 bis 35 Jahre ein vollständiger Wasseraustausch in der Ostsee. Es droht daher latent die Gefahr, dass das Baltische Meer von seinem Grund her stirbt. Eine weitere Belastung für das ökologische Gleichgewicht des Binnenmeeres ist der seit der politischen Wende 1989 stark angestiegene Schiffsverkehr auf der Ostsee mit seinen stark erhöhten Hafen- und Ölumschlagkapazitäten. Mittlerweile befahren fast 100 000 Schiffe jährlich die Ostsee.

Blick auf die Tromper Wiek

Doch es gibt auch positive Nachrichten vom nordeuropäischen Meer: Galt die Ostsee in den 1970er Jahren noch als das schmutzigste Meer der Welt, so hat sich die Wasserqualität in den letzten 20 Jahren erfreulich verbessert. Fast überall an den Küsten der südlichen Ostsee wird sie bei strengen staatlichen Kontrollen als gut oder sehr gut bewertet. An den Stränden mehrerer Ostseebäder – auch auf Rügen – weht seit Jahren als Zeichen sauberen Wassers die ›Blaue Flagge‹, das weltweit gültige Umweltsymbol. Auch die Rückkehr der Kegelrobben, die seit den 1920er Jahren aus der Ostsee gänzlich verschwunden waren, ist sicherlich ein natürliches Indiz dafür.

Biologisch ist das relativ flache Meer – Durchschnittstiefe: 55 Meter – sehr artenarm. Heimisch sind hier nur wenige Dutzend Fischarten. Gefangen wird vor allem Hering, Dorsch (Kabeljau), Flunder und Barsch. Des Weiteren auch Aale, Zander und Schnäpel, der Stint und Ostseelachse pendeln von einigen Flüssen in die Baltische See. Allerdings sorgen weiterhin die permanente Überfischung, vor allem von Dorsch, sowie die höchst umstrittene Fangmethode mit Grundschleppnetzen für ein labiles Ökosystem der Ostsee. Die riesigen Schleppnetze der kommerziellen Fischfangflotten, mit denen vorwiegend Steinbutt, Flunder, Seezungen und Schollen gefangen werden, schleifen über den Meeresgrund und zerstören dabei große Teile der dort lebenden Organismen. Auch der Beifang ist enorm, viele Jungfische sowie nicht kommerziell verwertbare Arten werden dabei vernichtet.

Die Entstehung der beiden vorpommerschen Inseln

Die Entstehung der beiden Inseln begann genauso genommen bereits in der Oberkreide, einem Zeitabschnitt der Erdgeschichte, der über 70 Millionen Jahre zurückliegt. Dort, wo sich heute die Inseln befinden, lagerten im damaligen großen,

Sonnenuntergang am Jasmunder Bodden

sehr flachen und lauwarmen nördlichen Weltmeer Kalkschalen und Tiergehäuse unvorstellbar vieler Mikroorganismen wie Muscheln, Seeigeln oder Kalkalgen. Das Kalksediment wuchs über Jahrmillionen stetig an. Streckenweise türmte es sich bis zu einer 500 Meter dicken Kalkschicht. Eine gigantische Masse, wenn man bedenkt, dass die Ablagerungen pro Jahr nur um etwa einen halben Millimeter gewachsen sind! Gewaltige Erdbewegungen fanden in den drei großen Eiszeiten statt. Dabei wurden stets von den Gletschern riesige Mengen Gesteins aus Skandinavien über das Land geschoben, zu Geröll, Kies und Sand zermahlt und in Grund- und Endmoränen abgelagert. Als sich die Eispanzer zurückzogen, hinterließen sie Berge von Gesteinsschutt. Die Oberfläche Rügens ist davon geprägt. Der Druck des Geschiebemergels auf den Kreideuntergrund war während der letzten Eiszeit so gewaltig, dass die Kreide vor rund 20000 Jahren an den äußeren, nicht belasteten Gebieten wie eine Wurst aus der Pelle nach oben gedrückt, aus der Tiefe gehoben, dann aufgefaltet und schließlich zusammen geschoben wurde. So entstand der Höhenrücken Jasmund mit seinen riesigen Kreidevorkommen. Die Kreide liegt wie auf einer schiefen Ebene und rutscht Stück für Stück dem Meer entgegen.

Der Gesteinsschutt wurde durch die Inlandgletscher außerdem zu einer Kette gestaucht, die in etwa vom heutigen Bornholm über den Dornbusch auf Hiddensee, über die östlichen Teile Rügens bis zur Insel Ruden im Greifswalder Bodden reicht. Beim Abschmelzen des Eises füllte sich vor rund 10000 Jahren die Baltische Senke mit Schmelzwasser. Als sich vor etwa 7500 Jahren die Gletscher bereits weit nach Norden zurückgezogen hatten, hoben sich – von der Last des Eises befreit – das skandinavische Festland und der Meeresspiegel der jungen Ostsee stieg deutlich an. Dabei wurde die Landverbindung zwischen Bornholm und Rügen überflutet. Nur die Hochgebiete ragten danach noch aus dem Wasser. So entstand die Insel Rügen. Noch immer liegen gigantische Teile des abgelagerten Kreidekalks unter dem Geröll und Sand des Meeresgrundes. Zahlreiche Fossilien wie Seeigel oder Donnerkeile und Ablagerungssteine wie die zahlreich vorkommenden Feuersteine belegen die höchst bewegte Vergangenheit der Insel. Sie sind in die Rügener Kreide eingelagert, werden nach und nach vom Meer ausgewaschen, freigelegt und säumen danach in großen Mengen die Küste, aber auch andere Teile der Insel (→ S. 65).

Die vorpommersche Boddenküste

Am besten aus der Vogelperspektive oder während einer Reise entlang der Ostseeküste lassen sich die sehr unterschiedlichen und ausgesprochen vielfältigen Küstenformen des nordeuropäischen Binnenmeeres deutlich erkennen und voneinander unterscheiden. Sie sind in erster Linie Resultate der eiszeitlichen Gletscherbewegungen. Während der letzten Eiszeit, der sogenannten Weichseleiszeit, überrollte der gewaltige mehrere hundert Meter und teilweise sogar bis zu 1000 Meter dicke Eispanzer das Land. Er formte die Mondlandschaft mit seinem Schotterbett. Die abfließenden Schmelzwasser hinterließen Hügelketten, die Grund- und Endmoränen. Eiszungen bildeten Buchten, aus abgelagerten Geschiebemergeln wurden fruchtbare Ackerböden, aus Schwemmland sandige Heideflächen. Ohne die mächtige eiszeitliche ›Schuttablage‹ aus Steinen und Sanden an den Küsten der südlichen Ostsee reichte das Wasser des Baltischen Meeres südwärts bis in den Berliner Raum. Neben den weitflächigen Überflutungen führte das allmähliche Abschmelzen des Eises vor rund 13000 Jahren außerdem zu beträchtlichen Landhebungen. Die nacheiszeitlichen Geländehebungen vor allem im nördlichen Bereich und umgekehrt Geländeabsenkungen im südlichen Bereich der Ostsee beeinflussen bis heute die Formbildung der Küsten. Wind, Wellen und die Meeresströmungen sorgen ständig für Veränderungen des Aussehens der jeweiligen Küstenabschnitte: Die sturmgepeitschte See bewirkt einen permanenten Küstenrückgang an der einen und Landzuwächse an der anderen Stelle. Steilküsten brechen herunter, beharrlich tragen dann die Strömungen Meter für Meter des Sandes ab und transportieren ihn davon, wo er sich andernorts etwa in Form von Nehrungen und Sandhaken wieder aufbaut. Der Küstensaum der Ostsee ist ständig in Bewegung. Auch die herrlichen Kliffwände der Rügener Steilküste sind nicht für die Ewigkeit gebaut. Die regelmäßigen Kreideabbrüche sind ganz natürliche Vorgänge.

Die Ostseeküste hat viele Gesichter. Fjorde finden sich an den Küsten des Kattegatts und im südwestlichen Schweden, Schären an der schwedisch-finnischen Ostseeküste. Der Küstenabschnitt etwa von Flensburg bis Lübeck ist durch Förden gekennzeichnet. Das sind einstige Gletschertäler, die nach dem Abschmelzen voll gelaufen sind. Eine Ausgleichsküste bestimmt den Abschnitt von Swinemünde bis kurz vor Danzig und die lettische Küste. Ursprüngliche Buchten, Halbinseln, Inseln und Vorsprünge wurden unter dem Einfluss von Wind und Wasser zu einer geradlinig verlaufenden Küste mit seichten Ufern, breiten Sandstränden und bewaldeten Dünen dahinter. Eine Haff- oder Nehrungsküste prägt den Abschnitt zwischen Danzig und dem litauischen Klaipeda. Auch das Stetti-

Am Strand bei Baabe

Buhnen schützen die Küste vor Erosion

ner Haff zählt dazu. Haffs – andernorts als Lagunen bezeichnet – entstehen vor Flussmündungen, es sind größtenteils von der Ostsee abgetrennte Brackwasserflächen und insofern Boddengewässer. Die vorpommersche Küste ist vor allem durch Boddenlandschaften geprägt. Die Boddenküste zeigt sich am eindrucksvollsten ausgeprägt zwischen der Halbinselkette Fischland-Darß-Zingst und den Inseln Rügen und Hiddensee. Dieser großartige Küstenabschnitt mit der stärksten Gliederung aller deutschen Küsten ist durch den Nationalpark Vorpommersche Boddenlandschaft geschützt. Auf Rügen verzaubert zudem die einzigartige Kliffküste mit ihren grellweißen Kreidefelsen. Sie wird durch den Nationalpark Jasmund geschützt. Solche steil abfallenden Küsten findet man auch auf der polnischen Insel Wollin, auf Gotland und auf Bornholm.

Gewässer und Küstenformen

Wasser, wohin man auch schaut: Wiek, Bodden, Meer, eng nebeneinander und landschaftlich doch oft ganz verschieden. Aufregender, vielseitiger und poetischer ist vielleicht die Boddenseite, Pathos herrscht am Meer – Strand und Weitblick bis zum Horizont.

Bodden sind seenähnliche und sehr flache Küstengewässer. Sie entstanden durch nacheiszeitliche Flutungen von Grundmoränenlandschaften und sind durch Inseln, Halbinseln oder Landzungen vom offenen Meer weitgehend abgeriegelt. Bei den Grundmoränen handelt es sich um unter den Gletschern abgelagerten Schutt, der durch das Eis vom Untergrund losgelöst und mitgeführt wurde. In diesen Zonen ist die Landschaft in der Regel leicht gewellt. In den Mulden zwischen den Minihügeln liegen die eiszeitlichen Wasser, die nicht abfließen konnten. Meistens sind Boddengewässer außerordentlich buchtenreich. Solche kleinen, flachen Buchten werden niederdeutsch **Wiek** genannt. Die gesamte extrem unregelmäßige Küstenlinie Rügens besitzt solche tief in das Festland eingeschnittene Buchten. Dazu zählen etwa die Hagensche Wiek an der Halbinsel Mönchgut, die mehrere Kilometer lange Udarser Wiek nördlich der Halbinsel Ummanz oder die Neuendorfer Wiek, die sehr schmale südliche Bucht des Breetzer Boddens. Die Prorer Wiek dagegen ist eine ungewöhnlich breite Bucht entlang der Schmalen Heide zwischen der Halbinsel Jasmund und der Granitz bei Binz.

Bis heute entwickeln sich die Küstenformen unaufhörlich fort. An vielen Küstenabschnitten trägt die küstenparallele Strömung Sande und anderes Feinmaterial ab und lagert es in sogenannten **Sandhaken**. Die Haken wachsen durch stetige, weitere Sandanlandungen von Lockermaterial in das flache Wasser hinaus. Erreicht ein solcher Sandhaken eine gegenüberliegende Landspitze, entsteht eine **Nehrung**, eine sandige Verbindung von Land zu Land. Sie begrenzen meist sehr flache Meeresbuchten vom Meer. Oft stehen sie nur durch schmale Meeresarme mit der offenen See in Verbindung. Viele Nehrungen werden für den Schiffsverkehr durch künstliche Durchstiche offen gehalten. Die zwölf Kilometer lange Schaabe auf Rügen ist eine Nehrung, die die ehemaligen Inseln Jasmund und Wittow verbindet und dadurch zu Halbinseln machte. Sie schützt nun die ehemals offene Bucht zwischen Jasmund und dem Inselkern vor schwerer See aus Nordost. So entstanden die beiden Rügenschen Bodden im Norden der Insel: der Breeger Bodden und der Große Jasmunder Bodden. Die Westküste Rügens wird von der langgestreckten Insel Hiddensee vor stürmischer See geschützt. Die Gewässer zwischen Rügen und Hiddensee wurden daher zu inneren Küstengewässern: Schaproder Bodden und Kubitzer Bodden. Der Greifswalder Bodden im Südosten Rügens mit den Inseln Vilm, Ruden und Greifswalder Oie ist ein Teilbereich der Pommerschen Bucht. Die Küste des Boddens ist auch hier sehr stark gegliedert. Die Halbinseln Mönchgut und Zudar reichen weit in den Bodden hinein.

Strandseen sind ehemalige Buchten, die von Nehrungen oder Dünenwällen vollständig abgeschnürt wurden. so auf Rügen etwa der Schmachter See bei Binz oder der Neuensiener See bei Seedorf. Strandseen verlanden im Laufe der Zeit. Als **Sund** werden Meerengen oder schmale Meeresstraßen bezeichnet. Der Strelasund zwischen Rügen und Stralsund im Westen des Greifswalder Boddens ist eine Verbindung zur Ostsee. Der Name **Höft** kommt vom Niederdeutschen Hööft und bedeutet soviel wie Landspitze. Solche ›Spitzen‹ sind etwa die Reddevitzer Höft auf der Halbinsel Mönchgut und ihm gegenüber die Gobbiner Höft. Dazwischen liegt eine große Bucht, die Having, ein ideales Revier für Segler und Angler. **Hucke** nennt man an der Ostsee große Kliffvorsprünge, etwa die Hucke bei Kloster an der Vitter Bucht auf Hiddensee. Eine **Liete** ist eine steile Schlucht, oft ein keilförmiger Einschnitt in eine Steilküstenlinie. Die berühmteste Liete auf Rügen ist die Große Vitte südlich vom Kap Arkona, wo sich das Fischerdorf Vitt an das Kliff schmiegt.

Rechtwinklig zum Strand sind vielerorts auf Rügen und Hiddensee – wie auch anderswo an der Ost- und Nordsee – lange Reihen von Pfählen aus Holz in den ufernahen Meeresboden gerammt. Diese **Buhnen**, meist von grünem Moos bewachsen, dienen dem Küstenschutz. Sie sollen uferparallele Strömungen vermindern, so dass keine Sanderosionen stattfinden. Auch **Molen** dienen dem Küstenschutz. Die Wellenbrecher aus Stein ragen oft weit in die See hinein. Die längste Mole auf Rügen ist mit ihren 1450 Metern gleichzeitig auch die längste Mole Europas: Die Sassnitzer Mole schützt den Fischereihafen der Stadt.

Gewässer im Inland

In ganz Vorpommern und auch auf der Insel Rügen sehr auffällig und weit verbreitet sind kleine, tümpelartige und meist runde Wasserlöcher mitten auf den Feldern. Diese **Sölle** entstanden durch in der Erde eingeschlossene Eisstücke, die, nachdem sie geschmolzen waren, im lehmigen Boden nicht abfließen konnten. Einige dieser in der Regel sehr tiefen Sölle stehen heute unter Landschafts- oder Naturschutz.

Im Land der ›wandernden‹ Steine

Rügen, Hiddensee und ganz Pommern sind im Wortsinn steinreich. Die Landschaft ist reich bestückt mit den wandernden Steinen, die die Eiszeitgletscher zusammen mit Millionen Tonnen von Geröll aus Skandinavien mitbrachten. Nach dem Abschmelzen des Eises blieben massenweise Steine zurück. Die Rügener Findlinge bestehen meist aus Granit oder Gneis und stammen von der Ostseeinsel Bornholm und aus dem südlichen Schweden. Sie sind bis heute charakteristische Bestandteile der Insellandschaft – sowohl als Einzelsteine als auch als Bausteine steinzeitlicher Hünengräber.

Die Findlinge

Manche Findlinge sind tonnenschwer, besitzen imposante Maße und ragen nicht selten pittoresk aus dem Wasser an den Bodden- und Meeresufern. Die Strandsteine bestehen fast alle aus Granit oder Gneis. Sie sind äußerst widerstandsfähig. So konnten sie den Gletschertransport zuweilen über viele hundert Kilometer wesentlich besser überstehen als andere Steine. Die Fantasie der Bevölkerung machte aus ihnen gerne ›Teufelssteine‹ oder ließ sie von Riesen über die pommersche Erde schleudern. Viele dieser Felsblöcke, meist vom eiszeitlichen Transport kantenrund geschliffen, dienten später als natürliche Steinbrüche. Man hat die Mitbringsel aus Skandinavien gut und ausgiebig genutzt – für religiöse Kulte und Riten, für Werkzeuge und Waffen, die frühen Pommernchristen bauten damit ihre spätromanischen und frühgotischen Gotteshäuser. Man nutzte sie als Mühlsteine, die Preußen auch gerne als Denkmäler, Grenz- und Meilensteine, für die Kutschen entstanden aus ihnen steinerne Straßen und Chausseen und die Handelsstationen wurden zu kopfsteingepflasterten Marktplätzen. Heute sind die großen Findlinge als Naturdenkmäler geschützt. Noch vor 150 Jahren lagen mehrere hundert der hierher geschleiften Großblöcke direkt vor der Kreideküste in der Ostsee. Sie dienten dort als natürliche Wellenbrecher und schützten so die Küste vor den Gewalten der See. Ab Mitte des 19. Jahrhunderts hat man – sicherlich dummerweise – einen großen Teil dieser ›Meeresfindlinge‹ geborgen und zum Ausbau der Inselhäfen und ab 1889 auch für den Bau der Sassnitzer Hafenmole verwendet. So konnte die Kraft des Meeres nun ungebremst auf die Rügener Kreidefelsen einwirken.

Der ›Siebenschneiderstein‹ vor Gellort gehört zu den bekanntesten Findlingen

Neben dem weitaus größten Findling Rügens, dem 1600 Tonnen schweren **Buskam** (auch Buhskam genannt) bei Göhren, ist der **Große Stein von Nardevitz** mit 281 Tonnen ein besonders eindrucksvoller, schwerer Brocken. Der Buskam liegt unmittelbar östlich des Seebads Göhren und ragt meist – je nach Wasserstand – rund 1,5 Meter aus der Ostsee heraus, knapp 300 Meter vom Strand entfernt. Der Steingigant wurde schon in der Bronzezeit als Kultstätte genutzt. Sein Name könnte sich aus dem Altslawischen ableiten und ›Gottesstein‹ bedeuten. In vielen Volkssagen über den Riesenfindling aus Granit versammelten sich einst auf seinem Plateau Hexen in der Walpurgisnacht, tanzten Seejungfern auf ihm oder holte sich der Adebar die kleinen Kinder aus ihm. Der Findling von Nardevitz war ursprünglich dreimal so groß wie heute. Er diente in den Jahren 1854/55 als Steinbruch. Den Granit nutzte man damals vorwiegend zur Herstellung von preußischen Denkmälern, den sogenannten Preußensäulen. Er liegt etwa 400 Meter nördlich von Wardevitz auf freiem Feld. Der **Siebenschneiderstein** am Gellert nordwestlich vom Kap Arkona wiegt 165 Tonnen, ist 1,80 Meter hoch und 6,40 Meter lang. Er lagert auf einer kleinen Landzunge, dem nördlichsten Punkt Rügens. Der 110-Tonner **Uskam** wird auch Klein Helgoland genannt und liegt am Ufer nahe dem Sassnitzer Kurplatz. Der **Schwanenstein von Lohme** ist 162 Tonnen schwer, besteht aus rötlichem Granit und liegt im flachen Küstenwasser. Sehenswert ist auch der Findling **Svantekahs** mit 18 Kubikmetern Rauminhalt. Er ist 3,80 Meter hoch und befindet sich idyllisch am Strandufer zwei Kilometer nordwestlich von Glowe in Richtung Ruschwitz – der kleinen Ortschaft, wo einst der Ostseepirat Klaus Störtebeker das Licht der Welt erblickt haben soll. Der Name Svantekahs bedeutet im Altslawischen ›Heiliger Stein‹.

Hünengräber und Hügelgräber

Findlinge der Eiszeit wurden in fast allen historischen Epochen, von der jüngeren Steinzeit bis in die jüngere Vergangenheit, zu kulturellen Zwecken genutzt. Außergewöhnlich zahlreich finden sich solche steinernen Schätze auf Rügen. Sie wurden für die sogenannten Hünengräber benutzt, die auch als Großsteingräber oder Dolmen bezeichnet werden, als Opfer- und Sagensteine, für die mittelalterlichen Kirchen sowie für Wallanlagen und für Forts.

Hünengräber sind die mit Abstand ältesten Baudenkmale im mittel- und nordeuropäischen Raum, beeindruckende Relikte aus der jungen Steinzeit, etwa 4500 bis 5500 Jahre alt. Von diesen ältesten Zeugnissen menschlicher Schöpferkraft sind auf Rügen heute noch um die 50 vorhanden, 1825 wurden noch mehr als 200 solcher Großsteingräber gezählt. Viele von ihnen hat man im 19. Jahrhundert, sicherlich oft auch aus Unkenntnis, gesprengt, zerschlagen und vor allem zu Pflastersteinen verarbeitet. Hünengräber sind Ansammlungen riesiger Findlinge, die von Menschenhand verschoben und planmäßig platziert wurden. Manchmal hat man sie in länglicher Form aufgestellt, manchmal kreisrund angeordnet und meist mit einem Deckstein versehen. Die jungsteinzeitlichen Gräber haben die Jahrtausende überdauert, doch der urzeitliche Totenkult gibt noch immer Rätsel auf. Waren die Gräber nur Bestattungsstätten für sozial hervorgehobene Menschen? Waren es kollektive Erbbegräbnisstätten bäuerlicher Sippen? Wurden nur die bereits skelettierten Knochen der Verstorbenen hier niedergelegt? Inwieweit waren die monumentalen Grabstätten in kultische Handlungen einbezogen? Fraglos und unbestritten war die Aufstellung dieser tonnenschweren Riesensteine eine ungeheure Gemeinschaftsleistung, in einer Epoche, als der Steinzeitmensch gerade sesshaft geworden war. Wahrscheinlich kombinierten die frühen Siedler Muskelkraft, Hebewirkung und schiefe Ebenen. Über aufgeschüttete Rampen beförderten sie die schweren Decksteine hoch und legten sie auf die herbei geschleppten,

Das Hünengrab bei Lancken-Granitz

in schöner Regelmäßigkeit hochkant aufgestellten Findlinge. Archäologen gehen davon aus, dass Großsteingräber mit etwa 60 Steinen in rund 100 Tagen Bauzeit errichtet werden konnten. Im Mittelalter wähnte man solche Findlings-Bauwerke von Hünen, also von Riesen, aufgestapelt. Noch im Schrifttum des 17. Jahrhunderts ist von ›Hünenbetten‹, also von Gräbern von und für Riesen, die Rede.

Das **Hünengrab bei Nobbin** (→ S. 182, Radtour zum Kap Arkona) oberhalb der Kliffküste der Halbinsel Wittow zählt zu den bemerkenswertesten der jungzeitlichen Grabmonumente Rügens. Es ist stattliche 34 Meter lang und besteht aus zwei Steinreihen mit zwei Ecksteinen. Das Grab wurde vor etwa 4000 Jahren von Viehzüchtern oder Ackerbauern angelegt. Wahrscheinlich hat man die beiden Grabkammern schon in früher Zeit ausgeräumt. Gefunden wurden nur noch Pfeilspitzen, Gefäßscherben, Knochenfragmente und eine Klinge. Im Normalfall hatte man die Toten in den Hünengräbern zusammen mit Bernsteinperlen, Keramikscherben und Werkzeugen bestattet. An der B 196 unweit von Lancken-Granitz und nahe Sellin liegen sieben Grabanlagen in einem räumlichen Zusammenhang, aber mit unterschiedlichen Bauweisen, aufgereiht am Rande einer Wiese. Die sehr gut erhaltenen **Großsteingräber von Lancken-Granitz** (→ S. 138) gehören zu den schönsten und interessantesten auf Rügen. Hierbei sind die Grabkammern zum Teil so exakt ausgerichtet, dass die Strahlen der aufgehenden Sonne zur Sommersonnenwende durch die Öffnung genau die rückwärtigen Steine der Kammer bescheinen. Im Laufe der Zeit ist die Steinanlage mit den umstehenden Eichen eng zusammengewachsen.

Hügelgräber dagegen sind keine Steinbauten wie die Hünengräber. Sie sind aufgeschüttete Erdhügel, auffällig ist ihr kegelförmiger Aufbau. Meist sind sie heute mit heimischen Gehölzen bewachsen, oft verborgen in Wäldern, auf Feldern und Äckern. Hügelgräber stammen aus der mittleren Bronze- und Eisenzeit und sind etwa 3000 bis 3800 Jahre alt. Sie dienten ausschließlich als Begräbnisstätten. Je nach Größe spiegeln sie den gesellschaftlichen Status der bestatteten Person wider. Auf Rügen gibt es weit mehr als 400 solcher Hügelgräber. Sie sind weitaus weniger spektakulär als die Hünengräber, für Archäologen sind sie aber kostbare Fundstätten, auch wenn sie längst in vergangenen Zeiten ausgeraubt oder später auch eingeebnet und einfach platt gemacht wurden. Das größte Hügelgrab der Insel sowie ganz Norddeutschlands ist der **Dobberworth** bei Sagard (→ S. 174), circa 3500 Jahre alt. Das dicht mit Laubbäumen bewachsene Grab ist etwa 14 Meter hoch, sein Umfang beträgt um die 150 Meter. Nordwestlich von Bergen, bei Patzig, befindet sich eine Gruppe von 13 Hügelgräbern. Die **Woorker Berge** sind sechs bis acht Meter hoch. In der Nähe des Dorfes Silmenitz im Süden Rügens erhebt sich das **Hügelgrab Der Himmel**. Wahrhaft himmlisch ist von dort aus der Panoramablick über den Greifswalder Bodden und die Schoritzer Wiek.

Sagensteine und Opfersteine

Auf Rügen gibt es einige größere Findlinge, die als magische Orte gelten und mit alten Sagen über Opferkulte umwoben sind. Sie werden seit dem 18./19. Jahrhundert als Opfersteine und Sagensteine bezeichnet. Viele von ihnen weisen auf ihrer Oberfläche Bearbeitungsspuren auf. Über die kultischen Bedeutungen dieser sogenannte Schälchen oder Näpfchen wird noch spekuliert und gerätselt.

Der Sagenstein am Herthasee

Der berühmte **Sagenstein am Herthasee** liegt am Wanderweg zum Königsstuhl (→ S. 166). Auf ihm sind drei verschiedene Abdrücke zu erkennen. Man hat sie als Fußabdrücke eines Erwachsenen, eines Kindes und eines Hasen interpretiert. Nach der mit dem Stein verbundenen heidnischen Sage soll eine Jungfrau mit dem Teufel im Bunde gestanden haben. Bei der ›Jungfrauenprobe‹ durch den Oberpriester erschien dem schönen Fräulein ein Kind als Engel und ging zusammen mit ihr über den Stein. Beide hinterließen Abdrücke. Das reichte, die Jungfrau war der Lüge überführt. Die dritte Spur auf dem Stein schließlich gehörte dem Teufel selbst. Er hatte die Gestalt eines Hasen angenommen. Der Priester stieß danach die falsche Jungfrau die steile Kliffwand an der Stubbenkammer ins Meer hinab. Doch der Engel nahm sie in seine Arme und trug sie sanft hinunter, wo – man wird es schon geahnt haben – ihr Geliebter auf sie wartete, um mit ihr in seine ferne Heimat zu segeln.

Ebenfalls in der Nähe des Herthasees liegt ein nicht minder berühmter **Opferstein**. Den Stein mit seiner vermeintlichen Blutschale haben allerdings ein paar findige Eventmanager aus dem 19. Jahrhundert – unter anderem in Person eines cleveren Wirtes vom nahen Gasthaus – hierher an den dunklen See herankarren lassen. Den frühen Rügenurlaubern wird die inszenierte Show zum alten Kult von Mord und Totschlag inmitten der romantisch-schaurigen Waldlandschaft wohl imponiert haben. Jedenfalls wurde seitdem die rinnenartige Aushöhlung des Steins stetig blutrot angestrichen.

Der verwunschene Herthasee ist ein eiszeitlicher Schmelzwassersee, bis zu elf Meter tief und fast kreisrund. Ein stiller, dunkler Waldsee, von alten Buchen umgeben. Auch um ihn rankt sich eine Sage, eine kultische Schaudergeschichte um die Urmutter und Erdgöttin Hertha (Nerthus) aus der germanischen Mythologie, die durch diesen heiligen Hain fährt, um ihre Kinder zu segnen. Ihr geweihter Wagen, mit Kühen bespannt, ist verhüllt, kein Auge darf die Göttin sehen. Die Lakaien jedoch, die ihr Gefährt nach den frohen Tagen der Segnung rituell waschen mussten, während Hertha im See badete, ließ sie in den Tiefen des Sees ertränken. Denn nur Todgeweihte durften das Heilige schauen. So beschreibt es der römische Geschichtsschreiber Tacitus (um 58–120) in seiner ›Germania‹. Einige Schritte nordöstlich des Sees ist ein rund 10 Meter hoher Wall aus der Slawenzeit zu erkennen, Reste der sogenannten **Herthaburg**. Der Sage nach soll hier, an der slawischen Ringwallanlage aus dem 10./11. Jahrhundert, der Tempel der Göttin Hertha gestanden haben. Auch nur einen Katzensprung entfernt, am Wegesrand, stehen noch die Überreste der uralten **Herthabuche**, die bei den göttlichen Kulthandlungen eine wichtige Rolle spielte. Durch das Rauschen der Äste soll Hertha ihren Willen kundgetan haben. Ein Priester interpretierte das göttliche Rauschen und übersetzte es in die Sprache der Menschen.

Einer der größten Granitfindlinge Rügens ist der **Quoltitzer Opferstein** zwischen den Orten Gummanz und Nardevitz. Auch bei diesem 73 Tonnen schweren Findling mit einem Umfang von 13,5 Metern sind Vertiefungen, mehrere kreisrunde Schälchen, gut zu erkennen. Sie stammen aus der jüngeren Steinzeit. Vermutlich dienten sie kultischen Ritualen, womöglich Speiseopfern bei besonderen Anlässen. Die große Querrille ist aus dem Mittelalter, als man den Riesenstein sprengen wollte. Außerdem sind Spuren herausgeschlagener Rundsteine erhalten, die vermutlich als frühgeschichtliche Mahlsteine Verwendung fanden. Caspar David Friedrich zeichnete den Quoltitzer Opferstein 1806 auf einer seiner Rügenwanderungen.

Feuersteine, Hühnergötter und Donnerkeile

Bei Stürmen oder starken Winden schlagen die Ostseewellen gegen das Rügener Kreidekliff und waschen dabei die weiche, matschige Kreide aus ihm heraus. Das Abbruchgeröll an den Stränden enthält haufenweise Findlinge, oft als ›Bulleneier‹ bezeichnet, und viele Feuersteine – mit und ohne Löcher, aber durchaus auch Fossilien wie versteinerte Seeigel, Steck- und Dickmuscheln, Zackenaustern und Donnerkeile – beliebte Sammlerstücke bei Strandwanderern. Hin und wieder findet man auch – meist kleinere – Exemplare von Bernstein. Das ›Gold des Baltischen Meeres‹, versteinertes Baumharz, ist mindestens 40 Millionen Jahre alt. Es stammt von den riesigen Nadelwäldern, die damals ganz Nordeuropa bedeckten.

Dunkelgrau bis schwarz und oft mit weißlicher, dünner Rinde ist das Erscheinungsbild der **Feuersteine**, den allgegenwärtigen Geröllen an vielen Stränden der beiden vorpommerschen Inseln. Der Feuerstein ist ein Ablagerungsgestein aus der Kreidezeit, also rund 70 Millionen Jahre alt. Er entstand aus einem Gemisch von Kalkschlamm und Kieselsäure, das sich zu Knollen konzentrierte und im Laufe der Jahrtausende versteinerte. Feuersteine sind sehr hart und witterungsbeständig. Sie splittern jedoch sehr leicht, so dass sie für den Steinzeitmenschen ausgesprochen nützlich waren für die Herstellung von Werkzeugen, Pfeilspitzen und fürs Feuermachen. Daher kommt ihr Name. Im nördlichen Teil des Naturschutzgebietes ›Schmale Heide‹ bei Mukran befinden sich die sehenswerten Rügener Feuersteinfelder (→ S. 165). Ähnlich wie bei den Bernsteinen sind auch bei den Feuersteinen Einschlüsse von Fossilien aus grauer Vorzeit keine Seltenheit.

Als Glücksbringer vom Ostseestrand gelten kleinere Feuersteine, die durchlöchert sind. Solche **Hühnergötter** sind bei Sammlern sehr beliebt und werden gerne am Kettchen um den Hals getragen. Die Löcher im Stein sind einfach Zufallsbildungen, sie entstanden durch Abreibungen oder Ausspülungen. Zu entdecken sind an der Kreideküste aber auch durchaus zentnerschwere Hühnergötter, die ›Sassnitzer Blumentöpfe‹ genannt werden. Einige dieser besonderen Exemplare stehen heute noch in den Vorgärten der Hafenstadt Sassnitz. Es ist mittlerweile verboten, diese Steine aus dem Nationalpark Jasmund zu entfernen. Der Name ›Hühnergötter‹ geht auf einen uralten slawischen Volksglauben zurück, wonach die Steine, als Amulette in Ställen aufgehängt, das Vieh beschützen sollten.

Besonders häufig findet man **Donnerkeile**. Diese Steine haben eine schmal zulaufende Form und sind Reste von kalmarähnlichen Kopffüßern ebenfalls aus der Kreidezeit. Die meisten davon liegen an der Kreideküste der Halbinsel Jasmund. Ihr Name ist vom germanischen Gott Donar abgeleitet, der Gewitter, Blitz und eben den Donner brachte. Den ›Donar-Keilen‹ wurde früher eine heilende Wirkung etwa bei Hexenschuss nachgesagt. Zu den begehrtesten Funden an den Geröllstränden Rügens gehören fossile Feuersteinkerne kleiner Seeigel. Auch sie stammen aus der Schreibkreide und besitzen eine charakteristische fünfstrahlige Zeichnung.

Feuersteinfeld bei Sassnitz

Das Ende der Wissower Klinken

Die spitz und höchst bizarr aufragende Kreideformation der Wissower Klinken ist Geschichte. Die Klinken – ihr Name kommt aus dem Slawischen und bedeutet ›Keil‹ oder ›Winkel‹ – gehörten zusammen mit den nebenan gelegenen Kreidefelsen der Stubbenkammer zu den bedeutendsten touristischen Anziehungspunkten an der Steilküste Rügens, sie waren eines der beliebtesten Fotomotive der Insel. Doch in der Nacht vom 23. auf den 24. Februar 2005 stürzten ihre bis zu 20 Meter hohen Hauptzinnen in die Tiefe, 50 000 Kubikmeter Kreide wurden dabei in die Ostsee gerissen. Von dem einstigen attraktiven Wahrzeichen Rügens blieben nur zwei belanglose Stümpfe übrig. Völlig überraschend kam der Abbruch jedoch nicht. Feuchtigkeit und Regen, der Wechsel von Frost und Tauwetter, Erosion, tektonische Spannungen, die zu Rissbildungen führen, die Meeresbrandung und Sturmfluten verändern seit Jahrtausenden ständig das Aussehen der Rügener Kreideküste. Die steilen Hänge sind ›aktive Kliffs‹, die meisten Abbrüche finden im Winter und Frühjahr statt. Verformungen und Abstürze wie die der Wissower Klinken gehören zwangsläufig zur natürlichen Entwicklung der 15 Kilometer langen Kreideküste. So ist denn auch die Annahme, dass Caspar David Friedrich die Wissower Klinken in seinem berühmten Gemälde ›Die Kreidefelsen auf Rügen‹ von 1818 als Originalvorlage genommen haben soll, nur eine weit verbreitete Mär – es gab sie damals in ihrer spektakulären Form noch gar nicht. Sie wurde erst von späteren Herbststürmen und der Erosion in die Kreide gerissen.

Unbedingt ernst nehmen sollte man die Warnhinweise am Steilufer. Im Dezember 2011 ereignete sich ein folgenschwerer Abbruch, bei dem ein zehnjähriges Mädchen starb. Im Sommer 2011 brachen in der Nähe des Kieler Ufers, zwischen Sassnitz und dem Königsstuhl, 120 000 Kubikmeter Kreide hinunter auf den Strand. 2002 stürzten am Kolliker Ort 150 000 Kubikmeter Kreide ab. Die Einwohner Rügens verabschiedeten sich von ihren Wissower Klinken am 13. März 2005 mit einem Konzert im Nationalparkzentrum am Königsstuhl. Gespielt wurde Johannes Brahms Sinfonie Nr. 1 in c-Moll, op. 68, 4. Satz. Der Komponist hatte im Sommer 1876 an einen Freund geschrieben: »An den Wissower Klinken ist eine schöne Sinfonie hängen geblieben.«

Die Reste der berühmten Wissower Klinken im Mai 2011

Naturschutzgebiete auf Rügen und Hiddensee

Die landschaftliche Vielfalt der Naturparadiese auf den beiden vorpommerschen Inseln wird notwendigerweise streng geschützt – für ihren weiteren Erhalt und für einen nachhaltigen Tourismus. Die Schutzmaßnahmen der dort heimischen Pflanzen- und Tierwelt bedeuten keineswegs den Ausschluss für Urlauber. Im Gebiet Rügens und Hiddensees liegen insgesamt 28 Naturschutzgebiete (NSG). Zwei Nationalparks und ein Biosphärenreservat stellen Teile Rügens unter Schutz, der Nationalpark Vorpommersche Boddenlandschaft auch den Großteil Hiddensees und weitere vorpommersche Küstenbereiche. Das ist sicherlich ein Glücksfall – sowohl für die Natur als auch für Naturfreunde und Touristen: Auf der letzten Sitzung des DDR-Ministerrats vor seiner Auflösung, am 12. September 1990, konnte Michael Succow, der damalige stellvertretende Umweltminister der DDR, noch sieben Prozent der Fläche Ostdeutschlands unter den Schutz von Nationalparks oder Biosphärenreservaten stellen! Zu den Schutzgebieten gehören auch die drei Nationalparks in Mecklenburg-Vorpommern und das Biosphärenreservat Südost-Rügen. Aber schon in den 1980er Jahren kämpfte der Verband ›Insula Rugia‹ unter seinem Gründer Frieder Jelen, Pastor in Middelhagen und ein engagierter Naturschützer, für den Umweltschutz auf Rügen und die Pflege der Inselnatur. In den vergangenen 30 Jahren hat man auf den Inseln schon viel getan, um Natur und Tourismus in Einklang zu bringen. So wurden unter anderem zahlreiche ausgeschilderte Wander- und Radwegenetze angelegt, zahlreiche Aussichtplattformen zur Tierbeobachtung und Informationstafeln aufgestellt, Schutzhütten entstanden, auch Bohlenstege in Mooren und Dünen.

Nationalpark Jasmund

Der Nationalpark im Nordosten Rügens ist mit seinen 3003 Hektar Fläche der kleinste der 16 Nationalparks in Deutschland. Zu ihm gehören die imposante Kreideküste und der Königsstuhl. Das markante Küstengebiet wurde bereits 1926 unter Naturschutz gestellt und 1990 zum Nationalpark erklärt. Hauptbestandteil des Parks ist neben den Kreidefelsen der einzigartige Bestand der Rotbuchen in dem hügeligen, 2400 Hektar großen Waldgebiet der Stubnitz. Die Rotbuchen machen etwa 80 Prozent des Waldes aus. Die ältesten Exemplare – weit über 200 Jahre alt – stehen nördlich des Königstuhls in der Teufelsschlucht. Seit 2011 gehört der Buchenwald im Nationalpark zum UNESCO-Weltnaturerbe.

Neben den säulenartigen Buchen wachsen, vor allem in den feuchten Bachtälern, Schwarzerlen, Eiben und Eschen. Man trifft auch auf Wildobstarten wie Eisbeeren und Waldbirnen. In den Moorlandschaften des Parks gedeihen Wollgräser, Fieberklee, Riesenschachtelhalm und Sonnentau. An der Nordküste des Nationalparks herrscht eine Salzvegetation vor, hier wachsen das Strand-Tausendgüldenkraut, Salzmieren und Salzbinsen. Es gibt zahlreiche sehr seltene Pflanzen Zu den botanischen Raritäten zählen 27 Orchideenarten, so viele gibt es nirgendwo sonst in Deutschland. Besonders auffällige Orchideen sind der Gelbe Frauenschuh, der im Mai blüht, der gelbgrün gefärbte Korallenwurz und das violette Knabenkraut. Mehlschwalben brüten in den Felsen der Kreideküste.

Große Teile Rügens stehen unter Schutz

Auch der höchste Berg Rügens, der 161 Meter hohe Piekberg, erhebt sich im Nationalpark Jasmund. Der Parkplatz ›Im Hagen‹ befindet sich an der L303, es gibt auch Wohnmobil-Stellplätze. Von dort führt ein Trampelpfad drei Kilometer vorbei am legendären Herthasee (→ S. 173) zum Königsstuhl mit dem Informationszentrum des Nationalparks (→ S. 166). Es gibt mehrere ausgeschilderte Wanderwege. Von Mai bis Oktober werden kostenlose Wanderungen mit einem Nationalpark-Ranger angeboten (Infos: www.nationalpark-jasmund.de).

Nationalpark Vorpommersche Boddenlandschaft

Die vorpommersche Boddenlandschaft wurde 1990 zum streng geschützten Nationalpark erklärt. Das sorgte Jahre lang für viel Zündstoff, denn das 805 Quadratkilometer große Schutzgebiet musste gegen die Ansprüche von Land- und Forstwirtschaft, Fischerei und Jagd sowie gegen die Begehrlichkeiten von Investoren durchgesetzt werden – eine turbulente Übergangszeit. Zu den Kritikern des Nationalparks gehörten auch Motorbootfahrer, Angler und Segler. Die Wogen haben sich mittlerweile geglättet. Der drittgrößte Nationalpark Deutschlands erstreckt sich zwischen Darß-Zingst, Hiddensee, der zu Rügen gehörenden Insel Ummanz, dem Südbug sowie den angrenzenden Boddengewässern. Dazu gehören auch die Inseln Kirr, Oie, Bock sowie die Werder-Inseln. Kirr und Oie sind von Prielen und Moorlöchern durchzogen, Nistreviere für zahlreiche Seevogelarten, darunter Bekassinen, Graureiher, Alpenstrandläufer und Säbelschnäbler. Kühe beweiden das Salzgras. Die Insel Bock wurde vor etwa 100 Jahren beim Ausbaggern des Strelasunds angehäuft und die Werder-Inseln werden unablässig von der Boddenströmung verändert. Von der Vogelperspektive aus gesehen erscheint die kleine Inselwelt um Bock mit ihren zahlreichen Sandbänken, Lagunen und dem mitunter türkisfarbenen Wasser wie aus der Karibik nach Vorpommern umgesetzt. Dieses Idyll ist für Menschen weitgehend tabu. Den Nationalpark darf man bloß zu Fuß, per Fahrrad oder mit dem Pferdewagen erkunden und kennenlernen. Nur 118 Quadratkilometer des Parks sind Landfläche. Bedeutendste Bestandteile der Landflächen des vielgestaltigen Parks sind Buchenwälder, Erlenbrüche, Salzgraswiesen, Heiden und Moore. Auch seltene Pflanzen wie Sonnentau, Sumpfporst, Gagelstrauch, Königsfarn und Weißes Schnabelried werden geschützt.

Das Schutzgebiet des Nationalparks gehört sicherlich zu den eigentümlichsten Landschaften Mitteleuropas. Es gilt als eine der wenigen noch erhaltenen europäischen Naturlandschaften, eine amphibische Wunderwelt mit Steil- und Flachküsten, Haffs und Bodden sowie Strandseen, mit Sandhaken, Nehrungen, Dünen und Stränden. Für den Besucher wird die Dynamik der Naturkräfte unmittelbar anschaulich: verlandende Strandseen, heranwachsende Sandbänke, die Abfolge von feuchten und trockenen Waldflächen. Der Park bildet außerdem Lebensraum für zahlreiche selten gewordene Tierarten wie Seeadler, Fischotter, Sandregenpfeifer, Spechte, Austernfischer, der Kampfläufer mit seinem exzentrisch bunten Balzkleid, Eistaucher und Zwergseeschwalben. Insgesamt brüten rund 160 Arten im Parkgelände.

Ein herbstlicher Höhepunkt sind die Kranichrastplätze in den Flachwasserbereichen zwischen Zingst auf dem Darß, Hiddensee und der Insel Ummanz. Dann schreiben die ›Vögel des Glücks‹ ihre charakteristischen Keile in den pommerschen Himmel, und bis zu 60 000 dieser Großvögel legen auf ihrem Weg in die südlichen Winterquartiere einen mehrwöchigen Zwischenstopp an den Ufern der Boddengewässer ein. Ab Juli sammeln sich hier bis zu 40 000 Graugänse zum Weiterflug nach West- und Südeuropa. Auch Tausende Saat- und Blässgänse rasten an den seichten Gewässern der Boddenküste. Dabei bieten die sogenannten Windwatten sowohl wichtige Schlaf- und Ruheplätze für die Zugvögel als auch ein großes Nahrungsangebot. Windwatt entsteht in der vorpommerschen Boddenlandschaft bei starken Winden, die das Wasser aus den Bodden in die Ostsee hinausdrücken. Dabei werden besonders seichte Bereiche oft wochenlang trocken gelegt. Das Wasser fließt zurück, sobald der Wind wieder dreht. Die gesamte Küste der vorpommerschen Boddenlandschaft ist ständig in Bewegung, wie eine waagerechte Sanduhr. Die Nationalparkverwaltung bietet regelmäßig geführte Wanderungen durch den Park an.
(Infos: www.nationalpark-vorpommersche-boddenlandschaft.de).

Buchenwald in der Stubnitz

UNESCO-Biosphärenreservat Südost-Rügen

Biosphärenreservate sind international anerkannte Großschutzgebiete, in denen die traditionelle Landnutzung und die Einführung neuer Technologien harmonisch miteinander verbunden werden. Sie wurden 1970 von der UNESCO mit dem Programm ›Der Mensch und die Biosphäre‹ gestartet. Mit dem Biosphärenreservat Südost-Rügen ist eine vorindustriell geprägte Kulturlandschaft unter Schutz gestellt worden. Das 22 800 Hektar umfassende Reservat wurde 1990 gegründet und 1991 von der UNESCO anerkannt. Es erstreckt sich vom Ostseebad Binz über das Waldgebiet der Granitz, über die Halbinsel Mönchgut, den Raum um Putbus und den Nordteil des Greifswalder Boddens. Auch die urwaldähnliche Insel Vilm gehört zur Kernzone des Schutzgebiets. Hier urlaubten zu DDR-Zeiten hochrangige SED-Politiker.

Im Biosphärenreservat befinden sich auf kleinstem Raum alle Landschafts- und Küstenformen des vorpommerschen Küstenraums: Hier finden sich breite Sandstrände zwischen Binz und Thiessow, Steilküsten, weite Dünenkämme, Halbinseln und Küstenvorsprünge, die durch schmale Landstreifen verbunden sind, dazwischen buchtenreiche Bodden und Wieken. Auf der Boddenseite sind die Ufer meist von breiten Schilfgürteln gesäumt, in den Niederungen liegen Wiesen und Weiden, Endmoränen werden vor allem von Magerrasen und Buchenwäldern geprägt. Da im Gegensatz zu einem Nationalpark in einem Biosphärenreservat eine nachhaltige Landwirtschaft erlaubt ist, ist auf der Halbinsel Mönchgut unter anderem die extensive Beweidung durch Schafe verbreitet. Im Greifswalder Bodden befindet sich das größte Laichgebiet des Ostseeherings. Zu den kulturellen Attraktionen der Biosphäre gehören Großsteingräber aus der Jungsteinzeit und Hügelgräber aus der Bronzezeit.

Im Reservat gibt es vielfältige gut ausgeschilderte Wanderrouten und Radwege. Geführte Wanderungen in die Schutzgebiete bietet die Reservatsverwaltung an (Infos: www.biosphaerenreservat-suedostruegen.de).

Im Naturschutzgebiet Goor bei Lauterbach

Oft fährt man auf Rügen unter einem geschlossenen Laubdach

Alleen

Ich liebe die geraden Alleen
mit ihrer stolzen Flucht.
Ich meine sie münden zu sehen
In blauer Himmelsbucht.
›Die Allee‹ (1910) von Christian Morgenstern

Die grandiosen Baumalleen Rügens gehören sicherlich zu den attraktivsten Sehenswürdigkeiten der Insel. Sie wurden fast alle im 19. Jahrhundert gepflanzt. Offiziell beginnt im Seebad Sellin auf der vorpommerschen Insel die Deutsche Alleenstraße, die über mehr als 2500 Kilometer durch ganz Deutschland bis zur Insel Reichenau am Bodensee führt. Die meisten Alleen Rügens – insgesamt sind sie rund 250 Kilometer lang – bestehen aus alten, prächtigen Linden und Kastanien, man trifft aber auch auf Eichen, Birken, Buchen mit besonders kräftigen Stämmen sowie auf Berg- und Spitzahorne. In den Sommermonaten bilden zahlreiche der Inselalleen kilometerweit ein geschlossenes Blätterdach, grüne Tunnels, die majestätisch wie Kathedralen der Natur anmuten. Im Frühling blühen sie überwältigend, vor allem die Kastanien, und im Herbst faszinieren die Alleen mit ihrer knalligen, golden leuchtenden Farbenpracht. Aber die Alleen sind seit jeher, seit sie in deutschen Ländern im 18. Jahrhundert erstmals gepflanzt wurden, nicht nur ein herrlicher Blickfang, sondern sie wirken auch als Staubfilter und Windschutz und schützen die Felder vor Erosion. Der Begriff ›Allee‹ ist dem Französischen entlehnt und bedeutete ursprünglich ›schattiger Gehweg‹. Denn sie boten früher den Bauern mit ihren Pferdefuhrwerken im Sommer Schutz vor der Sonne und im Winter auch vor Schnee und Schneewehen. An Alleen bricht sich der mitunter scharfe Seewind und in ihrem dichten Laubwerk finden darüber hinaus Vögel und Insekten ihren Lebensraum.

UNESCO-Weltnaturerbe: Buchenwald in der Stubnitz

Die berühmteste Allee Rügens ist die ›Alte Bäderstraße‹ mit ihren knorrigen Bäumen im Südosten der Insel. Zu den schönsten Alleen gehören die Allee bei Lancken-Granitz mit mächtigen Kastanien, die Kastanienallee bei Liddow, die schmale Allee zum Dorf Stresow bei Putbus sowie die Allee von Gingst über Dubkevitz, Varbelvitz und Mursewiek bis zur Insel Ummanz. Von Kasnevitz nach Garz ist die Allee über drei Kilometer mit seltenen Krimlinden bepflanzt. Leider hat auch auf Rügen wie andernorts das Alleensterben eingesetzt. Ein Großteil der Alleenbäume ist annähernd 100 Jahre alt und stirbt langsam ab. Aber viele Bäume wurden in den letzten Jahrzehnten seit der politischen Wende auch aus Gründen der Verkehrsgefährdung oder aufgrund des Ausbaus von Straßen gefällt. So führte die Planung des Verkehrsministeriums, neben der B96 eine neue dreispurige Schnellstraße – die B96n –zwischen Altefähr und Bergen zu bauen, zu erheblichen Protesten bei großen Teilen der Inselbevölkerung und bei Umweltschützern. Dem sündhaft teuren und 2019 abgeschlossenen Straßenbauprojekt – von vielen als ›Rügenautobahn‹ bezeichnet – fielen Tausende Bäume zum Opfer, darunter zahlreiche alte Buchen, Eschen und Fichten. Daher mahnen seit einigen Jahren aufgemalte weiße Kreuze an anderen gefährdeten Bäumen. Andernorts auf der Insel reichen an zahlreichen Straßenabschnitten Schutzplanken, um die Alleenbäume vor dem ständig steigenden Autoverkehr zu schützen. Von den Einheimischen werden sie scherzhaft als ›Urlauberleitsystem‹ bezeichnet. Bei schmalen Fahrbahnen und den oft schwierigen Lichtverhältnissen auf den Alleen gilt der Grundsatz: Besser Fuß vom Gas und immer Licht an!

Buchenwälder

Die Stubnitz ist die das Ufer flankierende und weit ins Hinterland der Halbinsel Jasmund reichende, sehr hügelige Waldlandschaft. Das Gebiet zwischen Sassnitz und Lohme gehört seit 1990 fast gänzlich zum 3003 Hektar großen Nationalpark Jasmund. Neben den Rügener Kreidefelsen prägen vor allem die naturbelassenen Rotbuchen den streng geschützten Park. Seit 2011 gehören sie zum UNESCO-Weltnaturerbe. Auf dem kreidigen Untergrund der Stubnitz wächst der von Menschenhand unberührte Buchenwald besonders gut. Er ist das Herzstück des Nationalparks und zählt europaweit zu den letzten seiner Art. Von grandioser Wirkung ist das unmittelbare Aufeinandertreffen von offenem Meer und tiefem Wald an der zerklüfteten Kreideküste. Viele der Buchen stehen unmittelbar an den bis zu 120 Meter tiefen Abhängen, ihre Wurzeln ragen mancherorts weit aus der weichen Kreide oder hängen gar schon abenteuerlich über der Abbruchkante. In den lichteren Zonen des Urwalds blühen im Frühling Leberblümchen und Goldstern, im Frühsommer auch seltene Wildpflanzen wie der Frauenschuh und der Riesenschachtelhalm. Bachläufe führen durch die moorigen Zonen des Parks. Hier sind der Eisvogel, ansonsten auch der Wanderfalke und sogar der Seeadler sowie im Bereich der Kreidefelsen Mehlschwalben heimisch. Außerdem – und das ist einzigartig in Deutschland – lebt hier die Kreideeule, ein an die Kreide angepasster Schmetterling.

Vögel an der Küste

Mit annähernd 600 Kilometer Küstenlänge ist Rügen ein ganz besonderes Paradies für zahlreiche Vögel, die unmittelbar ans Wasser gebunden sind. Die Boddengewässer der vorpommerschen Küste im 1992 gegründeten Nationalpark sind das wichtigste Überwinterungsgebiet für Wasservögel im gesamten Ostseeraum. Es gibt hier 163 Brutvogelarten, von denen 67 in der Roten Liste der gefährdeten Brutvögel Deutschlands eingeordnet sind. Anzutreffen sind verschiedene Möwenarten, Schwäne und Watvögel, auch Pracht- und Sternentaucher, Schell-,

Kraniche bei der Rast

Trauer-, Samt-, Berg-, Eider- und Eisenten sowie Kanadagänse. Kraniche rasten in großen Scharen auf den umliegenden Feldern. Bei einbrechender Dunkelheit suchen sie ihre Schlafplätze in den seichten Boddengewässern auf, um sich vor den wasserscheuen Füchsen zu schützen. Jedes Jahr im Herbst werden an der vorpommerschen Boddenküste zwischen der Darß-Zingster Boddenkette und den Westrügenschen Bodden rund 60 000 Graue Kraniche gezählt. Die ›Vögel des Glücks‹ bleiben bis zu ihrem Weiterflug nach Spanien, Portugal, Südfrankreich und Nordafrika mehrere Wochen hier, was mittlerweile für den regionalen Tourismus eine gern gesehene Saisonverlängerung bedeutet. Besonders Rügens kleine Schwesterinsel Ummanz bietet einmalige Bedingungen, das Kranichschauspiel im Spätherbst zu beobachten – am besten im Rahmen einer sachkundigen Führung (→ S. 195, bei Ummanz).

Auch die ›Könige der Lüfte‹, die Seeadler, sind auf Rügen mit mehreren Brutpaaren vertreten. Gute Beobachtungsmöglichkeiten bieten sich im Winter bei vereisten Boddengewässern in der eisfreien Fahrwasserrinne im Rassower Strom zwischen Seehof und Wittower Fähre. Dort sind bis zu 60 Seeadler auf Jagd, viele von ihnen kommen nur im Winterhalbjahr aus Ost- und Nordeuropa hierher. Seeadlergebiete gibt es zudem bei Tankow auf Ummanz und am Nonnensee nordwestlich von Bergen. Ein knapp fünf Kilometer langer Radwanderweg führt um den flachen See mit seinem artenreichen Vogelbestand herum. Der nur 75 Hektar große See ist außerdem Graugans-Mauserplatz und beherbergt eine Kormoran-Kolonie (→ S. 108).

Geschichte der Region

Die Geschichte der beiden Schwesterninseln Rügen und Hiddensee sowie der Hansestadt Stralsund ist in die Geschichte Pommerns eingebunden. Die geschriebene Geschichte Pommerns, des ›Landes am Meer‹, beginnt erst im 9. Jahrhundert, als sich das Gebiet im Besitz westslawischer Stämme befand. Zerstörungen, Vertreibungen und viel Schlachtenlärm prägten seitdem die Jahrhunderte bis 1945. Danach folgten ›realsozialistische‹ Jahrzehnte bis zur Wiedervereinigung Deutschlands 1990.

Frühzeit und slawische Besiedlung

Den sich zurückziehenden Eismassen der letzten Eiszeit und den nach Norden wandernden Rentierherden folgten vor rund 10 000 Jahren altsteinzeitliche Fischer und Jäger. Etwa um 3500 v. Chr. gingen die nomadischen Rentierjäger zu Ackerbau und Viehzucht über. Aus den wandernden Jägern wurden sesshafte Bauern und Viehzüchter. Riesige kulturelle Überbleibsel aus der frühen Besiedlung der Inseln sind steinzeitliche Großsteingräber aus Findlingen und, aus der Bronzezeit vor 3000 bis 3800 Jahren, Hügelgräber, in denen die Asche der Verstorbenen in Urnen beigesetzt wurde. Solche Begräbnisstätten sind zahlreich auf Rügen erhalten (→ S. 29). Noch vor der Zeitenwende bestanden Handelswege bis zur Adria mit Handelskontakten zu Römern und Phöniziern.

Jaromarsäule am Kap Arkona. Hier befand sich einst die Jaromarsburg

Bischof Absalon und Waldemar I. lassen die Svantevit-Statue zerstören, Darstellung (um 1890) von Laurits Tuxen

Im Jahr 98 n. Chr. erwähnte der römische Geschichtsschreiber Tacitus in seiner Schrift ›Über Ursprung und Wohnsitz der Germanen‹ erstmals den ostgermanischen Stamm der Rugier. Sie wurden erst in mittelalterlicher Zeit zum Namensgeber von Rügen. Ungefähr zwischen 100 und 500 n. Chr. verließen sie zusammen mit den Goten ihr Ursprungsland und zogen nach Süden. Etwa um 500 drangen slawische Stämme aus dem Osten in die bisher von Germanen bewohnten und nun fast menschenleeren Gebiete ein. Diese Stämme werden später von den Deutschen als Wenden bezeichnet. Die Liutizen siedelten im Peenegebiet, die Abodriten in Mecklenburg und Holstein, auf Rügen die seefahrenden Ranen. Auf der Insel errichteten sie Burgwälle, die sowohl als Festungsanlagen als auch als Kultstätten dienten. Ihr zentrales Heiligtum war die Jaromarsburg am Kap Arkona (→ S. 184).

Christianisierung und Kolonisation

Das weitgehend von Slawen beherrschte Pommerland westlich der Oder wurde im Laufe des 12. Jahrhunderts peu à peu christianisiert, ganz zuletzt auch Rügen: Die Dänen zerstörten die slawische Burgsiedlung ›urbs osna‹ bei Usedom 1119. Zu dieser Zeit regierte Wartislaw I. das Land an der Odermündung. Er gilt als der Stammvater der pommerschen ›Greifenherzöge‹. Wartislaw nahm 1121 den christlichen Glauben an und war der polnischen Krone zur Treue verpflichtet. Die Herrschaft der Greifendynastie hielt mehr als 500 Jahre. Das autonome Herzogtum Pommern war ein Pufferstaat zwischen Polen, Brandenburg und dem Kreuzritterorden. Der Pommernherzog Wartislaw veranlasste 1124 den

Bamberger Bischof Otto zur Missionierung der slawischen Liutizen. Der fromme Mann war auf seinen zwei christlichen Missionsreisen nicht gerade zimperlich: Er ließ die Heidentempel zerstören, den Rumpf des slawisch-heidnischen Heiligtums mit dem dreiköpfigen Triglaw soll er eigenhändig zertrümmert haben. Das goldene Haupt wurde dem Papst in Rom überreicht. 1128 fand auf dem Schlossberg in Usedom Stadt ein Landtag statt. Hier nahmen die westpommerschen Stammesfürsten den christlichen Glauben an. 1160 schlossen der dänische König Waldemar I., der Sachsenherzog Heinrich der Löwe sowie die Pommernherzöge Kasimir II. und Bogislaw II. einen Pakt, um die Ranen auf Rügen, den letzten freien westslawischen Stamm, gemeinsam zu bekämpfen. Acht Jahre später, 1168, eroberten die Dänen schließlich unter König Waldemar I. und Bischof Absalon von Roskilde die Insel Rügen. Sie zerstörten die Tempelburg am Kap Arkona, das Heiligtum der slawischen Ranen, verbrannten die große Statue ihres vierköpfigen Kriegsgottes Svantevit und nahmen den Ranenkönig Tetzlaw fest. Dessen Bruder Jaromar ließ sich danach bereitwillig zum Slawenfürsten Jaromar I. und dänischen Lehnsabhängigen küren. Rügen wurde nun zu einem dänischen Fürstentum. Damit begann die Christianisierung der beiden Inseln. Jaromar residierte daraufhin auf dem Rugard bei Bergen. Er ließ um 1180 die erste Kirche Rügens erbauen, die Marienkirche in Bergen, und ebenda 1193 auch ein Zisterzienserkloster.

Ab 1153 kam es in Pommern zu vielen Klostergründungen. Sie waren die Vorboten der deutschen Ostkolonisation. Den Mönchen folgten bald deutsche Bauern, Handwerker und Kaufleute – vorwiegend Siedler aus Holstein, Westfalen, Niedersachsen und Flandern. Sie versprachen sich in dem dünn besiedelten Land an und nahe der Ostsee bessere Lebensbedingungen als im ›überfüllten‹

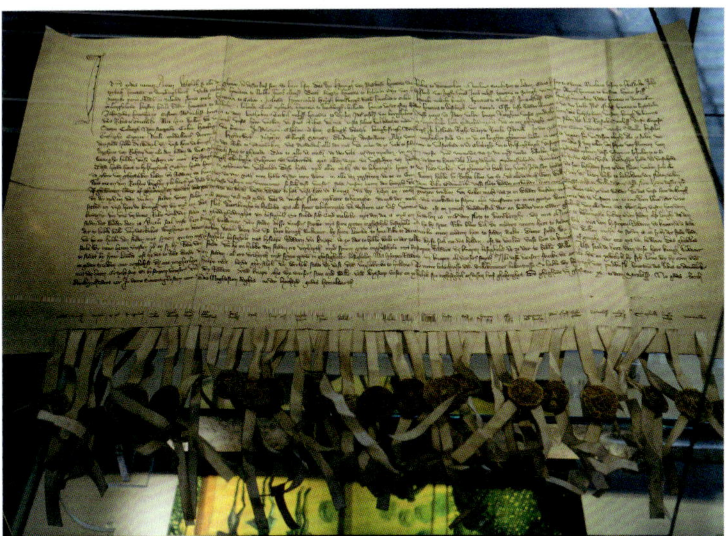

Die Urkunde des Stralsunder Friedens im Stadtarchiv Stralsund

Reich. Jaromar gründete 1199 das Zisterzienserkloster Eldena bei Greifswald, das schnell zu einem Wirtschafts- und Bildungszentrum aufblühte. Im 13. Jahrhundert wurden Rügen und Hiddensee von Eldena aus mit Bauern aus der brandenburgischen Altmark, aus Niedersachsen und Westfalen kolonisiert. Gleichzeitig entstanden mehrere Gotteshäuser auf Rügen – in Altenkirchen, Bobbin, Vilmnitz und in Schaprode. Der dänische Fürst Witzlaw I. von Rügen gründete 1234 Stralsund. Die Stadt am Strelasund wurde zum Hauptort des zu Rügen gehörenden Festlandes. Die erste Fähre zwischen Stralsund und Rügen fuhr 1240. Ab der Mitte des 13. Jahrhunderts verwalteten die Zisterziensermönche von Eldena die Ländereien im Südosten der Insel. Aus den ›monneken gode‹ wurde später das heutige Mönchgut. Die Insel Hiddensee ging 1297 als Geschenk des Rügenfürsten Witzlaw II. an das Zisterzienserkloster von Neuenkamp. Mit dem Tod Witzlaw III. 1325 starb die Linie der slawischen Rügenfürsten aus. Sie hatten ab dem ausgehenden 12. Jahrhundert als treue Vasallen der dänischen Oberherrschaft gedient. Rügen und Hiddensee sowie Stralsund fielen an das Herzogtum Pommern-Wolgast. Kurz darauf, 1365, wurden große Teile Rügens an Adlige verteilt. Allein die Herren von Putbus besaßen damals ein Drittel der Insel.

Hansezeit und Reformation

Die Hanse war Mitte des 13. Jahrhunderts aus der Vereinigung von Kaufleuten der Ost- und Nordseeregion hervorgegangen. 1293 wurde Lübeck zur inoffiziellen Hauptstadt dieses Bundes, nachdem bedeutende wendische Handelsstädte wie Wismar, Greifswald oder Stralsund den Lübecker Rat als höchste Rechtsinstanz für gemeinsame Handelsniederlassungen anerkannt hatten. Danach entwickelte sich die Hanse schnell zu einer mächtigen Handelsorganisation nordeuropäischer Städte und zu deren Schutzmacht. Der Hansebund bekämpfte fortan die Vormachtstellung der Dänen im Ostseeraum, die ihrerseits hansische Handelsprivilegien brechen wollten. Es kam daraufhin in den 1360er Jahren zu den sogenannten zwei Waldemarkriegen. Nach der Niederlage des dänischen Königs Waldemar wurde 1370 der Frieden von Stralsund geschlossen. Hier musste Dänemark den starken Hansestädten den freien Handel auf der Ostsee garantieren, die sich dadurch das Monopol im überaus lukrativen Heringshandel sicherten. Die Hanse war damit auf dem Höhepunkt ihrer Macht.

Zahlreiche Adlige ließen sich ab 1365 auf Rügen nieder, nachdem ihnen die neuen Inselherren, die pommerschen Herzöge, ausgedehnte Ländereien auf dem Eiland übertragen hatten. Nahezu ein Drittel Rügens befand sich damals im Besitz der Herren von Putbus. Sie mussten allerdings sowohl der dänischen Krone als auch der Kirche Abgaben entrichten.

Im Jahr 1534 führte der Landtag zu Treptow für ganz Pommern die Reformation ein. Die beiden Klöster von Rügen und Hiddensee wurden daraufhin säkularisiert und gingen in den Besitz des pommerschen Herzogs über. Bereits 1532 erfolgte die zweite große Landesteilung des Herzogtums Pommerns. Die Bezeichnungen Vorpommern im Herzogtum Pommern-Wolgast und Hinterpommern im Herzogtum Pommern-Stettin entstehen. Zu Vorpommern gehörten die Inseln Rügen und Hiddensee sowie Usedom und Wollin.

Die Hanse und die ›Pfeffersäcke‹

Im 12. Jahrhundert wurde die Ostseeinsel Gotland wegen ihrer zentralen Lage in der Ostsee zum neuen Kreuzungspunkt mehrerer bedeutender Handelsrouten, nachdem die traditionellen Handelswege über Land aufgrund der arabischen Expansion im Mittelmeerraum stark an Bedeutung eingebüßt hatten.

Visby, der Hauptort der Insel, entwickelte sich in dieser Zeit zum führenden Handelshafen des Ostseeraums. Hier war nun der zentrale nordeuropäische Umschlagplatz für Kostbarkeiten aus Rom und dem Orient wie Seide, Purpur und Gewürze (›Pfeffer‹), für westeuropäische Produkte wie Tuche (Flandern und England) und Wein sowie für die Rohprodukte des Nordens und des rohstoffreichen Ostens (Polen, Nordrussland) wie Holz, Getreide, Pelze, Felle, Hanf, Wachs und nicht zuletzt auch Sklaven.

Die Kaufleute an der Ostseeküste fanden in dem mächtigen Welfen, Sachsenherzog und Städtegründer Heinrich dem Löwen ihren wichtigsten Verbündeten gegen die staufische Kaisermacht. An den Küsten der Ostsee offenbarte sich schonungslos wie sonst nirgends im Römischen Reich Deutscher Nation die neue Macht des aufstrebenden Bürgertums und gleichzeitig die Ohnmacht des Adels, der sich seiner alten Privilegien beraubt fühlte. Die Gründung der Gotländischen Genossenschaft 1161 war die Geburtsstunde des Hansebundes. Noch im gleichen Jahr wurden die Kaufleute der neu gegründeten Hafenstadt Lübeck mit den bisher im Ostseehandel dominierenden gotländischen Kaufleuten rechtlich gleichgestellt. Durch Vermittlung Heinrichs des Löwen wurden ihnen Handelsprivilegien zugesichert. Rund 100 Jahre später konnte Lübeck im gesamten Ostseeraum das Lübische Recht gegen seinen Dauerkonkurrenten Visby durchsetzen, Lübeck wurde zur ›Königin der Hanse‹. 1256 schlossen sich die Küstenstädte unter der Führung Lübecks zur ›Deutschen Hanse‹ zusammen. Neue Märkte sollten erschlossen und wirtschaftliche Interessen im Ausland durchgesetzt werden. Ein wichtiges gemeinsames Anliegen war auch die Befriedung der Handelswege gegen Raubritter und vor allem gegen Piraten (→ Extra S. 113).

Die deutschen Städte, die im Zuge der hansischen Ostexpansion gegründet wurden – Kiel, Wismar, Rostock, Stralsund und Greifswald – erhielten Lübisches Recht. Es galt über Jahrhunderte in mehr als 100 Städten des Ostseeraums. Der Begriff ›Stadt‹ ist erstmals 1358 anlässlich des ersten Hansetages in Lübeck belegt. Die annähernd 200 reichen Hansestädte lagen in einem Gebiet, das heute sieben europäische Länder umfasst. Die unternehmerischen ›Pfeffersäcke‹ – so wurden spöttisch die Hansekaufleute genannt,

Die 1668 in Dienst gestellte Leopoldus Primus (Stich um 1675)

Ein Nachbau einer Hansekogge bei der Kieler Woche 2007

die oft mit dem Handel von Gewürzen aus Übersee steinreich geworden waren – erkämpften sich mit großem merkantilem Geschick und ebenso großer Skrupellosigkeit die geschäftliche Unabhängigkeit von den politischen Mächten. Das gewaltige Wirtschaftsimperium der Hanse agierte auf der politischen Bühne zeitweise wie ein autonomer Staat. Der enorme Reichtum und die Macht der Hanse dokumentierte sich eindrucksvoll in den turmreichen Silhouetten der hansischen Städtepanoramen mit ihren repräsentativen weltlichen und sakralen Backsteingebäuden (→ Extra S. 79). Doch mit der ›Entdeckung‹ Amerikas begann um 1500 allmählich der Niedergang der Hanse, das Zentrum des europäischen Handels verlagerte sich aus der Ostsee westwärts. Mit der Festigung nationaler Territorien – England, Niederlande, Polen, Russland – verlor die Hanse zusehends ihre Handelsprivilegien. Der Dreißigjährige Krieg (1618–1648) zerstörte den Handelsraum des Hansebundes, und die Reformation kurz darauf spaltete noch zusätzlich den hansischen Zusammenhalt. Die berühmten, breiten und dickbauchigen Hansekoggen auf den nordischen Meeren hatten ausgedient.

Kampf um Pommern: Schweden und Preußen

Während des Dreißigjährigen Krieges (1618–1648) plünderten dänische und schwedische Truppen sowie die kaiserlich-katholische Armee Wallensteins die vorpommersche Insel Rügen. Wallenstein belagerte zudem erfolglos die Hansestadt Stralsund, mit Unterstützung dänischer und schwedischer Einheiten. 1628 begann die schwedische Zeit für Stralsund. Sie dauerte bis 1815. Die Kämpfe des Dreißigjährigen Krieges verwüsteten Pommern, ›Pommerland ist abgebrannt‹ heißt es im Kinderlied. Schwedische Truppen unter König Gustav II. Adolf landeten 1630 bei Peenemünde und traten in den Krieg gegen die Kaiserlichen unter Wallenstein ein. Es erfolgte die militärische Wende zugunsten der (protestantischen) Schweden. Im Westfälischen Frieden am Ende des Dreißigjährigen Krieges 1648 erhielt das Königreich Schweden offiziell Rügen und Hiddensee. Vorpommern umfasste nun den zum Königreich Schweden gehörenden Teil Pommerns einschließlich der gesamten Odermündung mit Stettin und dem alten Bischofssitz Cammin. Dem Kurfürstentum Brandenburg fiel das ungeliebte Hinterpommern zu.

Als Resultat des Nordischen Krieges (1700–1720), in dem vor allem Russland, Sachsen-Polen und in der Endphase ab 1715 auch Brandenburg-Preußen gegen die Vorherrschaft Schwedens im Ostseeraum kämpften, erhielt das junge Königreich Preußen schließlich die begehrten östlichen Teile Vorpommerns: Usedom, Wollin und das Gebiet nördlich der Peene, allerdings gegen Zahlung von zwei Millionen Talern. So schrieb es der Friede von Stockholm 1720 fest. Die Insel Rügen, Stralsund, Greifswald und Wolgast blieben jedoch weiterhin schwedisch. Nach den Napoleonischen Befreiungskriegen wurden im Wiener Kongress 1815 die europäischen Grenzen wiederum neu gezogen. Im Zuge der Neuordnung Europas fielen nun auch Schwedisch-Pommern und die Insel Rügen an Preußen.

In der ersten Hälfte des 17. Jahrhundert wurde in Pommern die Leibeigenschaft gesetzlich verankert. Die adligen Gutsherren machten aus ihrem Lehnsgut Eigenbesitz, die Bauern konnten nun zusammen mit dem Land verkauft werden. Durch das rücksichtslose sogenannte Bauernlegen wurde die Macht des Landadels gestärkt und die Bauern verloren neben ihren Höfen auch ihre Freiheit. Der Rüganer Dichter Ernst Moritz Arndt (→ Extra S. 99) prangerte 1803 in seiner Schrift ›Versuch einer Geschichte der Leibeigenschaft in Pommern und Rügen‹ scharf die Willkür der adligen Grundherren an und forderte vehement die Aufhebung der Leibeigenschaft. Drei Jahre später, 1806, wurde aufgrund einer Verordnung des schwedischen Königs Gustav IV. Adolf für alle deutschen Gebiete der schwedischen Krone die Leibeigenschaft aufgehoben.

Um 1800 erschienen die ersten Rügen-Reiseführer wie Johann Friedrich Zöllners ›Reise durch Pommern nach der Insel Rügen und einem Teile des Herzogtums Mecklenburg‹ und Johann Jacob Grümbkes ›Streifzüge durch das Rügenland‹ mit interessanten Einblicken in die Frühgeschichte der Insel. Das erste romantische Rügen-Wanderbuch wurde kurz darauf vom dichtenden Rügenpastor Ludwig Gotthard Kosegarten (→ Extra S. 179) herausgegeben.

Mythos Rügen – mehr als Meer und Kreide

Deutschland im beginnenden 19. Jahrhundert: Das Land ist zersplittert in die partikularen Interessen der einzelnen deutschen Fürstentümer, Napoleon erobert Europa, 1806 zerfällt schließlich nach mehr als 900 Jahren das Heilige Römische Reich Deutscher Nation. Ein Gefühl tiefer nationaler Demütigung erfasst viele Deutsche, die Idee eines geeinten Nationalstaates rückt mehr und mehr in den Fokus der weiteren politischen Entwicklung Deutschlands. Die ›verhinderte Nation‹ sucht nach den Befreiungskriegen gegen die französische Armee nach neuen nationalen Identifikationen: Mythen mit nationalem Symbolcharakter entstehen.

Die grandiose Landschaft Rügens mit ihren dunklen Buchenwäldern, den grellweißen Kreidesäulen, dem wild anmutenden Kap Arkona, den zahlreichen Hünengräbern aus der Vorzeit und dem weiten, offenen Meer wirkte bereits im späten 18. Jahrhundert für viele Zeitgenossen besonders weihevoll und erhaben, geradezu mystisch. Vor allem die Stubbenkammer mit ihren einzigartigen, bizarren Kreidesäulen wurde damals in der vorromantischen Zeit zum schwärmerischen Symbol einer Art Nationalreligion für ein noch vereintes Deutschland. Auf Rügen begründete der protestantische Prediger Ludwig Gotthard Kosegarten (1758–1818) bereits im ausgehenden 18. Jahrhundert den Rügen-Mythos und machte die natio-nalreligiöse Vermarktung der Insel zu seiner Lebensaufgabe (→ Extra S. 179). Für viele liberale Geister des frühen 19. Jahrhunderts ließ sich die erhoffte Einheit des Vaterlandes mit keinem anderen Ort feierlicher und würdiger träumen als mit der Ostseeinsel Rügen. In der Folgezeit waren es in erster Linie Künstler und Intellektuelle, die am Rügen-Mythos arbeiteten: Wilhelm von Humboldt, Ernst Moritz Arndt (→ Extra S. 99), der Religionsphilosoph und Theologe Friedrich Schleiermacher zusammen mit der führenden Berliner Salondame Henriette Herz und natürlich Caspar David Friedrich (→ Extra S. 61). Mit seinem berühmten Kreidefelsengemälde lieferte er vielleicht die ästhetische Ikone für den Inselmythos. Friedrich war liberal und streng patriotisch gesinnt. Seine nordische Landschaftskunst mit typisch deutschen Landschaften sind Gegenbilder zu den klassisch-idyllischen Landschaften der damaligen ›Italiensehnsucht‹ vieler seiner Zeitgenossen. »Italienisch muss alles sein«, schrieb er bitter über etliche Künstlerkollegen. »Denen genügen unsere teutsche Sonne, Mond und Sterne, unsere Felsen, Bäume und Kräuter, unsere Ebenen, Seen und Flüsse nicht mehr.«

Seither, seit annähernd 200 Jahren, lebt der nationale Mythos Rügen im kollektiven Gedächtnis der Deutschen, meinen Völkerkundler und Kunsthistoriker (→ Literaturhinweise S. 214). Zu DDR-Zeiten war die hermetisch abgesicherte Insel einerseits ein privilegierter Urlaubsort und andererseits ein Sehnsuchtsort mit weitem Fernblick, ein Ort der inneren Emigration und Wirklichkeitsflucht. Und nach der politischen Wende erreichte Rügen bei vielen Besuchern aus den alten Bundesländern rasch den Status eines Wallfahrtsortes ähnlich wie etwa die nationalen Symbole ›Kölner Dom‹, ›Wartburg‹ oder ›Brandenburger Tor‹. Man war natürlich gespannt auf die neuen jetzt problemlos erreichbaren Ostseestrände. Aber gleichzeitig pilgerte man zu den Kreidefelsen und wollte endlich live erleben, was man längst bildlich in Form von Friedrichs Kreidezinnen aus dem Schulbuch kannte – wenigstens ein Mal im Leben Rügen besuchen.

Die Entdeckung der Sommerfrische an der Ostsee

Erst gegen Ende des 18. Jahrhunderts galt der Sprung in die Wellen nicht mehr unumwunden als ungesund, gefährlich oder unschicklich. Herzog Friedrich Franz I. von Mecklenburg-Schwerin gründete 1793 das erste deutsche Seebad in Heiligendamm bei Bad Doberan – und fand bald Nachahmer in anderen Gefilde an der Ostseeküste. Auf Rügen baute Fürst Wilhelm Malte I. (1783–1854) 1808 das weiße Städtchen Putbus als Residenz und Badeort, 1816 eröffnete in Lauterbach das erste Seewasser-Warmbad der Insel. Außerdem entstanden Logierhäuser für Gäste in Putbus, ein Theater, ein Kursaal und eine Orangerie. Die nächsten Seebäder an der südlichen Ostseeküste wurden in Zoppot (1823), Swinemünde (1824), Heringsdorf (1825) und Misdroy (1835) auf den Dünen hochgezogen. Sassnitz und Binz entwickelten sich ab 1860 zu Rügens bedeutendsten Seebädern.

Am Kap Arkona entstand 1827 Rügens erster neuzeitlicher Leuchtturm, ein Werk des Berliner Stararchitekten Friedrich Schinkel, Sassnitz avancierte zum wichtigen Brückenkopf nach Schweden. Nachdem die Eisenbahnlinie von Berlin nach Stralsund bis Rügen verlängert worden war, begann ab 1897 der Dampfschiff-Fährverkehr für Personen und Güter zwischen Sassnitz und dem schwedischen Trelleborg. Er wurde 1909 als Eisenbahnfähre erweitert. 1895 erfolgte die Einweihung des ersten Streckenabschnitts der Rügener Kleinbahn ›Rasender Roland‹, 1899 war die Verlängerung bis Göhren fertiggestellt (→ Extra S. 148).

In den ersten Jahrzehnten der Ostsee-Bäderkultur war das Baden selbst aber noch recht nebensächlich, wichtiger war das Nebeneinander von Medizin und Unterhaltung: Man tafelte in stilvoll dekorierten Restaurationssälen, ging zum Tanz-

Ein historischer Badekarren aus der Frühzeit des Bädertourismus

tee und schwang das Tanzbein, lauschte Kurkonzerten, promenierte, um sich zu zeigen, und versuchte sich im Glücksspiel in den Casinos. Viele Badegäste hielten damals die Spielbank für die wichtigste Badeeinrichtung, ein Strandleben wie heute fand noch nicht statt. Ein braun verbranntes Gesicht wie bei den Fischern und Bauern galt bei Kommerzienräten, hohen Beamten oder Gutsbesitzern als unfein.

Von der Reichsgründung bis zur Wiedervereinigung

Mit der Reichsgründung 1871 beschleunigte sich die Entwicklung des Seebädertourismus rasant. Ein wahrer Bauboom mit vornehmen und zum Teil palastähnlichen Gebäuden im neuen Stil der Bäderarchitektur setzte ein, moderne Verkehrsverbindungen zwischen der Reichshauptstadt Berlin und den Seebädern entstanden. Die Zahl der Sommergäste stieg rapide an, eingezäunte Damen- und Herrenbäder wurden auf den Stränden eingerichtet. Um 1900 wurde die Geschlechtertrennung zunächst im Familienbad aufgehoben, rund ein Jahrzehnt später fielen mit der ›Freibadeerlaubnis‹ die Sperren am Strand endgültig. Sittenwächter kontrollierten aber weiterhin die strikte Einhaltung der offiziellen Kleiderordnung beim Badevergnügen. Der letzte Schrei vor dem Ersten Weltkrieg: Das weibliche Geschlecht trug lange, rote Anzüge aus hässlichem Drillich, an den Knöcheln und am Hals mit weißen Schleifen verziert, auf dem Kopf Badekappen aus gelbem Gummi, an den Füßen schwarze Schnabelschuhe mit Knöchelriemen – ein Augenschmaus der besonderen Art, wenn sich der Anzug im Wasser wie ein Ballon aufblähte. Züchtig vom Hals bis zur Wade gab sich auch die Männerbademode. Aber schon in den 1920er Jahren kam allmählich das Sonnenbad im Naturkostüm in Mode, ›schwedisch baden‹ wurde es damals von den FKK-Pionieren genannt. Der preußische Staat reagiert 1932 rigide mit dem berüchtigten ›Zwickelerlass‹: Männlein und Weiblein mussten einen Badeanzug tragen, der Ober- und Unterkörper weitgehend verdeckte und mit einem Zwickel versehen war.

Ab den 1920er Jahren gehörten Rügen und Hiddensee zu den beliebtesten Reisezielen der Deutschen. In den 1930er Jahren begann eine neue Phase für die Seebäder. Die überdrehte Herrlichkeit der Zwanzigerjahre fand ein jähes Ende. Reitstiefeltragende ›Herrenmenschen‹ und sonstige Uniformträger, siegestrunkenes Geschrei, vehementer Antisemitismus, mit Hakenkreuzen beflaggte Promenaden prägten jetzt auch die Seebäder auf den pommerschen Inseln. 1936 war der 2,5 Kilometer lange Rügendamm, die Verbindung der Insel mit dem Festland, fertiggestellt. Zwei Jahre später begannen die Nationalsozialisten mit der kolossalen Ferienanlage Prora. Das gigantische ›Kraft-durch-Freude‹-Projekt (→ S. 128) konnte wegen des Kriegsbeginns nicht mehr zu Ende gebaut werden, die monotonen Gebäude für den Nazi-Massentourismus prägen aber heute noch kilometerweit den Küstenabschnitt an der Schmalen Heide nördlich von Binz. Während des Zweiten Weltkriegs kamen Kinder im Rahmen der Kinderlandverschickung aus den deutschen Großstädten auf die Inseln, außerdem zahlreiche Flüchtlinge aus Ostpreußen, Hinterpommern und Schlesien. Der Badebetrieb der Seebäder musste eingestellt werden. Noch im März 1945 bombardierten und zerstörten die Alliierten die Hafen- und Bahnanlagen von Sassnitz. Kurz vor Kriegsende sprengten die Nazis den Rügendamm.

Kaum nachdem der Nazispuk im Mai 1945 vorüber war, befanden sich die beiden Inseln unter sowjetischer Besatzung. Der Vertriebenenanteil der Bevölkerung auf Rügen lag in manchen Inselgegenden bei bis zu 50 Prozent. Die Sowjets setzten rasch die Enteignung der Gutsbesitzer von Rügen und Hiddensee durch. Nach der Vertreibung des Landadels – 1937 befand sich über 70 Prozent des Bodens in ihren Händen – hofften die Landarbeiter davon zu profitieren. Nach der noch 1945 durchgeführten Bodenreform erhielt jeder Bauer unentgeltlich ein ausreichendes Stück Land zur Nutzung zugewiesen. Es wurde möglichst gerecht verteilt, auch die gerade erst auf Rügen angekommenen Vertriebenen wurden in die Reform einbezogen. Allerdings war der freie Verkauf der landwirtschaftlichen Produkte stark eingeschränkt. Statt einer freien Bauernschaft sollte ein sozialistisches Genossenschaftswesen die nationale Landwirtschaft in der 1949 gegründeten Deutschen Demokratischen Republik (DDR) organisieren. Zum Teil gegen den erheblichen Widerstand der Rügener Bauern wurden zwischen 1952 und 1959 auf Anordnung der DDR-Regierung landwirtschaftliche Produktionsgenossenschaften (LPGs) eingeführt. Die aufmüpfigen Bauern wurden schließlich zwangskollektiviert. Mit einer groß angelegten Enteignungsaktion, ›Aktion Rose‹ genannt, sicherte sich die DDR 1953 den staatlichen Zugriff auf Hotels und Pensionen an der Ostseeküste. Viele Besitzer, im Parteijargon als ›Strandbourgeoisie‹ betitelt, klagte man damals mit fadenscheinigen Beschuldigungen an und verurteilte sie zu teils absurden Strafen.

Propagandaplakat während der Bodenreform in den 1950er Jahren

Rügen und Hiddensee gehörten in der DDR zu den Ferienzielen mit den meisten Gästen. Der Tourismus unterstand dem ›sozialistischen Aufbau einer leistungsfähigen Erholungsinfrastruktur‹. Planmäßig organisierte die DDR einen Bädertourismus ›im Dienste der Werktätigen‹ mit Betriebsferienheimen für Gewerkschaftsmitglieder (FDGB), Jugendlagern und riesigen Campingplätzen. Die alten Badeeinrichtungen und die schmucken Gebäude der Bäderarchitektur verfielen zusehends, aber die meisten blieben immerhin stehen, im Gegensatz zum Westen Deutschlands, wo an den Küsten der Abriss dominierte und scheußliche Neubauten in den 1960er und 1970er Jahren hochgezogen wurden. Chronische Versorgungsengpässe und lange Warteschlangen an den touristischen Einrichtungen nahmen die meisten Sommerurlauber stoisch hin. Notfalls halfen zur ›Nahrungsaufnahme‹ auch die Imbissbuden aus. Hier gab es die drei berühmten B´s: Bockwurst, Broiler und Bulette.

Im Wendejahr 1989 fanden friedliche Demonstrationen gegen die SED-Regierung auch in Bergen und anderen Orten Rügens statt. Noch kurz vor der Wiedervereinigung im Oktober 1990 konnten unter anderem auch größere Teile der Inseln und der Küste unter Naturschutz gestellt werden. Dazu zählen der Nationalpark Vorpommersche Boddenlandschaft (→ S. 36), der Nationalpark Jasmund (→ S. 35) und das Biosphärenreservat Südost-Rügen (→ S. 38). Die Initiatoren aus dem DDR-Umweltministerium wussten, dass das große Kapital dieses weitgehend industrielosen und strukturschwachen Landes die Natur ist.

Nach der Wiedervereinigung

Die Namen ›Pommern‹ und ›Vorpommern‹ waren zu DDR-Zeiten abgeschafft. Sie verschwanden nach der formalen Auflösung des Landes Preußen 1947 durch den Alliierten Kontrollrat. Jegliche Assoziationen zum nun polnischen Pommern (Pomorskie) sollten vermieden werden. Die gesamte ostdeutsche Ostseeküste einschließlich der Inseln Rügen und Hiddensee gehörte zum Bezirk Rostock. Seit 1990 ist der Landkreis Rügen Bestandteil des neu gegründeten Bundeslandes Mecklenburg-Vorpommern.

Nach der Wiedervereinigung führte die Schließung von Fabriken und großer Kombinate auf Rügen schnell zum wirtschaftlichen Zusammenbruch. Die Arbeitslosigkeit stieg auf der Insel auf bis zu 30 Prozent an. Verheerend für die Natur wirkte sich die jahrzehntelang betriebene Großflächenwirtschaft aus. Die Folgen waren Grundwasserverschmutzung und eine biologische Verarmung. In den ersten Jahren nach der politischen Wende setzte ein enormer Bauboom ein. Viele bauliche Kleinode der historischen Bäderarchitektur wurden saniert und historische Seebrücken wie in Sellin wieder errichtet. Andererseits kam es zu Tausenden von Verfahren um Restitutionsansprüche. Auch mehrere ehemalige Großgrundbesitzer forderten die Rückgabe ihrer Ländereien oder Schlösser. 1997 wurden die Rückübertragungsforderungen von Franz von Putbus auf das Schloss

Protest gegen die Erweiterung der B 96 bei Bergen

Spyker und von einem Sechstel der Inselfläche gerichtlich abgelehnt. Die Einwohnerzahlen Rügens gingen bis zum Jahr 2000 beständig zurück. Gleichzeitig stiegen die Übernachtungszahlen im Inseltourismus kontinuierlich an. Die Einweihung der neu ausgebauten Fähranlagen am Hafen von Mukran erfolgte 1998.

Die Ostseeautobahn A20 vom Kreuz Uckermark nach Lübeck via Greifswald, Rostock und Anschlussstelle Stralsund war 2005 fertiggestellt, 2007 wurde die neue fast drei Kilometer lange Rügenbrücke eröffnet.

Im Jahr 2002 erklärte die UNESCO die Altstädte von Wismar und Stralsund zum Welterbe. Im Februar 2005 stürzten die berühmten Wissower Klinken an der Rügener Kreideküste ins Meer. Die Eröffnung des Stralsunder Ozeaneum fand 2008 statt. Die alten Buchenwälder im Nationalpark Jasmund wurden 2011 von der UNESCO in die Weltnaturerbeliste aufgenommen. Das ›Naturerbe Zentrum Rügen‹ mit dem spektakulären Baumwipfelpfad eröffnete 2013.
Nach den Protesten gegen die umstrittene Erweiterung der B 96 auf Rügen in den vergangenen Jahren erhitzt seit 2021 der geplante Mega-Ferienpark bei Dranske die Inselgemüter. Denn auf dem Bug soll das gigantische ›Baltic Island Eco Resort‹ mit vier Hotels und rund 300 Ferienhäusern entstehen.

Kultur und Lebensart

Die ungewöhnlich vielfältige und herrliche Landschaft der größten Insel Deutschlands, aber auch das besondere Licht über der Ostsee inspirierte und faszinierte schon ab dem frühen 19. Jahrhundert zahlreiche Künstler und Schriftsteller. Wie ein roter Faden zieht sich die Begeisterung für Rügen vor allem bei vielen Malern durch das 19. Jahrhundert bis in die Gegenwart. Der berühmteste von ihnen ist zweifellos der frühromantische Maler Caspar David Friedrich. Heute besitzt die vorpommersche Insel eine außerordentlich reiche Kunst-, Kultur und Kulinarikszene – annähernd 365 Tage im Jahr Genuss für Augen, Ohr und Gaumen. Die kleine Schwesterinsel Hiddensee schmückt sich sowieso schon lange mit dem Beinamen ›Künstlerinsel‹.

Die ersten Hinweise auf Bautätigkeiten auf den Inseln gehen gewissermaßen bis in die Steinzeit zurück, als auf der Insel Hünengräber entstanden. Von da an war es noch ein weiter Weg bis zur repräsentativen Bäderarchitektur, die heute das Aussehen und das Flair vieler Straßenzüge der Seebäder prägt. Auch in den DDR-Jahrzehnten wurde nicht nur fade mit Platte gebaut, der Binzer Schalenbaumeister Ulrich Müther hinterließ, auch auf Rügen, geradezu futuristische Bauwerke.

Architektur

Rügen ist ein Mekka für Architekturfans. Insgesamt sind auf der Denkmalliste der beiden vorpommerschen Inseln fast 1400 Baudenkmäler und 2300 Bodendenkmäler ausgewiesen. Gut 100 davon sind ausgeschildert und besitzen Info-Tafeln.

Ab dem 3. Jahrtausend v. Chr. schufen hier Steinzeitmenschen Ruhestätten für ihre Toten. Solche oberirdischen **Hünengräber** (→ S. 29) lagen außerhalb der Siedlungen und waren monumentale Großsteingräber mit mehreren großen,

Putbus zeigt sich als klassizistische Modellstadt

aufrecht stehenden Findlingen und mindestens einem Deckstein. Die **Burgwälle** am Kap Arkona (→ S. 183), am Rugard, in Garz und an anderen Orten verweisen auf Bautätigkeiten während der Slawenzeit. Die slawischen Ranen siedelten bereits ab dem 6. Jahrhundert auf Rügen, 1168 wurde ihre Tempelburg und zentrale Kultstätte in Arkona von dänischen Truppen zerstört. Mit der ›Heidenbekehrung‹ begann die Epoche der deutschen Ostexpansion, auch auf den Inseln. Bauliche Zeugnisse aus dieser mittelalterlichen Zeit sind die beeindruckenden **gotischen Kirchen** in mehreren Inselorten, errichtet aus rotem Backstein, hin und wieder auch aus Feldsteinen. Die Marienkirche in Bergen aus dem späten 12. Jahrhundert ist das älteste Gebäude Rügens. Kaum minder interessant sind etwa die Kirche in Altenkirchen, die St. Laurentiuskirche in Zudar, die St. Paulikirche in Bobbin, St. Johannes in Schaprode und die schmucken Dorfkirchen in Groß Zicker und in Kloster auf Hiddensee. Auch die altehrwürdige Hansestadt Stralsund glänzt in Ziegelrot, sie ist eines der Zentren der norddeutschen Backsteingotik (→ S. 79).

Von den Bauern- und Fischerhäusern vom Typ des **niederdeutschen Hallenhauses** aus dem 17. Jahrhundert sind auf den Inseln nur sehr wenige erhalten, darunter das ehemalige Pfarrwitwenhaus in Groß Zicker und die Haasenburg auf der Insel Ummanz.

Eine ganze Stadt im Stil des **Klassizismus** schuf 1810 Wilhelm Malte I. Fürst zu Putbus (→ S. 114). Die repräsentativen Gebäude am Circus und am Marktplatz, das Theater sowie das Badehaus Goor im nahen Lauterbach bilden ein prächtiges Ensemble in der weißen Rosenstadt Putbus.

Schlösser, Herrenhäuser und Gutshäuser entstanden auf Rügen in einer ungewöhnlichen Vielzahl ab dem 17. Jahrhundert. Nach dem Dreißigjährigen Krieg begann die große Zeit der Landjunker, die sich das brachliegende Bauernland samt der Dörfer und der Bevölkerung einverleibten. Eine große Zahl von Herrenhäusern wurde nach 1990 saniert und modernisiert. Viele davon werden seither als Hotels und Ferienwohnungen genutzt. Zu den bekanntesten Schlössern auf Rügen gehören das Jagdschloss Granitz (→ S. 135), das Schloss Spyker (→ S. 170), Schloss Lietzow (→ S. 174) und das Schloss Ralswiek des Fabrikanten Hugo Sholto Graf Douglas (→ S. 110).

Vor allem in den Seebädern an der Ostküste Rügens ist ein Baustilmix typisch, der die Strandpromenaden und ganze Straßenzüge prägt: die **Bäderarchitektur** (→ S. 139). Sie entstand in wilhelminischer Zeit, also zur vorletzten Jahrhundertwende. Charakteristisch dafür sind griechische und italienische Stilelemente, verschnörkelte Holzloggien, filigrane Verzierungen, wahrhaftes Zuckerwerk mit Laubsägenfantasien – ganz ohne Stilsicherheit und trotzdem einfach schön anzuschauen. Markante Bauten der Bäderarchitektur waren ursprünglich auch die aus Holz erbauten **Seebrücken** in einigen Badeorten Rügens. Erst nach 1990 wurden sie in Betonbauweise wiedererrichtet. Die schönste Seebrücke ragt heute zweifellos in Sellin weit in die Ostsee hinaus (→ S. 142).

Wahrzeichen sowohl Rügens als auch Hiddensees sind **Leuchttürme**: Der Leuchtturm am Kap Arkona (→ S. 183), 1827 nach Plänen von Karl Friedrich Schinkel in Backsteinbauweise gemauert, und der Leuchtturm auf dem Dornbusch von 1888 (→ S. 203). 1936 begannen die Nationalsozialisten mit der Bautätigkeit am **Koloss von Prora** für die staatliche Organisation ›Kraft durch Freude‹ (→ S. 128). Mehrere Kilometer ziehen sich bis heute die monotonen Betonblocks an der Bucht von Prora entlang. Nach dem Zweiten Weltkrieg entstanden auch auf Rügen einige **Plattenbausiedlungen**. Etliche davon hat man mittlerweile wieder abgerissen, etwa im Stadtteil Rotensee in Bergen oder in Dranske.

Bauingenieur Ulrich Müther aus Binz schuf in den DDR-Jahren grandiose und weltweit anerkannte **Schalenbauten** (→ Extra S. 58). Besonders interessante zeitgenössische Bauwerke sind die preisgekrönte **Fußgängerbrücke** von 2007 in Sassnitz auf Rügen sowie das spektakuläre **Ozeaneum** in Stralsund (→ S. 89).

Der ehemalige Rettungsturm in Binz, ein Werk Ulrich Müthers

Land und Leute

Eleganz aus Beton – Die Bauten des Ulrich Müther

Beim Strandspaziergang in Binz stößt man unverhofft in den Dünen – zwischen Fischbrötchenbude und dem ehrwürdigen ›Grand Hotel‹ – auf ein seltsam anmutendes, futuristisch geformtes Gebilde, das einem gerade gelandeten unbekannten Flugobjekt ähnlich ist. Das Ufo am Strandzugang 6 ist ein kleines, filigranes Bauwerk mit auffallend breiten Fensterfronten, die wie vier große Kulleraugen wirken. Der Entwurf entstand 1968, die Pläne zeichnete der Rügener Bauingenieur Ulrich Müther (1934–2007), der sich gerne als ›Landbaumeister von Rügen‹ bezeichnete. Der architektonische Solitär war damals der Rettungsturm der Binzer Strandaufsicht. Nach der politischen Wende vergammelte das eindrucksvolle Kunstwerk, so dass es Müther selbst 2004 auf eigene Kosten restaurieren ließ. Die Binzer Baywatch hat mittlerweile längst ein neues Domizil bezogen, und das einsame Ufo in den Dünen am Strand dient inzwischen als Trauzimmer mit Meerblick.

Müther schuf ab 1963 in der DDR mehr als 50 öffentliche Gebäude mit ungewöhnlichen Formen und Funktionen. Der Bauingenieur war im Land der seelenlosen, streng rechtwinkligen Plattenbauten und den Einheitsfassaden für den kreativen Schwung zuständig. Zu DDR-Zeiten wurden seine Bauwerke offiziell daher auch als ›Sonderbauten‹ geführt. Markenzeichen seines Schaffens waren seine expressiven, doppelt gekrümmten Hyparschalen. Sie bestehen aus nur wenige Zentimeter dünnem Beton und sind sehr leicht. Daher ermöglichen sie architektonisch äußerst kühne und auch stützenlose Dachkonstruktionen.

Als Vorbild für seine eigenwilligen Arbeiten diente Müther die Natur. Vor allem Muscheln mit ihren dünnen, doch enorm belastbaren Schalen inspirierten den Küstenmenschen Müther schon früh. Auch erinnern seine schwebenden Konstruktionen oft stark an geblähte Segel im Wind. Seine Formensprache ist eindeutig von der Ostsee geprägt. In erster Linie die manchmal fast abenteuerlich erscheinenden, schmetterlingsleichten Dachkonstruktionen machten den gebürtigen Binzer international berühmt. Müther baute in Kuwait und Kolumbien, in Finnland und Jordanien, aber auch in Westdeutschland, etwa in Wolfsburg. Dort plante er die einzigartige Kuppel für das Zeiss-Planetarium, wofür die DDR 10 000 VW Golf als Gegenwert bekommen haben soll.

Auf Rügen gibt es noch weitere Schalentragwerke von Ulrich Müther, darunter die mittlerweile aufwändig sanierte ehemalige Milchbar ›Inselparadies‹ in Baabe und die Gaststätte ›Ostseeperle‹ in Glowe (→ S. 172). Ebenso stammen von ihm die Musikmuschel am Sassnitzer Kurplatz, die Buswartehalle am Binzer Kreisverkehr (Proraer Chaussee) sowie die Bushaltestelle in Buschvitz, von den Anwohnern ›Taucherhelm‹ genannt, sowie das asymmetrische Dach im Cliff Hotel von Sellin aus dem Jahr 1977.

Nach der Wende fiel die Karrierekurve des Schalenbetonmeisters jäh ab. Nun, unter neuen Produktionsverhältnissen, war die arbeitsintensive, wenn auch materialsparende Bauweise einfach zu teuer. Viele Werke Müthers waren jetzt dem Verfall preisgegeben oder wurden gar abgerissen, etwa im Jahr 2000 das baulich völlig intakte und wunderschöne ›Ahornblatt‹, die ehemalige Großkantine des DDR-Bauministeriums auf der Berliner Fischerinsel.

Literaten und Maler

Große Anziehungskraft auf junge Maler, Dichter und Musiker, auf Intellektuelle, Historiker und Theologen übten die Ostsee-Inseln Rügen, Vilm und Hiddensee schon ab dem ausgehenden 18. Jahrhundert aus. Die atemberaubenden Landschaften zogen Generationen von Künstlern aller Couleur in ihren Bann. Der damals vielgelesene Ludwig Gotthard Kosegarten (→ Extra S. 179) war einer der ersten deutschen Gelehrten, den Rügen faszinierte. Er zog 1792 von Wolgast nach Altenkirchen, weil er für Rügen ›eine frühzeitige Vorliebe gefasst‹ hatte. Er liebte »die größere Muse, die tiefere Ruhe, das idyllische Stillleben« des »romantischen Eilands«, das ihn zum Umzug drängte. Der in Groß Schoritz geborene Ernst Moritz Arndt (→ Extra S. 99) erzählte und dichtete immer wieder in höchsten Tönen von seiner Heimat. Selbst der ansonsten eher etwas spröde wirkende Staatstheoretiker und Begründer der Berliner Universität, Wilhelm von Humboldt, frohlockte 1796 geradezu über Rügen, wo »so viele verschiedene Gegenstände zusammen überraschend dem Auge erscheinen, die man sonst nur zerstreut antrifft«. Die folgende Aufzählung über den landschaftlichen Reichtum Rügens geriet ihm dann doch wieder eher etwas nüchtern: »Fruchtbare und bebaute Fluren, öde Heiden, Landengen, Vorgebirge, Meerbusen, Gebirge, Wälder u.s.f. und alles doch so nah aneinander gedrängt.« Adelbert von Chamisso schrieb 1823 die romantische Ballade ›Die Jungfrau von Stubbenkammer‹. »Die Stubbenkammer und Arkona sind auch einem Weltumsegler noch schön«, meinte der weit gereiste Dichter und Botaniker. Theodor Fontane, der märkische Wanderer, setzte die beiden Hauptfiguren seines Romans ›Effi Briest‹ in Sassnitz auf Rügen ab und ließ sie dort etwas gewagte Vergleiche mit der süditalienischen Amalfiküste anstellen. Ebenfalls in Sassnitz vollendete der Komponist Johannes Brahms 1876 seine erste Sinfonie.

Seit dem späten 19. Jahrhundert zog auch Rügens kleine Schwester Hiddensee Künstler und Schriftsteller in Scharen an. Thomas Mann, Gottfried Benn und Carl Zuckmayer genossen die Natur und die langen Strände, der Brücke-Maler Erich Heckel hatte auf dem kleinen Eiland ein Sommerhaus. Hans Fallada schrieb hier seinen weltberühmten Roman ›Kleiner Mann – was nun?‹ zu Ende. Der humorvolle Dichter Joachim Ringelnatz fühlte sich besonders im Haus ›Karusel‹ der Stummfilmdiva Asta Nielsen wohl (→ S. 204). Berühmtheit erlangte in den 1920er Jahren der ›Hiddenseer Künstlerinnenbund‹ (→ S. 206). Der Literaturnobelpreisträger Gerhart Hauptmann, selbst kein Freund der

Ludwig Gotthard Kosegarten

Hiddenseer ›Malweiber‹, verbrachte über Jahrzehnte Sommer für Sommer in seinem stattlichen ›Haus Seedorn‹ in Kloster (→ S. 202). Die Insulaner spotteten damals augenzwinkernd, dass der Sommer auf Hiddensee beginne, sobald die jährliche Weinlieferung für den Dichter eintreffe, und der Sommer zu Ende gehe, wenn Hauptmanns Weinkeller wieder leer sei.

Doch in erster Linie waren es die Maler, die die Schönheit und Eigenart der vorpommerschen Inseln der Öffentlichkeit ins Bewusstsein brachten. Die Vielgestaltigkeit und der enorme Motivreichtum der einzigartigen Landschaft mit ihren bezaubernden Farben, gepaart mit dem grandiosen Licht über der Ostsee, entsprechen sicherlich in besonderem Maße dem Metier der Malerei. Die Liste der berühmten Maler, die auf den Inseln arbeiteten und ihre Staffeleien in freier Natur aufstellten, ist riesig. Sie machten die Inseln populär. Einer der wichtigsten und produktivsten Rügenmaler war Friedrich Preller (1804–1878). Mehr als 100 Bilder zu Rügen, Vilm und Hiddensee sind von dem Eisenacher überliefert. Adolph Menzel zeichnete 1851 auf Rügen die ›Frau mit Sonnenschirm in den Dünen‹. Auch der Berliner Architekt Karl Friedrich Schinkel (1781–1841) malte die Stubbenkammer, als er sich wegen mehrerer Bauaufträge auf Rügen aufhielt. Karl Blechens Gemälde ›Kreidefelsen auf Rügen‹ stammt von 1828. Phillip Otto Runge aus Wolgast (1777–1810) arbeitete ab 1806 an einem unvollendet gebliebenen Gemälde für die Kapelle im Fischerdorf Vitt. Doch der pommersche Frühromantiker Caspar David Friedrich (1774–1840) darf wohl zweifelsohne als größter Rügenmaler gelten.

Philipp Otto Runge

Caspar David Friedrich auf Rügen

Ich muss allein bleiben und wissen, dass ich allein bin, um die Natur ganz zu schauen und zu fühlen. Ich muss mich dem hingeben, was mich umgibt, mich vereinigen mit meinen Wolken und Felsen, um das zu sein, was ich bin.
Caspar David Friedrich

Der 1774 in der damals schwedisch-pommerschen Hafenstadt Greifswald als sechstes von zehn Kindern geborene Caspar David Friedrich ist sicherlich der bedeutendste Maler der deutschen Frühromantik. Seine Lieblingsinsel Rügen konnte er recht mühelos erreichen. Schon als 14-Jähriger lernte er die Insel gut kennen, bei Wanderungen mit seinem Greifswalder Zeichenlehrer Johann Gottfried Quistorp. Der legte großen Wert auf eine genaue Naturanschauung – eine wichtige Grundlage für Friedrichs spätere eigenständige künstlerische Handschrift. Nach seinem Studium an der renommierten Kunstakademie in Kopenhagen setzte Friedrich seine künstlerische Laufbahn in Dresden fort. Dort kam er mit Philipp Otto Runge (1777–1810) zusammen, dem zweiten großen Maler der Frühromantik. Mit weiteren Malern sowie Dichtern wie Ludwig Tieck und Novalis bildeten sie einen romantischen Zirkel.

Bevorzugt zu Fuß und am liebsten allein erkundete Friedrich in den frühen Jahren des 19. Jahrhunderts Rügen und marschierte die Jasmunder Küste entlang, sein Skizzenbuch stets zur Hand. So entstanden erste schlichte Federzeichnungen von der bizarren Eiszeitlandschaft der Insel, vom Kap Arkona, dem Bilderbuchdorf Vitt und den Kreidefelsen der Stubbenkammer. Sie alle geben die Wirklichkeit noch genau wieder. Er widmete sich zunächst der sogenannten Sepiamalerei mit zarten Tonabstufungen. Kurz darauf wandelt er seine Motive leicht ab – mit Wolkenbildungen am Himmel, mit Licht, das sich in den Wellenbewegungen des Wassers spiegelt oder in das die Küstenlandschaft getaucht ist. Die ab 1807 in seinem Dresdner Atelier gemalten Ölbilder bekommen nun eine tiefere Symbolik. Sie sind nicht mehr bloße Naturwiderspiegelung. Friedrich poetisiert jetzt seine Motive, die Landschaftsdarstellungen bekommen einen Stimmungsgehalt, Gemütsverfassungen. Melancholisch, geheimnisvoll, romantisch-verklärt, schwermütig, erhaben oder religiös wirken die Darstellungen der meist sehr dürftigen und düsteren Natur des Nordens. Friedrich wird zu einem Maler der romantischen ›Wirkungsästhetik‹. Er will keinen konkreten Ort mehr repräsentieren, stattdessen werden von ihm oft Landschaften verschiedener Örtlichkeiten auf einer Bildfläche zusammengesetzt.

Bei seinem weltbekannten Gemälde ›Kreidefelsen auf Rügen‹ von 1818 rätselte die Kunstwelt lange über die genaue Örtlichkeit der auf dem Bild dargestellten Felsenformation. Favorisiert wurden lange Zeit die Wissower Klinken bei Sassnitz als Ursprungsmotiv. Doch die existierten als weiße Kreidefelsen zu Friedrichs Lebzeiten noch gar nicht. Schon aufgrund des stets fortschreitenden Erosionsprozesses ist ein Vergleich mit der Steilküste, so wie sie sich uns heute zeigt, völlig unmöglich. Es ist sehr wahrscheinlich, dass er für seine berühmte Darstellung drei Skizzen der Rügener Küstenwand aus dem Jahr 1815 benutzte. Sie zeigen Motive der Kleinen Stubbenkammer. Im Gemälde erscheinen sie zusammengestellt.

Zur kunsthistorischen Bildinterpretation gibt es bis heute zahlreiche Kontroversen. Möglicherweise sind aber nicht nur mehrere Skizzen zusammengefasst, sondern auch

EXTRA

Die berühmten ›Kreidefelsen auf Rügen‹

mehrere ›Erzählstrukturen‹ übereinander konstruiert: Der Blick des Betrachters wird von den drei Personen, zwei Männer und eine Frau am linken Rand, über die bizarren grellweißen Felsnadeln hinaus auf das unendlich scheinende Meer gelenkt. Sicherlich zielt diese Art Naturbetrachtung auf eine tiefe Verbundenheit zur Natur. Dem Anschein nach handelt sich bei den drei Personen um eine Ausflugsgesellschaft, womöglich sogar um Friedrich selbst (Mitte), seine Frau Caroline und seinen Bruder Christian. Schließlich führte Friedrichs Hochzeitsreise im Sommer 1818 nach Rügen. Populär ist daher die Deutung als ›Hochzeitsbild‹, eine Allegorie der Liebe. Dafür stünde auch die Frau mit ihrem roten Kleid. Die Farben des Bildes werden gerne den christlichen Kardinaltugenden zugeordnet: Das rote Kleid der Liebe, der blaue Rock des am Boden kriechenden Mannes dem Glauben, die grüne Kleidung des am Baumstumpf lehnenden Mannes der Hoffnung. Der am Boden liegende Hut wird dabei als Symbol für die Demut gedeutet. Die politische Deutung des Gemäldes gründet auf der Kenntnis von Friedrichs liberaler Weltanschauung und der politischen Situation nach dem Wiener Kongress 1815, der Ära der Restauration. Hier ist besonders die rechte Bildfigur bedeutsam. Sie trägt die sogenannte – und 1819 verbotene – Altdeutsche Tracht, die politische Gesinnungstracht der ›Demagogen‹. So nannte man die Liberalen, mit denen Friedrich Verbindung hatte. Der Fernblick des fortschrittlichen Patrioten stünde für die Hoffnung auf eine liberale Zukunft, der Blick in die Tiefe der beiden anderen Bildfiguren dagegen könnte die Angst in der rauen politischen Gegenwart symbolisieren.

Im September 1826 kam Friedrich das letzte Mal nach Rügen, diesmal um seine angeschlagene Gesundheit mit Kreide- und Solebädern zu stärken. Es folgten noch einige Jahre hoher künstlerischer Produktivität. 1835 erlitt er einen Schlaganfall, der ihn halbseitig lähmte. Caspar David Friedrich starb 1840, mit 65 Jahren, in Dresden. Er fand auf dem dortigen Trinitatisfriedhof seine letzte Ruhe.

›Caspar David Friedrich in seinem Atelier‹ von Georg Friedrich Kersting

Wirtschaft und Gesellschaft

Zahlreiche Dörfer und heutige Seebäder auf Rügen und Hiddensee haben jahrhundertelang von der Fischerei als Haupterwerbsquelle gelebt oder auch von einer Kombination aus Fischerei, Handelsseefahrt, Lotsendiensten und Landwirtschaft. Die Fischer auf den beiden Inseln waren nicht selten zugleich Bauern und hielten sich nebenbei Kleinvieh. Im Fischfang und in der Fischverarbeitung gab es zu DDR-Zeiten rund 15000 Arbeitsplätze. Nur ein Bruchteil davon überstand die politische Wende. Heute wird die Fischerei unter anderem wegen des starken Preisverfalls für Fisch und dem großen Konkurrenzdruck fast nur noch als Nebenerwerb betrieben. Nur der Heringsfang ist noch von regionaler Bedeutung. Etliche Rügenfischer schippern mit ihren Kuttern unterdessen Touristen über die Bodden und auf die Ostsee. Allerdings besitzt Sassnitz mit dem ›Euro Baltic Fischverarbeitungszentrum‹ eine der modernsten Industrieanlagen dieser Branche weltweit und die Rügen Fisch AG, der größte deutsche Hersteller von Fischkonserven.

Auch bei der Umstellung von landwirtschaftlichen Produktionsgenossenschaften (LPGs) zu marktorientierten Firmen in den 1990er Jahren war der Arbeitsplatzverlust gravierend; er betrug rund 70 Prozent. Noch immer werden auf Rügen annähernd zwei Drittel der Inselfläche landwirtschaftlich genutzt, vor allem zum Anbau von Gemüse, Getreide und Raps (›Rügener Rapsöl‹). Doch auch hier gibt es immer mehr Vermarktungsprobleme. Mehrere Bauernhöfe setzen heute auf den Trend zu qualitativ hochwertigen Bioprodukten oder verwandeln sich in touristische Erlebnisbauernhöfe. Viele Jahrzehnte war der Kohl aufgrund des guten Bodens und des milden Seeklimas ein typisches Gemüse der größten deutschen Insel. Hauptanbaugebiet war die Halbinsel Wittow, wo das runde, vitaminreiche Gemüse seit den 1930er Jahren in großem Stil auf mehreren 100 Hektar Fläche angebaut wurde. Doch Kohl auf Rügen war einmal, der größte Kohlanbaubetrieb Rügens, die ›Agrar GmbH Wittow Süd‹, stellte 2013 den Anbau ein. Als Grund gelten anhaltender Preisverfall und sinkende Nachfrage. Die Zeit, in der im Herbst die Kohlköpfe die Insel regierten, ist passé. Und damit haben auch die beliebten traditionellen Rügener Kohlwochen ihre Grundlage verloren.

Tourismus

Ab den 1950er Jahren wurden die privaten Fremdenverkehrsbetriebe im Rahmen des Aufbaus des sozialistischen Erholungswesens verstaatlicht. In den kommenden DDR-Jahrzehnten galt Rügen als stark überlaufen. Der Freie Deutsche Gewerkschaftsbund (FDGB) organisierte den gigantischen Insel-Massentourismus. Die Urlauberzahlen stiegen bis zum Höchststand im Jahr 1989 auf 900 000 Besucher und sage und schreibe 26 Millionen Übernachtungen jährlich. Mit der Wiedervereinigung sanken die Besucherzahlen zunächst drastisch auf nur noch drei Millionen Übernachtungen bei 580 000 Besuchern. Gründe dafür waren in erster Linie die neuen Angebote an Urlaubszielen im westlichen Ausland sowie der nun vergleichsweise niedrige Komfort der meisten Inselhotels und -pensionen. Spätestens in den ersten Jahren im neuen Jahrtausend, nach der grundlegenden Modernisierung der gesamten touristischen Infrastruktur, stiegen die

Der Tourismus hat sich zu einem der wichtigsten Wirtschaftszweige entwickelt

Zahlen wieder stetig an. Seither boomt der Tourismus auf Rügen, heute zählt die Insel rund 1,3 Millionen Urlaubsgäste mit um die 6 Millionen Übernachtungen im Jahr. Der Rügen-Tourismus macht mittlerweile ein Viertel aller Übernachtungen in Mecklenburg-Vorpommern aus und hievte das Bundesland kurzzeitig sogar am Landesprimus Bayern vorbei auf Platz eins als beliebteste Urlaubsregion in der Republik.

Mukran Port und MV Werften

In den 1980er Jahren ging der Fährhafen Sassnitz-Mukran (→ S. 164) als direkter Bypass zwischen der DDR und der damaligen Sowjetunion in Betrieb. Nach dem politischen Umbruch 1990 platzte der Traum als Brückenkopf für den Fährverkehr in den Osten, die letzte Fähre mit russischen Militärgütern legte 1994 ab. Heute ist Mukran der drittgrößte deutsche Ostseehafen sowie der drittgrößte Eisenbahnfährhafen Deutschlands – und der einzige, der in Mitteleuropa auch über Gleisanlagen der russischen und finnischen Breitspur verfügt. Durch den Umschlag von Rohren für die russische Gaspipeline Nord Stream 2 und die drastischen Sanktionsandrohungen der USA wurde Mukran kürzlich international berühmt. Doch in Mukran passiert längst weitaus mehr: Seine Zukunft sieht der Hafen im Kreuzfahrtgeschäft, im Fährverkehr, als Knotenpunkt der neuen Seidenstraße und nicht zuletzt im Offshore-Boom, in der Erzeugung sauberer Energie durch Windparks an Rügens Ostküste. Der Mukran Port ist der wichtigste Standort für Offshore-Wind-Projekte in der Ostsee. Mukran ist als Basis- und Servicehafen für den Betrieb und die Wartung der sündhaft teuren Anlagen vorgesehen. Darüber hinaus ist der Mukran Port auch als Umschlaghafen für Agrargüter von Bedeutung. Zurzeit geht jährlich rund eine Million Tonnen Getreide im Fährhafen über die Kaikante.

Die Stralsunder Werft wurde 1948 als volkseigener Betrieb gegründet, ›VEB Volkswerft Stralsund‹ hieß sie damals. Im Jahre 2016 erwarb die malaysisch-chinesische Holdinggesellschaft Genting Hong Kong die Werften von Rostock,

Wismar und Stralsund. Seitdem werden dort Luxus-Kreuzfahrtschiffe und Megayachten gebaut, unter dem Namen ›MV Werften‹ mit Hauptsitz in Wismar. Der Einbruch der in die Kritik geratenen Kreuzfahrtbranche kündigte sich schon seit Längerem an, nicht erst als Folge der Covid-19-Pandemie. Denn die schwimmenden Rummelplätze und Kleinstädte überschwemmen mit ihren Menschenmassen die Ankunftsorte, entsorgen Unmengen von Abfällen im Meer und werden noch immer meist mit umweltschädlichen Schweröl betrieben. Im Jahr 2020 wurden staatliche Kreditzahlungen in dreistelliger Millionenhöhe an die MV Werften bezahlt, angeblich um die Arbeitsplätze zu erhalten. Bereits ein Jahr später erfolgte schließlich ein massiver Stellenabbau und 2022 schließlich die Insolvenz.

Die Rügener Heilkreide

Die Rügener Kreide ist ein weich-matschiges, marines und ausgesprochen vielfältiges Kalkprodukt, 70 Millionen Jahre alt. Die offizielle Gesteinsbezeichnung ist ›Schreibkreide‹ und stammt von ihrer früheren Verwendung: Man stellte früher daraus tatsächlich Schultafelkreide her. Die besteht heute aus Gips. Die Inselkreide zeichnet sich durch ihre besondere Feinheit in der Struktur und durch ihre hohe Reinheit aus, sie ist ideal nutzbar für zahlreiche und sehr verschiedene Anwendungen. Ursprünglich hat man sie in der Zementindustrie und als Düngekalk zur Düngung der Äcker eingesetzt. Heute dient sie etwa industriell als Kalkfarbe, auch als Füllstoff für chemische Produkte und für Farben und wird bei der Kraftwerkstechnik sowie bei der Porzellan- und Steingutherstellung eingesetzt.

Doch das ›weiße Gold‹ Rügens besitzt vor allem auch eine heilsame und wohltuende Wirkung. Als Heilkreide wurde sie bereits 1910 in ersten Kreidebädern im Ostseebad Sassnitz angewendet. Schon damals fand die Kreide auch als Schönheitsmittel Erwähnung. In realsozialistischer Zeit, im Jahr 1972, hat man die Kreideanwendungen eingestellt. Man setzte auf modernere Behandlungsmethoden. Erst nach dem politischen Umbruch in den 1990er Jahren nahmen die ersten Hotels und Kliniken die bewährten Rezepte wieder in ihr Kurprogramm auf. Das allergenfreie Naturprodukt aus 98,2 Prozent reinem Calciumcarbonat mit einem basischen pH-Wert von 7,9 wird heute auf Rügen in vielen medizinischen und kosmetischen Einrichtungen sowie in den Beauty- und Wellnessbereichen vieler Hotels genutzt, oft und gerne mit ätherischen Ölen, Honig oder Stutenmilch angereichert. Feinkörnig oder zerkleinert dient sie für schlamm- oder breiförmige Bäder, für kalte und warme Packungen. Ein wahrer Tausendsassa der Heilkunst: Anwendungen erfolgen bei rheumatischen Erkrankungen und Gicht, bei Arthrosen und Ischias, bei

Die Heilkreide findet heute vor allem im Wellness-Bereich Verwendung

Gelenkentzündungen und Neuralgien, bei Osteoporose und Muskelverspannungen sowie bei Hauterkrankungen. Außerdem regt die Heilkreide den Stoffwechsel an, führt zu einer besseren Durchblutung und wirkt auch noch entzündungshemmend. Die Heilkreide wird von den Krankenkassen als ortsgebundenes Heilmittel anerkannt, Anwendungen können über die Krankenkassen abgerechnet werden. Seit mehr als 100 Jahren wird die ›Original Rügener Dreikronen-Heilkreide‹ vor Ort angeboten. Das kostbare weiße Gold der Insel ist auch in Pfundpackungen mit Anleitung zum Mischen von Peelings und Masken in Apotheken, Bauernläden, Souvenirgeschäften und den Touristeninformationen erhältlich. Hersteller ist das Kreidewerk von Klementelvitz.

Das Rügener Kreidemännchen

Wackelaugen, Zipfelmütze, goldfarbene Glöckchen. Die Rügener Kreidemännchen gelten längst als die lustigen Maskottchen der Insel. Gefertigt werden sie natürlich aus Rügens Küstengold, der Felskreide. Als Vorbild dienen die weißen Zwerge aus den Rügen-Sagen. Ihr Erfinder ist Reinhard Jost, der in seinem Laden in der Putgartener Dorfstr. 22 seine bis zu 13 Zentimeter hohen Figuren herstellt, zusammen mit seiner Ehefrau Marlies und einem Team. Mittlerweile haben sie 30 verschiedene Männchen aus Kreide zur Auswahl: mit Wackelaugen, mit Filzhut, mit Bernsteinen, Kreidestift oder Donnerkeil, im Liegestuhl oder im Strandkorb. Aber es gibt natürlich auch das Pendant zu den Männchen: die grazile Kreideelfe (www.ruegener-kreidemaennchen.de).

Feste und Festivals

Auf den Inseln ist immer was los. Die Fülle der kulturellen, historischen und sportlichen Veranstaltungen ist – besonders während der Hauptsaison im Sommer – kaum noch zu überschauen. Über die aktuellen Open-Air-Veranstaltungen und Live-Konzerte, Märkte, Kunsthandwerkerausstellungen, die traditionellen und neueren Feste sowie die vielfältigen Sportevents informieren die kostenlosen Touristenzeitungen, die Monatsbroschüren, die Tagespresse und die Touristeninformationen.

Frühling

Traditionsreich und oft mit historischem Hintergrund sind die zahlreichen Dorf- und Fischerfeste. Im Frühjahr finden auf Rügen Fischertage und die **Heringswochen** statt, wenn im April riesige Heringsschwärme zum Laichen die flachen Küstengewässer aufsuchen (www.ruegen.de). Sehr beliebt im Mai: das viertägige **Heringsfest in Altefähr** ab dem 1. Mai (www.altefaehr.de), das **Mönchguter Heringsfest in Göhren** rund um das Museumsschiff Luise (www.goehren-ruegen.de) und das **Reusenfest in Baabe** (www.baabe.de). Ende Mai starten die 14-tägigen **Putbus-Festspiele** mit Konzerten, Opern- und Theateraufführungen im klassizistischen Theater und im Schlosspark (www.putbus-festspiele.de). Im Juni locken mehrere bekannte Feste auch schon die ersten Sommergäste an: **Mittsommerfeste** am 21. Juni mit Sommernachtsbällen und Straßenpartys finden in Baabe, Bergen, Göhren und am Kap Arkona statt. Die **Sundischen Ta-**

ge in Stralsund: Regatten und Jollenwettkämpfe rund um Rügen und Hiddensee sind Anfang Juni Höhepunkt der traditionellen **Stralsunder Segelwoche** (www.ycstr.de). Zur gleichen Zeit eröffnet das **Hafenfest Stralsund** mit einem bunten Rahmenprogramm (www.hafenfeststralsund.de). Das Seebad **Binz** wird beim **Blue Wave Festival** drei Tage lang zur Blues-Hochburg Rügens und verwandelt sich zur grandiosen Bühne für Bluesmusiker aus aller Welt. Es ist das bedeutendste Musikevent der Insel (www.bluewave.de).

Sommer

Von Ende Juni bis Anfang September dominiert bei den **Störtebeker Festspielen** auf der Naturbühne Ralswiek Abend für Abend (außer sonntags) Piratenspektakel und Action pur. Dann werden abenteuerliche und fantastische Geschichten aus dem Leben des berühmten Freibeuters Klaus Störtebeker erzählt (www.stoertebeker.de). Der **Kultursommer am Kap Arkona** findet im Juli und August mit Theaterstücken, Konzerten, Comedy und Liederabenden auf der kleinen Kulturbühne am Kap statt (www.kap-kultur.de). Zu den beliebtesten Volksfesten Rügens zählen die **Hafentage in Sassnitz** am ersten Juliwochenende. Dann finden sich auf der langen Flaniermeile am Stadthafen viele Händler und Schausteller zum maritimen Spektakel ein (www.volksfeste-in-deutschland.de). Die **Palucca Tanzwoche** Anfang Juli auf **Hiddensee** erinnert an die 1993 verstorbene und auf der Insel beigesetzte Tänzerin und Tanzpädagogin Gret Palucca. Die Palucca Hochschule für Tanz Dresden – hier war die Palucca in den 1920er Jahren ein Star – veranstaltet jeden Sommer einen Workshop mit Improvisitations-

Eine Aufführung in Ralswiek während der Störtebeker Festspiele

tänzen an verschiedenen Orten Hiddensees (www.seebad-hiddensee.de). Am ersten Samstag im Juli startet schon seit 1925 das **Sundschwimmen** über knapp 2,4 Kilometer von Altefähr zum Strandbad in Stralsund. Es ist das bekannteste deutsche Langstreckenschwimmen (www.sundschwimmen.de). Ebenfalls im Juli feiern die Stralsunder den erfolgreichen Widerstand gegen die Belagerung der kaiserlichen Truppen unter Wallenstein im Jahr 1628. Die **Wallensteintage** mit historischem Markttreiben, Volksfestrummel und Feuerwerk sind das bedeutendste Stadtfest der Hansestadt (www.wallensteintage.de). Beim **Seebrückenfest in Sellin** wird jährlich Ende Juli die schöne, fast 400 Meter lange Dame der Bäderarchitektur gefeiert – mit Konzerten, Tanzpartys open air und einem Höhenfeuerwerk zum Abschluss (www.ostseebad-sellin.de). Beim traditionellen **Vilm-Schwimmen** auf dem Rügischen Bodden sind Ende August die 2,5 Kilometer von der Insel Vilm bis zum Lauterbacher Hafen zu bewältigen. Dabei sein ist alles, die Zeit spielt keine Rolle, einfach nur ankommen und dann ausgiebig feiern heißt die Devise (www.vilmschwimmen.de).

Herbst

Die **Rügener Kabarett-Regatta** von Mitte September bis Mitte Oktober ist einer der Höhepunkte des jährlichen Kulturprogramms der Insel: vier Wochen Comedy, Kabarett und Kleinkunst auf hohem Niveau. Zentraler Spielort ist das Theater in Putbus (www.kabarett-regatta.de). Der September ist auch der **Monat der Bäderarchitektur**. Das Ostseebad **Binz** ist berühmt für seine mondänen, prachtvoll verzierten weißen Strandvillen. Ausstellungen, Vorträge und Ortsführungen bringen das herrliche Stilgemisch aus den Anfangsjahren des Badelebens auf Rügen näher (www.binz.de). **Tour d´Allee** heißt seit 1995 die herbstliche Radsternwanderung mit Radsport-Profis und Hobbyradlern rund um den Jasmunder Bodden. Die 100-Kilometer-Tour im Oktober soll werbewirksam das Radwandern auf der Insel fördern (www.tda-ruegen.de). Zum **Rügenbrücken-Marathon** kommen im Oktober rund 3000 Laufbegeisterte an den Sund, um auf verschiedenen Distanzen die Möglichkeit zu genießen, zu Fuß die wunderbare Rügenbrücke zu überqueren (www.ruegenbrueckenmarathon.de).

Winter

Die schönsten **Weihnachtsmärkte** mit regionalen Spezialitäten wie Stralsunder Marzipan, pommerschen Rauchwürsten, Holunder- und Sanddornglühwein, mit viel Lichterglanz und Tannengrün öffnen in Stralsund, Bergen, in Sassnitz und Binz. Der Hauptevent des Jahres am **Kap Arkona** ist das spektakuläre **Höhenfeuerwerk an Silvester** mit 40 000 Besuchern (www.kap-arkona.de). Wenige Schritte entfernt hat der **Silvestermarkt auf dem Rügenhof** geöffnet.

Der Stralsunder Weihnachtsmarkt

Otto von Bismarcks Lieblingshering

Wie Otto Fürst von Bismarck (1815–1898) zum Hering seines Namens kam oder auch umgekehrt, ist historisch zwar nicht eindeutig belegt, sicher ist aber: Bismarck liebte Hering. »Wenn Heringe genauso teuer wären wie Kaviar, würden ihn die Leute weitaus mehr schätzen«, soll er gesagt haben. Das ist Schnee von gestern. Denn der Hering an sich, das meist eher grünlich-blaugrau glänzende ›Silber der Ostsee‹, hat sich längst vom einstigen Brotfisch der Küstenfischer und vom Arme-Leute-Essen zur leckeren Delikatesse in vielen Zubereitungsvarianten gemausert. Auf den Teller oder direkt auf die Hand kommt er gebraten, gebacken, gegrillt, gekocht, geräuchert als goldglänzender Bückling, als Matjes gereift in einer milden Salzlake, als Rollmops in Essig und Salz eingelegter und zusammengerollter Heringslappen oder ebenfalls sauer eingelegt als Bismarckhering. Als solcher müssen die mageren Heringsfilets fangfrisch sofort eingelegt werden, in einer sauren Marinade aus Zwiebeln, Lorbeerblättern, Senfkörnern, Speiseöl und Essig. Und als solcher wird der Bismarckhering an der deutschen Ostseeküste gerne zur mittäglichen Strandpause im Brötchen mit obligatorischem Salatblatt und Zwiebeln verspeist. Der ›Bismarck‹ ist zweifellos noch immer das kulinarische Flaggschiff unter den allseits beliebten Fischbrötchen.

Über die Namensgebung des sauren Heringsfilets ranken sich mehrere Anekdoten. So soll der damalige preußische Ministerpräsident Bismarck 1864 beim Frontbesuch im preußisch-dänischen Krieg einen Flensburger Wirt für seinen grandiosen Hering so überschwänglich gelobt haben, dass der fortan sein sauer eingelegtes Fischfilet als ›Bismarck-Hering‹ in seiner Speisekarte führte.

Ganz anders lautet die Geschichte zur Namensgebung aus der Hansestadt Eine führt uns in die Hansestadt Stralsund, wo die Gattin des Fischhändlers Johann Wiechmann just zur deutschen Reichsgründung 1871 ein besonderes Rezept für die saure Marinade kreierte. Ihr geschäftstüchtiger und kaisertreuer Gatte erkannte wohl die Gunst der Stunde und schickte dem gerade zum Reichskanzler gekürten Bismarck als Geschenk ein Fässchen mit seiner eingelegten Spezialität. Der ›eiserne‹ Kanzler reagierte beglückt und gab den Wiechmanns handschriftlich sein Einverständnis, dieses Heringsprodukt künftig mit seinem Namen schmücken und vermarkten zu dürfen.

Das Dokument ging im Zweiten Weltkrieg allerdings verloren. Als Erbe und Nachfolger der Wiechmanns gilt heute der Stralsunder Fischhändler Henry Rasmus in der Heilgeiststraße, der den originalen Bismarckhering nach der alten 150-jährigen Geheimrezeptur wieder herstellt und verkauft (→ S. 88). Inzwischen konnte eine illustre Schar der internationalen Politprominenz nach Besuchen bei der Kanzlerin Angela Merkel mit einem Fässchen Saurem unter dem Arm die Heimreise antreten, darunter Vladimir Putin, George W. Bush und François Hollande, aber natürlich auch Fürst Ferdinand von Bismarck. Der ›Bismarck‹ ist schließlich eindeutig der ›Lukullus‹ unter den Gastgeschenken aus Merkels Wahlkreis um Stralsund und Rügen. Zu DDR-Zeiten, als dem ehemaligen deutschen Reichskanzler weltanschaulich wenig Sympathie entgegen gebracht wurde, ersetzte man den traditionellen Begriff ›Bismarckhering‹ einfach durch die realsozialistische Wortschöpfung ›Delikateßhering‹. So oder so – Hauptsache der saure Fischhappen mundet.

Essen und Trinken

Kartoffeln, Rüben und Kohl, Geflügel, Schweinefleisch und natürlich Fisch; deftig, bodenständig und einfach, Hausmannskost ohne viel Schnickschnack. Das war lange Zeit die kurze Beschreibung der Küche Rügens. Auf den Tisch kam, was die Landwirtschaft auf den Feldern vor der eigenen Haustür, die Ostsee und die Boddengewässer hergaben. Der Hunger wollte gestillt sein, man wollte keinen Feinschmeckerpreis gewinnen. Doch in den letzten zehn Jahren hat sich Rügens Küche zusehends gewandelt. Längst vorbei ist die kulinarische Einöde der DDR-Küche. Mittlerweile heimsen etliche Inselrestaurants mit ihrer feinen Gourmetcuisine renommierte Kritikerpreise ein, und immer mehr Rügenköche dürfen sich mit begehrten Hauben, Kochlöffeln und Sternen schmücken. Omas Rezeptsammlung ist dabei keineswegs verschwunden, im Gegenteil. Die traditionellen Rezepte erfuhren eine Renaissance und werden jetzt kreativ und mit moderner Raffinesse zubereitet. Dazu zählt etwa auch das alte Seefahrer- und Matrosengericht Labskaus (→ S. 73). Das Augenmerk liegt nun eindeutig bei der Verarbeitung von regionalen Erzeugnissen. Die Kartoffeln, die in Pommern Tüften heißen, sind in zahlreichen Variationen in den Speisekarten zugegen. Das Logo ›Regionale Esskultur‹ (weiße Kochmütze auf blauem Grund) ist auf Rügen und Hiddensee eine begehrte Auszeichnung für Gaststätten und Erzeuger, die durch eine unabhängige Zertifizierungskommission vergeben wird. In den vielen Hofläden und auf den Märkten sollte man nach den Qualitäts- und Herkunftszeichen ›Original Rügen Produkt‹ sowie ›Rügen Produkt‹ Ausschau halten.

Eine weitere Besonderheit der pommerschen und Rügener Küche ist ihre Vorliebe zu Süßem und Süßsaurem, die schwedischem Einfluss geschuldet sein soll. Gern streut man sich etwa auf die Schmalzstullen auch mal Zucker statt Salz und hat nichts gegen Blut- und Grützwurst mit Rosinen einzuwenden.

Fisch

Doch wer auf den Inseln Urlaub macht, möchte in erster Linie Fisch essen. Fangfrisch vom Kutter wandert der Fisch direkt in die Küchen vieler Restaurants. Aus der Ostsee und den Boddengewässern werden Hering, Dorsch, Flunder, Lachs, Aal, Zander, Hecht, Barsch und Karpfen gefangen. Hoch im Kurs steht seit einigen Jahren wieder der Hering, das ›Silber des Meeres‹. Um den ehemaligen Brotfisch der Insulaner, *das* Volksnahrungsmittel bis ins 19. Jahrhundert, dreht sich alles an den ›Heringstagen‹ auf Rügen im Frühling. Dann wird die große Vielfalt an Gerichten mit dem pommerschen Ostseehering präsentiert: gegrillt, gebraten, geräuchert oder in Bierteig eingelegt. Als Brathering ist er ebenso beliebt wie als Rollmops. Und für den kleinen Hunger zwischendurch ist das einfache Fischbrötchen seit eh und je ein Renner. Für den ›Küstenburger‹ steht man im Sommer zur Strandpause auch mal gerne Schlange. Im Brötchen und gleich auf die Hand gibt's den traditionellen Bismarckhering, den Matjes, den Heilbutt, Lachs, Räucherfisch, Kabeljau und noch weitere Varianten. Nach dem Hering kommt Anfang Mai, wenn allerorten auf der Insel der Raps knallgelb blüht, der Hornfisch aus dem Mittelmeer und dem Atlantik in die Ostsee zum Laichen. Der bis zu ein Meter lange Fisch mit spitz zulaufendem Maul und grünen Gräten ist eine besondere Delikatesse mit sehr schmackhaftem Fleisch. Die saisonale Delikatesse ist dann gebratener Hornfisch mit Bratkartoffeln und Rhabarber-Kompott.

Natürlich spielt der Fisch eine große Rolle in der Küstenküche

Matjes ist ein Hering, der noch keine Geschlechtsprodukte wie Milch oder Rogen gebildet hat. Von Mitte Mai bis Ende Juni wird der Fisch vor dem Laichen gefangen und sofort verarbeitet. Die Bauchspeicheldrüse verbleibt beim Ausnehmen allerdings im Körper. Die aus ihr freigesetzten Enzyme lassen den Fisch in der Salzlage im Fass in etwa fünf Tagen zum Matjes reifen. Ein Holländer namens Jan Pieter Beugelzoon wandte dieses Verfahren bereits 1395 an, um fangfrischen Hering über längere Strecken transportieren zu können. Der jungfräuliche Hering gehört zwar zu den fettreichsten Fischen, aber Ernährungsbewusste brauchen sich keine Sorgen zu machen. Es handelt sich nämlich um wertvolle ungesättigte Fettsäuren sowie Omega-3-Fettsäuren. ›Marzipan des Meeres‹ wird frischer Matjes auch genannt, denn er schmeckt so zart wie die beliebte Süßware und auch seine gelblich-weiße Farbe ähnelt ihr.

Sanddorn

Immer größerer Nachfrage – gerade auch als gesunde Mitbringseln von den beiden Inseln – erfreuen sich die vielfältigen Produkte der Sanddornfrucht, der ›Zitrone des Nordens‹. Sie sind etwa in den zahlreichen Hofläden und auf allen Märkten zu erhalten. Fast überall auf Rügen und auf Hiddensee kann man im Spätsommer die orangefarbenen Früchte des Sanddorns entdecken. Vor allem in der Dünenlandschaft der Küste sind die kratzbürstigen Sträucher nicht zu übersehen. Die Powerbeere aus Nepal besitzt zehnmal so viel Vitamin C wie so manche Zitrusfrucht. In den erbsengroßen, orangefarbenen Beeren stecken zudem auch große Mengen Provitamin A und Vitamin E sowie Carotinoide, Flavonoide, Mineralien und Spurenelemente. Die Früchte können ab Mitte September geerntet werden, sie lassen sich zu schmackhaftem Saft, Sirup oder auch zu einer Suppe verarbeiten. Zu den Rügener Sanddornspezialitäten gehören außerdem Konfitüren und Liköre, Essig und Öle, Gummibären und Bonbons und sogar Cremes und Shampoos.

Rügener Badejunge

Ein Original-Inselprodukt ist auch ein Käse, der sich über Jahrzehnte einen guten Namen erworben hat, der ›Rügener Badejunge‹. Kleiner Junge in roter Badehose, ein Segelschiffchen hält er in seiner Linken, im Hintergrund die blaue

Der Sanddorn ist überall an der Küste heimisch

Ostsee und die Rügener Kreidefelsen – so sieht das Markenlogo des milden Inselcamemberts aus, der sich als Produkt der Firma ›Rotkäppchen‹ zum meistverkauften Camembert Deutschlands gemausert hatte. Um die 18 Millionen Stück wurden jährlich verkauft. Zu DDR-Zeiten warb der Badejunge aus Rügen übrigens noch gänzlich textilfrei für den Käse, erst nach der Wende 1994 hat man den Knirps mit einem Badehöschen schamhaft verhüllt.

Heute ist der Kultcamembert aus der inzwischen geschlossenen Traditionsmolkerei in Bergen nur noch Etikettenschwindel. Der Rügener Badejunge ist wohl das bekannteste Beispiel dafür, dass ein Markenname mit Ortsbezug nicht mit dem Produktionsstandort übereinstimmt. Ursprünglich wurde der Camembert im mittelpommerschen Städtchen Stolp hergestellt. Der Käse war da bis 1945 als ›Stolper Jungchen‹ eine schmackhafte Berühmtheit. Im Jahr 2019 endete nach 66 Jahren eine Ära. Der Weißschimmelkäse – sahnig, cremig, leicht – musste abermals umziehen, diesmal in das Bundesland mit der berühmten Bratwurst, nach Thüringen.

Getränke

Fisch will bekanntlich schwimmen. Der beliebteste Durstlöscher auf den vorpommerschen Inseln ist neben Mineralwasser das Bier. Auch beim Gerstensaft setzt man auf Regionalität. Fast schon Kultcharakter besitzt die Stralsunder Störtebeker-Brauerei in Stralsund, die seit 1827 für hanseatische Braukunst steht. Im Sortiment: Pils, Schwarzbier und Bernstein-Weizen (→ S. 65). Großer Beliebtheit erfreut sich auch das Bier der Rügener Inselbrauerei in Rambin (→ S. 97). Ausschließlich Rügener Obst verarbeitet die ›Erste Rügener Edeldestillerie‹ in Lieschow für ihre Liköre und Obstbrände (→ S. 192).

Rezepte aus Vorpommern

Matjes-Spargel-Terrine

Zutaten (für 4 Personen): 6 Matjesfilets, 12 Stangen weißer Spargel, Salz, Zitrone, Zucker, 20 g Butter, 500 ml kalte Gemüsebrühe, 200 ml Sahne, 1 TL Mehl, 200 g Crème fraîche, 8 Blatt weiße Gelatine, 2 Porreestangen und 50 g kleine Räucherlachswürfel.

Zubereitung: Den Spargel schälen, davon 6 Stangen kochen, 6 Stangen klein schneiden und mit der Butter anschwitzen. Mit Salz, Zitrone und Zucker würzen, mit Mehl bestäuben. Die Gemüsebrühe hinzufügen und den Spargel weich kochen. Sahne und Crème fraîche hinzugeben und kurz aufkochen lassen. Das Ganze in der Küchenmaschine pürieren, durch ein Sieb streichen und nachwürzen. Die Creme abkühlen lassen und in der Zwischenzeit eine Terrine mit den blanchierten Porreestreifen auslegen. Abwechselnd Matjes, gekochten Spargel und die Räucherlachswürfel in die Form schichten. Dabei zwischen jede Schicht Spargelcreme streichen und das Ganze mit Lauch abdecken. Die Form jedes Mal kalt stellen. Abschließend die ganze Matjesterrine 3 Stunden lang kalt stellen. Mit dunklem Brot und frischem Salat servieren.

Stralsunder Fischsuppe

Zutaten (für 4 Personen): 500 g Fischfilets von verschiedenen Seefischen, 2 Knoblauchzehen, 4 Tomaten, 1 Zwiebel, Salz und Pfeffer, 50 g Butter oder Margarine, 750 ml Gemüsebrühe, 125 g Reis, 250 ml Fischfond, 1 Bund Petersilie, ein Schuss Nelkenpulver, Paprikapulver, 1 unbehandelte Zitrone.

Zubereitung: Das Fischfilet säubern und in 3 cm große Würfel schneiden. Mit Zitronensaft säuern. Knoblauchzehen schälen und feinhacken. Tomaten enthäuten, vierteln und Kerne entfernen. Butter erhitzen und Knoblauch, Tomaten und die Fischstücke kurz darin anbraten. Mit Nelkenpulver, Salz, Pfeffer und Paprika würzen. Die Zwiebel in Scheiben schneiden, glasieren und in die Suppe geben. Die heiße Gemüsebrühe und den Fischfond dazugießen und den Reis einrieseln lassen. Die Suppe etwa 10 Minuten bei geringer Hitze köcheln lassen. Die Suppe mit feingehackter Petersilie servieren.

Labskaus

Zutaten (für 6 Pers.): 500 g gepökelte Rinderbrust, 1 kg Kartoffeln, 400 g Rote Beete, 6 Rollmöpse, 6 Eier, Butter zum Braten, 1 große Zwiebel, 2 fein gewürfelte Zwiebeln, 1 TL Kümmel, 10 Pfefferkörner, 6 Pimentkörner, 2 Nelken, 1 Schuss Essig.

Zubereitung: Die Rinderbrust knapp mit kaltem Wasser bedecken, die Zwiebel häuten und mit den übrigen Zutaten in den Topf geben. Circa 1 Stunde bei schwacher Hitze kochen. Inzwischen die Kartoffeln in wenig gesalzenem Wasser weich kochen und grob stampfen. Die Rote Beete mit Wasser bedecken, salzen, den Kümmel und den Essig zugeben und auf kleiner Flamme weich kochen. Etwas abkühlen lassen und die nun weiche Schale abschaben. Die Rote Beete reiben und unter die Kartoffel heben. Die Rinderbrust klein schneiden, dann ebenfalls zum Kartoffelstampf geben. Alles mit Rinderfond verrühren, so dass ein saftiger Brei entsteht. Den Labskaus mit Spiegelei, saurer Gurke und Rollmops servieren.

Meerstadt ist Stralsund, vom Meer erzeugt, dem Meere ähnlich, auf das Meer ist sie bezogen in ihrer Erscheinung und in ihrer Geschichte.

Ricarda Huch (1864–1947)

Das Stralsunder Panorama, rechts die Gorch Fock I

HANSESTADT STRALSUND

Annäherung

Sie ist bei der Anfahrt schon von weitem zu sehen und zu bestaunen – die beeindruckende mittelalterliche Silhouette Stralsunds mit den hohen Kirchtürmen von St. Nikolai, St. Marien und St. Jakobi. Vom Turm der Marienkirche aus ist die einst mächtige Hansestadt am besten zu überblicken. Greifbar nah erscheinen da die Schwesterinseln Rügen und Hiddensee. Von hier oben, auf der von Säulen umgebenen Aussichtsplattform und fast 100 Meter über dem unten liegenden quadratischen Neuen Markt, offenbart sich die einzigartige architektonische Geschlossenheit von Stralsunds Altstadt. Annähernd 500 Einzeldenkmale bilden das eindrucksvolle Stadtensemble aus dem späten Mittelalter. Sträßchen, Gassen und Quergässchen kreuzen sich rechtwinklig in einem urbanen Schachbrettmuster. Fahlrote Ziegeldächer ziehen sich von den stattlichen Resten der mittelalterlichen Stadtmauer im Westen bis zu den Hafenanlagen am Strelasund, dem Ostseemeeresarm, der die Insel Rügen vom Festland trennt. Dazwischen befinden sich gut sichtbar Stadttore, markante Türme und Türmchen, spitze Giebel, Wohnspeicherhäuser, roter Backstein allenthalben – feinste Backsteingotik, nach der politischen Wende 1989 aufwändig renoviert unter Berücksichtigung von Denkmalschutzauflagen und der Verwendung historischer Baustoffe. Das ist so gut gelungen, dass von den Kriegszerstörungen und von der Vernachlässigung während der DDR-Jahrzehnte kaum noch etwas sichtbar ist. 2002 wurde die historische Altstadt Stralsunds in die Welterbeliste der UNESCO aufgenommen, weil sie eine »entwickelte Hansestadt während der Blütezeit des Städtebundes im 14. Jahrhundert idealtypisch« darstellt. So die offizielle Begründung.

Stralsunds historischer Kern wird von der See und drei großen Teichen inselartig umschlungen. Die Altstadt ist gewiss eine der prächtigsten im Norden Europas, schön und zumindest im Sommer auch höchst lebendig und keineswegs museal. Die Museen selbst, sehr vielfältig und interessant gestaltet, gehören sicherlich zu den Höhepunkten eines Stralsund-Besuchs. Der spektakuläre Neubau des Ozeaneum (→ S. 89) auf der Hafeninsel hat 2008 einen sehenswerten, modernen Akzent im sonst gotisch geprägten

Blick von der Marienkirche über das Dächermeer Richtung Strelasund und Rügen

▲ Karte: hintere Umschlagklappe

Umfeld gesetzt. Die neueste Außenstelle des Deutschen Meeresmuseums mit seinen riesigen Aquarien zählt längst zu den Besuchermagneten der Stadt, die heute knapp 60 000 Einwohner hat.

Stralsund bildet das ›Tor zu Rügen‹. Seit 2007 spannt die neue, dreispurige **Rügenbrücke** mit ihrem 2831 Meter langen Brückenzug über den Strelasund und dem markanten, 127,5 Meter hohen Pylon einen eleganten Bogen von der größten Stadt Vorpommerns zu Deutschlands größter Insel. Sie ist eine straßenbautechnische Meisterleistung – unter anderem des Rostocker Architekten André Keipke – und vor allem auch optisch eine ganz besondere Augenweide. Im Sommer überqueren bis zu 25 000 Fahrzeuge täglich das Bauwerk mit seinen harfenförmig schräggespannten Stahlseilen.

Geschichte

Fürst Wizlaw I., christlich-slawischer Landesherr von der Insel Rügen, verlieh 1234 der Siedlung Stralow lübisches Stadtrecht und gewährte ihr Privilegien wie Fischereirechte und Zollfreiheit. Stralsund blühte rasch auf, nicht zuletzt auch aufgrund seiner bevorzugten Lage am Strelasund. Zumindest etwas eigenartig mag dabei die arg beengte Insellage Stralsunds für eine aufstrebende Handelsmetropole erscheinen. Allerdings hatte die Stadt ihren Grundbesitz außerhalb ihrer Stadtmauern bereits im frühen 13. Jahrhundert schon beträchtlich ausgedehnt. Tatsächlich war es gerade die charakteristische Dreieckform der Stadt, von Sümpfen und Teichen eingerahmt, die das Zentrum Stralsunds über die Jahrhunderte vortrefflich gegen feindliche Angriffe schützte. An diesem militärischen Monument der Verteidigung biss sich noch 1628, also während des Dreißigjährigen Krieges, der kaiserliche Feldherr Albrecht von Wallenstein ver-

Das Stralsunder Wappen

geblich die Zähne aus. Doch die Stadt zahlte dabei einen hohen Preis, sie verlor ihre Souveränität und musste sich den Schweden anschließen.

Drei Jahrhunderte zuvor, im Jahr 1316, belagerten Truppen aus Dänemark, Schweden und Rügen die Stadt, um ihre verlorene Einflussnahme gegenüber den reichen Hansestädten wieder zu erlangen. Auch sie scheiterten. Schrittweise schüttelte das selbstbewusste Patriziat Stralsunds die Fürstenhoheit ab. Der rügische Fürst Wizlaw II. verkaufte der Stadt schließlich seine Münze und musste ihr zudem sogar die fürstlichen Zölle und die Gerichtsbarkeit verpfänden. Auch der Übergang der Oberhoheit von den Fürsten zu Rügen auf die pommerschen Herzöge 1325 beeinträchtigte keineswegs die nach Lübeck führende Rolle Stralsunds als See- und Handelsmacht im gesamten Ostseeraum. Dass die Stadt erst kurz zuvor, im Jahr 1293, der Hanse beigetreten war, zeigt, wie rasant schnell ihr wirtschaftlicher Erfolg voranschritt. Man handelte mit Fisch, Wein, Tuchen, Pelzen und braute Bier. Die Stadt war Umschlagplatz für Getreide, Vieh, Erze,

Elegant spannt sich die Rügenbrücke über den Strelasund

Pfeffer, Zucker und Reis. Die dickbauchigen Koggen der Stralsunder Kaufherren – es waren über 300 Schiffe unter sundischer Flagge – fuhren bis nach Spanien und Russland. Besonders der Russlandhandel begründete einen großen Teil des immensen Reichtums der Hansestadt über Jahrhunderte. Wer Stralsund und Rügen besitzt, beherrscht die Ostsee, dachten sich im Dreißigjährigen Krieg auch die Mächtigen und kämpften verbittert um die Stadt.

Mit dem Ende der Hanse Mitte des 17. Jahrhunderts erlosch die Blütezeit der Ostseemetropole. Sie wurde 1648 schwedisch und blieb es, wie ganz Vorpommern, bis 1815. In der Tat waren die beiden Hansestädte Lübeck und Stralsund über gut 300 Jahre die mächtigsten Ostseestädte. Doch sie unterschieden sich grundlegend voneinander, wie die Schriftstellerin und Philosophin Ricarda Huch betonte: »Alle Begebenheiten nahmen in Stralsund etwas heidnisch Wildes, Übermäßiges an. Ihre Geschichte war für Sänger, deren Balladen das Grollen der Brandung begleitet. Sie hatte weit weniger Klugheit und Besonnenheit als Lübeck und mehr ungebändigte Leidenschaft, dementsprechend hatte sie wohl einzelne Erfolge, aber nicht die regelmäßige Ernte einer folgerichtig zusammenhängenden Politik.«

Nach dem Wiener Kongress 1815 kam Schwedisch-Vorpommern mit Stralsund, Rügen und Hiddensee zu Preußen, die schwedische Vorherrschaft im Ostseeraum war zu Ende. Die Stralsund vorgelagerte Insel Dänholm wurde zur Geburtsstätte der preußischen Marine. Das Marinemuseum auf dem Dänholm informiert darüber (→ S. 90). Die hanseatische Kaufmannstradition lebte in Stralsund auch im ›preußischen‹ 19. Jahrhundert fort. Die Hansestadt gilt als die Wiege der deutschen Warenhauskultur: Die Gebrüder Abraham und Theodor Wertheim eröffneten 1852 in der Wasserstraße ihr ›Manufactur-Modewarengeschäft‹ und Leonhard Tietz 1879 nur wenige Schritte entfernt sein erstes Textilwaren-Geschäft – aus ihnen entwickelten sich die Kaufhausketten Wertheim und Hertie/Kaufhof.

Im Zweiten Weltkrieg zerstörten Bombenangriffe gut ein Drittel aller Wohnungen sowie wichtige Industrieanlagen, wertvolle Baudenkmale gingen verloren. Nach dem Krieg war die Volkswerft Stralsund mit über 7000 Beschäftigten der größte Arbeitgeber der Hafenstadt. Sie baute vorwiegend hochseetüchtige Fischfangschiffe für die Sowjetunion. Mit der politischen Wende 1990 brach der Absatzmarkt komplett ein. Nach mehreren Umstrukturierungen erwarb 2016 das malaysisch-chinesische Schifffahrtsunternehmen Genting Hong Kong die Werften von Rostock, Wismar und Stralsund. Nun sollen Luxus-Kreuzfahrtschiffe und Megajachten gebaut werden, unter dem Namen ›MV Werften‹ mit Hauptsitz in Wismar.

▲ Karte: hintere Umschlagklappe

Die norddeutsche Backsteingotik

Keine andere Stilepoche prägt bis heute das architektonische Gesicht vieler Ostseestädte nachhaltiger als die Backsteingotik. Erhalten oder wiederaufgebaut sind viele der architektonischen Glanzstücke aus der spätmittelalterlichen Hansezeit (→ S. 47). Als steinerne Zeugnisse des Wohlstands und der Macht wurden in den Hansestädten prunkvolle Repräsentationsbauten errichtet. Der Mangel an Natursteinen im gesamten Ostseeraum zwang die Baumeister während der Hochzeit der Hanse notgedrungen zur Nutzung eines Ersatzbaustoffs, der in den norddeutschen Ebenen im Überfluss vorhanden ist. Backsteine aus Lehm waren, wie schon in der Antike gerne und viel genutzt, die beste Lösung. Der Lehm, gemischt mit Sand und Wasser, wurde in hölzerne Formkästen gestrichen. Komplizierte Sonderformen wie etwa ziselierte Kapitelle oder Reliefs musste man einzeln zuschneiden. Riesige Mengen Brennholz mussten beschafft werden, um die Rohlinge zu brennen. Gebrannt wurde in einfachen Feldbrandöfen. Viele der tiefroten, mühsam in Handfertigung gebrannten Ziegel wurden abschließend mit verschiedenfarbigen Glasuren versehen. Ab dem 12. Jahrhundert war der Backstein das besondere Markenzeichen der hanseatischen Architektur.

Noch heute dominieren zahlreiche rote Bauwerke der norddeutschen Backsteingotik die hanseatischen Altstädte: Mächtige, monumentale Backsteinkirchen und Klöster, zentrale und rechteckige Märkte mit dominanten und selbstbewusst ornamentierten Rathäusern, prächtige Kaufmanns- und Handelshäuser, mehrgeschos-

Das Stralsunder Rathaus am Markt, ein herausragendes Beispiel für die norddeutsche Backsteingotik

sige Kontore, filigran verzierte Bürgerhäuser, stattliche Speicher, wehrhafte Türme, wuchtige Stadttore und Stadtmauern. Viele Schaufassaden der historischen Gebäude beeindrucken durch ihr verschiedenartiges Aussehen, durch ihren kunstvoll und vielfältig gestalteten Bauschmuck, durch ihr ziseliertes Maßwerk, mit Reliefs und Rosetten, zierlich-eleganten Fialen, Staffel- und Pfeilergiebeln, mit schlanken Türmchen, Spitzbogenfenstern und spitzbogigen Portalen. Und im Innern der gotischen Bauten – in erster Linie in der Sakral-, aber auch zum Teil in der Profanarchitektur – dominiert das Kreuzrippengewölbe. Die Hansezeit machte vor allem die heutigen Altstädte von Wismar und Stralsund zu interessanten und überaus schönen Höhepunkten der europäischen Architektur. Seit 2002 stehen die beiden als Weltkulturerbe unter dem Schutz der UNESCO.

Typischer Giebel in der Altstadt von Wismar

Kleines Lexikon zur Backsteingotik

Basilika Es gibt vier mittelalterliche Bautypen – Saal, Halle, Zentralbau und Basilika. Die Basilika wie etwa St. Marien in Stralsund ist im Unterschied zu einer Halle ein mehrschiffiger Raum, dessen Mittelschiff höher ist als die Seitenschiffe. Ein mit Fenstern versehener Mauerteil der Mittelschiffwand (Obergaden) sorgt für ausreichende Belichtung der Mittelräume.

Fiale Spitze Bekrönung eines Strebepfeilers.

Fries Waagerechtes Stilelement an einer Wandfläche, das zur Abgrenzung oder Teilung von Flächen dient. Friese sind glatte oder ornamentierte Streifen.

Giebel Abschlussform eines Satteldaches oder die Bekrönung eines Fensters. Giebel können segmentbogenförmig, dreieckig oder abgetreppt sein. Letztere Giebelform nennt man Treppen- oder Staffelgiebel. Er ist für die Backsteingotik sehr charakteristisch.

Kreuzrippengewölbe Ein Gewölbe überspannt den Raum als konkave Mauerfläche, die sich selbst trägt. In der Gotik wird das Gewölbe oft durch Rippen in mehrere sogenannte Kappen gegliedert. Beim Kreuzrippengewölbe wird das Gewölbe durch sich selbst tragende Rippen gebildet und gehalten. Die Rippen kreuzen sich dabei wie die Diagonalen in einem Rechteck. Sie leiten die Druck- und Schubkräfte des Gewölbes auf die Pfeiler ab.

Maßwerk Filigrane Arbeit von flächigen Gestaltungen von Fenstern, geöffneten Wänden und Balustraden. Es besteht aus geometrischen Mustern.

Remter Speisesaal eines Klosters.

Strebewerk Verbundsystem aus Strebebögen und -pfeilern. Strebebögen nehmen den Schub des Mittelschiffsgewölbes auf und leiten ihn auf die Strebepfeiler in den Außenwänden.

Sehenswürdigkeiten

Die zahlreichen Sehenswürdigkeiten der Stralsunder Altstadt liegen eng beieinander. Die Altstadtinsel ist gut überschaubar, in zwei bis drei Stunden hat man sie großteils erwandert. Für einen Rundgang sollte man aber einen ganzen Tag einplanen, schließlich sind viele der altstädtischen Pretiosen besonders auch in ihrem Inneren interessant, so natürlich die eindrucksvollen Kirchen und die großartigen Museen, aber auch etliche Gasthäuser, Cafés und Kneipen.

Vom Hauptbahnhof aus erreicht man die Altstadt schnell und einfach über den Tribseer Damm, dem Altstadtzugang zwischen dem Frankenteich und dem Knieperteich. Der Damm mündet in die Tripseerstraße, die zum Neuen Markt führt. Hier starten Kleinbusse zu Rundfahrten. Aber auch der Alte Markt, der ideell wichtigste Platz der Stadt, ist von hier nur wenige Gehminuten entfernt.

■ Alter Markt und Umgebung

Ein günstiger Ausgangspunkt für einen Altstadt-Rundgang ist der Alte Markt. Hier begann die Besiedlung Stralsunds im 13. Jahrhundert, hier schlägt das Herz der Stadt. Die ›gute Stube‹ der Hansestadt ist ein weiträumiger, streng rechtwinklig gestalteter Platz, rundum flankiert von herrlichen Giebelfronten. Der Alte Markt Stralsunds gehört ohne Zweifel zu den schönsten spätmittelalterlichen Marktplätzen im gesamten Ostseeraum. Das zentrale Gebäude am Platz ist das historische **Rathaus** mit seiner filigranen Schaufassade, ein einzigartiges backsteinernes Dokument des hanseatischen Patrizierstolzes. Die Anfänge des Rathauses reichen bis in die Mitte des 13. Jahrhunderts zurück. Es zählt nicht nur zu den schönsten, sondern auch zu den ältesten gotischen Profanbauten Deutschlands. Die Vierflügelanlage wurde ursprünglich überwiegend als Kaufhaus mit über 40 Läden genutzt, die gewölbte Kelleranlage diente als Tuchhalle.

Die repräsentative spätgotische Prunkfassade des Bürgerpalastes besticht durch ihre harmonische Gliederung mit zierlichen Spitzbogenportalen, feinem Maßwerk, zarten Rosetten, Pfeilern und spitzen Giebeln. Sie entstand um 1340 und zeigt über den sechs Fenstern des Löwenschen Saals im ersten Stock die Stadtwappen der großen Hansestädte: Hamburg, Lübeck, Wismar, Rostock, Greifswald und das von Stralsund. Die hochgestreckte Fassade überragt den dahinterliegenden Hauptbau, der vom Platz aus nicht zu sehen ist.

Ein öffentlich zugänglicher Durchgang verläuft vom spitzbogigen Arkadengeschoss in Nord-Süd-Richtung, ein weiterer in Ost-West-Richtung. Dieser endet am dekorativen barocken Westportal der Nikolaikirche. Im Laufe der Jahrhunderte erfuhr die Vierflügelanlage des Rathauses zahlreiche Veränderungen und Erweiterungen: Die Renaissancetreppe zu den Verwaltungsräumen entstand

Das Wulflamhaus am Alten Markt

Die Nikolaikirche

1579. Sie führt zur Achtmannskammer und zum Löwenschen Saal. Der schön mit Stuck verzierte Raum ist nach dem schwedischen Generalgouverneur Axel von Löwen benannt. Um 1720 erhielt der langgestreckte Innenhof die von Holzsäulen gestützten Barockgalerien.

In architektonischem Kontrast zueinander stehen zwei weitere Gebäude am Alten Markt: das spätgotische Wulflamhaus und das klassizistische **Kommandantenhaus** von 1746 mit hohem Walmdach und Giebeldreieck. Hier residierte bis 1815 der schwedische Stadtkommandant.

Der Schaugiebel des **Wulflamhauses** ist kaum weniger filigran gestaltet als die Schaufassade des Rathauses gegenüber. Bertram Wulflam, langjähriger Bürgermeister Stralsunds und schwerreicher Tuchhändler, ließ sich das schmucke Giebelhaus 1358 erbauen. Die aufwändigen Schmuckformen des Staffelgiebels sind ein deutliches Zeichen für den Reichtum und das Machtbewusstsein des Hausbesitzers. Es ist ein typisches hansisches Dielenhaus, das sowohl als Wohnung als auch als Handels- und Speichergebäude diente. Die geräumige Diele war der Präsentations- und Geschäftsraum, Lagerräume befanden sich in den oberen Stockwerken. Die Wohn- und Schlafräume der Kaufmannsfamilie lagen in einem hofseitig angebauten Seitenflügel. Heute beherbergt das Gebäude ein Restaurant.

Nur einen Steinwurf entfernt, in der Mühlenstraße 3, kann man ein weiteres charakteristisches **Dielenhaus** besuchen. Das spätgotische Giebelgebäude von 1400 ist im Innern im Stil des 15. Jahrhunderts sorgfältig restauriert – mit großer Diele, Kontor und Speicherböden. Regelmäßig werden hier außerdem Kunstausstellungen gezeigt.

Nikolaikirche

Wie in trauter Eintracht von Bürgerschaft und Geistlichkeit stehen das Rathaus und die Nikolaikirche ganz nah beieinander. Fast berühren sich ihre Mauern. Allein schon die plastisch-räumliche Gestaltung der Beziehung zwischen dem Profan- und dem Sakralbau ist baukünstlerisch äußerst bemerkenswert – Seit an Seit die Symbole politischer Macht und des christlichen Glaubens.

St. Nikolai gehört zu den bedeutendsten Kirchen Nordeuropas und zu den schönsten hochgotischen Bauwerken des gesamten Ostseegebiets und ist ebenso alt wie das Rathaus. Das trutzige Gotteshaus wurde 1276 erstmals im Stadtbuch erwähnt. Die älteste Pfarrkirche der Stadt überragt den Alten Markt und ist dem heiligen Nikolaus, dem Schutzpa-

▲ Karte: hintere Umschlagklappe

tron der Seefahrer und Händler (sowie der Diebe) gewidmet. Im 14. Jahrhundert baute man sie - nach dem Vorbild der Lübecker Marienkirche - zur dreischiffigen, fast 90 Meter langen und querschifflosen Basilika mit einer monumentalen Doppelturmanlage um. Viele ihrer 29 Meter hohen Säulen sind mit Fresken geschmückt, hoch oben beeindruckt ein Kreuzgewölbe mit verzierten Schlusssteinen. Auftraggeber des Gotteshauses war der städtische Rat. St. Nikolai war die Kirche der reichen Patrizier und der Ratsherren. In der Kirche fanden wichtige Ratssitzungen statt, hier empfingen die Zünfte und Gilden wichtige Gäste. Bei einem Brand im 17. Jahrhundert wurden die gotischen Turmspitzen zerstört. Daraufhin bekam der Südturm 1667 seine heutige barocke Turmhaube, mit der das sakrale Gebäude eine Höhe von 104 Metern erreicht. Der Nordturm dagegen erhielt nur ein Notdach.

Reichtum, Macht und Weltläufigkeit der Hansestadt spiegeln sich in der Üppigkeit des Interieurs wider. Bis zur Reformation 1525 soll die Kirche 56 Altäre besessen haben. Es waren entweder Stiftungen der Stralsunder ›Pfeffersäcke‹, wie die Hansekaufleute genannt wurden, der Adelsfamilien oder der einzelnen Zünfte, etwa der Goldschmieder, der Krämer, der Schneider oder der Böttcher. Der hölzerne **Hochaltar** wurde um 1480 von einer Stralsunder Bildhauerwerkstatt geschaffen, das Mittelbild zeigt die Kreuzigung Jesu. Die Entwürfe für den barocken **Hauptaltar** von 1708 lieferte der königlich-preußische Oberbaudirektor Andreas Schlüter. Zu sehen ist das Auge Gottes, von Engeln und einem Wolkenkranz umgeben. Das erhaltene **Gestühl** stammt aus der Renaissance. Besonders bemerkenswert ist das Rigafahrergestühl mit Szenen des Honigsammelns und der Pelztierjagd. Die **Monumentalskulptur** der ›Anna selbdritt‹ (die heilige Anna, ihre Tochter Maria und das Jesuskind) ist eine der ältesten und bedeutendsten Ausstattungsstücke. Sie wurde vor 1270 geschaffen. Die Heilige ist die Schutzpatronin der Schiffer und der Krämer. Die **astronomische Uhr** von 1394 ist ein Kleinod europäischer Uhrmacherkunst, sie stammt von Nikolaus Lilienfeld. Die **Orgel** von 1841 ist ein Werk des Berliner

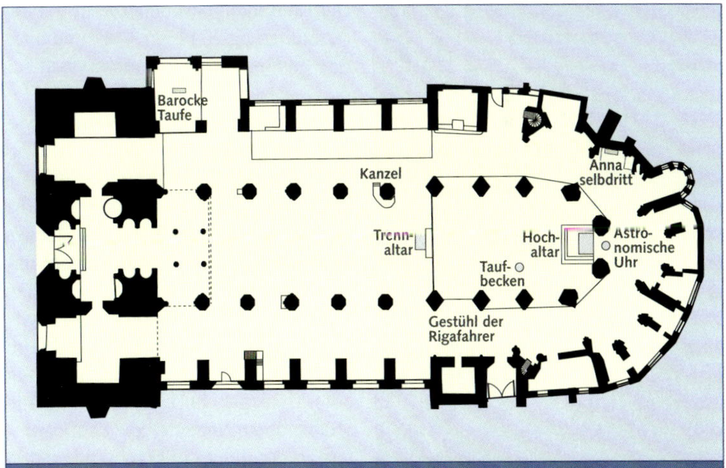

Nikolaikirche, Grundriss

Orgelbaumeisters Carl August Buchholz. Sie ist eine der wenigen Orgeln aus der Zeit der Frühromantik, die in Nordeuropa noch erhalten sind.

Johanneskloster

Nur wenige Schritte vom Alten Markt entfernt, an der Schillstraße, liegt das gotische Johanniskloster, das der Bettelorden der Franziskaner 1254 gründete und kurz darauf an der gerade errichteten Stadtmauer aufbaute. Die Klosterkirche ist nach einem Großbrand 1624 und nach Zerstörungen bei einem Bombenangriff im Zweiten Weltkrieg nur noch als Ruine erhalten. Dafür besitzt sie aber viel romantisches Flair. In der Mitte der Ruine hat man eine Nachbildung von Ernst Barlachs **Pieta** aufgestellt, als Mahnmal gegen die Unmenschlichkeit des Krieges.

Eine bezaubernde **Fachwerkidylle** mit liebevoll sanierten zweistöckigen Häusern liegt in den Vorhöfen des Klosters.

Der Scheelehof

▸ Karte: hintere Umschlagklappe

Hier steht auch eine Stele zur Erinnerung an die Vertreibung und Vernichtung der Stralsunder Juden während der Nazizeit. In der weitläufigen Klosteranlage befinden sich zudem das Stadtarchiv mit wertvollen historischen Dokumenten, frühen Drucken und einer Barockbibliothek sowie eindrucksvolle gotische Gewölbe- und Wandmalereien. Der **Räucherboden** des Klosters ist ein interessantes Denkmal aus dem 17. Jahrhundert: Zu beiden Seiten des Mittelgangs im Obergeschoss sind kleine Wohnungen ausgebaut, deren Rauchabzüge im offenen Dachstuhl enden. Das Gebäude ist zurzeit wegen Sanierungsarbeiten nicht zugänglich.

An der Ecke Schillstraße/Fährstraße steht neben herrschaftlichen Bürgerresidenzen das auffällige rote Doppelhaus Nr. 23/24, in dem der Entdecker des Sauerstoffs, der Apotheker und Chemiker Carl Wilhelm Scheele, 1742 geboren wurde. Die beiden miteinander verbundenen Kaufmannshäuser – der **Scheelehof** – besitzen in ihrer heutigen Form die Architektur der Schwedenzeit, typischer Zeitgeschmack des 17. Jahrhunderts. Der Häuserkomplex beherbergt seit der Restaurierung 2011 ein Hotel und mehrere gastronomische Einrichtungen.

Vom Alten Markt zum Neuen Markt

Die Hauptader der Stralsunder Fußgängerzone ist die **Ossenreyerstraße**, die Nord-Süd-Achse der Altstadt. Die quirlige Geschäftsstraße geht vom Alten Markt ab. Dort stehen auf beiden Straßenseiten zahlreiche elegante **Giebelhäuser** sowie das **Stammhaus der Firma Wertheim** von 1903. Viele dieser Gebäude stehen unter Denkmalschutz. Die kerzengerade Straße, deren Name auf die Kaufmannsfamilie Ossenrey zurückgeht, mündet in die Judenstraße.

Die beeindruckende Orgel in der Marienkirche

Im **Haus der Schiffer-Compagnie** (Frankenstraße 9) wird die enge Verbundenheit der Stralsunder mit der Seefahrt dokumentiert. Die Schiffercompagnie ist eine Gründung von 50 Stralsunder Schiffseignern und Kapitänen von 1488, seit 1635 hat sie hier ihren Sitz. Zur Sammlung der Compagnie zählen Schiffsmodelle, Seemansandenken, Ölgemälde, Schiffsglocken, Sextanten und das zwei Meter lange prächtig vergoldete Schnitzwerk des schwedischen Dreimasters Prinz Carl mit 96 Kanonen.

Die Frankenstraße führt zum Neuen Markt, der von der mächtigen Marienkirche beherrscht wird. Der rechteckig angelegte Platz wurde erstmals 1285 urkundlich erwähnt. Er war das Zentrum der neuen Stadtbebauung Stralsunds, die einige Jahrzehnte nach der Bebauung am Alten Markt einsetzte. Heute wird er vorwiegend als Parkplatz sowie montags und freitags für die Stände des Wochenmarkts genutzt.

Marienkirche

Die Marienkirche ist die größte der drei Pfarrkirchen Stralsunds. Ihre Bauzeit dauerte fast ein Jahrhundert, von 1382 bis 1478. St. Marien gilt als eines der Meisterwerke der norddeutschen Backsteingotik. Gewaltig sind ihre Ausmaße: Das Hauptschiff hat eine Länge von annähernd 100 Metern, es ist knapp 33 Meter hoch, der Raum ist 41 Meter breit. Die charakteristische Barockhaube wurde der Kirche 1708 aufgesetzt, nachdem ihr spitzer gotischer Helm 1647 durch Blitzschlag vernichtet worden war. Von der **Aussichtsplattform** in 90 Metern Höhe hat man einen atemberaubenden Ausblick über die Stadt und bis nach Rügen und Hiddensee – exakt 366 (zum Teil sehr steile) Stufen sind dafür in schmalen gewundenen Aufgängen zu erklimmen. Von der ursprünglichen Innenausstattung ist nur noch wenig erhalten geblieben: Die Bilderstürmer der Reformation von 1525 zerstörten viele wertvolle Kunstgegenstände. Kostbarster Besitz der Kirche ist die höchst imposante **Barockorgel** des Lübecker Orgelbaumeisters Friedrich Stellwagen. Die berühmte Orgel entstand zwischen 1653 und 1659 und besitzt 51 Register, ihr Prospekt mit zahlreichen Schnitzfiguren ist über 20 Meter hoch. Jährlich im September finden die Friedrich-Stellwagen-Orgeltage statt. Dann, aber auch zu anderen Anlässen wie traditionell am Heiligabend, begeistern Orgelkonzerte. Der beeindruckende **Marienkrönungsaltar** in der Mitte des hohen Chores stammt aus dem späten 15. Jahrhundert und zeigt Heiligen- und Apostelfiguren. Das **Grabmal** des schwedischen Grafen Johan Paulinus Lillienstedt von 1732 am südlichen Chorumgang zählt zu den bedeutendsten barocken Marmorbildwerken Pommerns. Eine Augenweide ist die achteckige barocke **Taufkapelle** von 1738 gleich davor, ihr Taufstein stammt aus dem 16. Jahrhundert. Die herrlichen Reste von **Malereien** hoch oben an den Arkadenbögen und den Gewölben der Seitenschiffe sind aus dem 15. Jahrhundert erhalten, sie wurden 1940 freigelegt und restauriert. Als separates, denkmalgeschütztes Gebäude seitlich des Hauptportals der Kirche steht die kleine, achtseitige **Apollonienkapelle** mit Pyramidendach. Sie wurde 1416 den Stralsunder Bürgern zur Sühne für drei öffentlich auf dem Neuen Markt verbrannte Stralsunder Priester errichtet. Der ›Pfaffenbrand am Sund‹ ging in die Stadtgeschichte ein, nachdem ein hoher Geistlicher plündernd und mordend durch die Stadt gezogen war, weil man sein Salär drastisch gekürzt hatte.

Katharinenkloster

Vom Neuen Markt aus gelangt man rasch zum ehemaligen, 1250 gegründeten Katharinenkloster. Mit der Reformation ging das Kloster in städtischen Besitz über, ab 1559 diente es als Waisenhaus und Schule. Hier ist der Museumskomplex des Deutsches Meeresmuseums und des Kulturhistorischen Museums untergebracht.

Das **Meeresmuseum** ist das größte Naturkundemuseum Norddeutschlands, es befindet sich seit 1951 in der 73 Meter langen Halle der ehemaligen Klosterkirche. Eine freitragende Stahlkonstruktion baute man 1973 ein. Sie macht seitdem auf drei Ebenen den riesigen Raum für Ausstellungen nutzbar. Im Chorraum ist das 15 Meter lange und 1000 Kilo schwere Skelett eines jungen Finnwals zu bestaunen, der 1825 vor Rügen strandete. Das museale Angebot der Dauerausstellungen berücksichtigt Themenschwerpunkte wie ›Geschichte der Fischerei‹, ›Wale‹, ›Mensch und Meer‹ oder ›Ostseeküste‹. In insgesamt 36 Acrylglasaquarien tummeln sich ungefähr 1300 Meeresbewohner aller Art. Im größten Aquarium mit 350 000 Litern Fassungsvermögen leben Meeresschildkröten, Korallenfische und Schwarzspitzen-Riffhaie. Zu sehen sind weiterhin auch Bambus- und Marderhaie, Muränen, Kugelfische, exotische Kampffische, langbeinige Krebse und Riesenkraken.

Das **Kulturhistorische Museum** hat seine Ausstellungsräume im Ostteil des einstigen Klosters, bereits seit 1924. Hier und an zwei weiteren Standorten werden sehr umfangreiche Sammlungen zur Stadtgeschichte, zur Kunst- und Kulturgeschichte der Region, zur Volkskunde und zur Archäologie gezeigt. Zu den Glanzstücken der Ausstellungen gehören sicherlich der aus 16 Teilen bestehende Hiddenseer Goldschatz aus der Wikingerzeit im 10. Jahrhundert und die Armringe von Peenemünde aus dem 11. Jahrhundert. Der legendäre Hiddenseer Goldschatz soll von Goldschmieden der Wikinger für ihren König Harald Blauzahn

▶ Karte: hintere Umschlagklappe

hergestellt worden sein. Sehenswert sind außerdem historisches Kinderspielzeug, Spielkarten und Fayencen aus dem 18. Jahrhundert, zahlreiche Handwaffen, Schwerter und Schilde sowie Gemälde der Romantiker Caspar David Friedrich und Philipp Otto Runge. Interessant sind auch einige historische Räume, etwa aus der Biedermeierzeit oder ein Wohnzimmer von 1970 aus der DDR-Zeit sowie die Architektur der klösterlichen Räumlichkeiten selbst. Hier ist besonders der Remter mit seinem faszinierenden Kreuzrippengewölbe und Malereien aus dem 15. Jahrhundert eine Augenweide. In diesem Speisesaal der Mönche finden aufgrund seiner hervorragenden Akustik regelmäßig Konzerte statt.

Bestandteil des Kulturhistorischen Museums ist das nahe gelegene **Museumshaus** (Mönchstraße 38). Das gotische Gebäude wurde bereits 1320 als Dielenhaus gebaut. Es gehörte damals einem reichen Stralsunder Krämer und ist nahezu komplett originalgetreu erhalten. Die Geschäfts-, Wohn- und Lagerräume sind mit ihren Einrichtungsgegenständen und Wandverkleidungen sehr informativ gestaltet und lassen die Nutzung des Hauses über die Jahrhunderte bestens nachvollziehen. Die beiden auffälligen Vorbauten, die ›Utluchten‹, stammen aus dem 18. Jahrhundert.

■ Am Knieperwall entlang

Der Knieperwall verläuft sowohl am **Knieperteich** als auch an den stattlichen Resten der **mittelalterlichen Stadtmauer** entlang. Die seit einigen Jahren restaurierte und auch teilweise rekonstruierte Befestigungsanlage wurde 1256 erstmals urkundlich erwähnt. Die über drei Kilometer lange rote Backsteinmauer besaß insgesamt zehn Stadttore, von denen heute nur noch zwei existieren: das Knieper- und das Kütertor. Unter preußischer Herrschaft wurde die Verteidigungsanlage ab 1873 weitgehend geschliffen. Sie hatte ihre Bedeutung für den Schutz der Stadt zu diesem Zeitpunkt schon längst eingebüßt.

Das **Kütertor** stammt in seiner heutigen Form von 1446. Der Name leitet sich vom niederdeutschen Wort ›Küt‹ ab,

Interessante Exponate in ungewöhnlicher Hülle: das Meeresmuseum

was ›Innereien‹ bedeutet. Denn die Küter waren Fleischer, die das Küt der Tiere weiterverarbeiteten. Zu preußischer Zeit und bis 1862 nutzte die Stadt das Tor als Gefängnis. Im Nachbargebäude war bis 1931 die Stralsunder Spielkartenfabrik untergebracht. Hier sind oben an der Fassade noch die Kartensymbole des deutschen Blattes zu erkennen: Blatt und Eichel, Herz und Schellen.

In unmittelbarer Nähe steht das **Torschließerhaus** mit der gleichnamigen urigen Gaststätte, und in der Heilgeiststraße 10 trifft man auf den berühmten **Fischhandel Rasmus**, wo der legendäre original Stralsunder Bismarckhering hergestellt wird und über die Theke geht.

Um die Ecke, in der Mühlenstraße, liegt der **Kampische Hof** aus dem 14./15. Jahrhundert. Die Dreiflügelanlage gehörte zum Zisterzienserkloster Neuenkamp, der Giebel ist aus dem 18. Jahrhundert.

Das **Kniepertor** am Olof-Palme-Platz stammt aus dem 15. Jahrhundert. Es ist rund 20 Meter hoch und mit Ziegeln gedeckt. Im Dreißigjährigen Krieg versuchte hier der katholische Feldherr Wallenstein vergebens in die Stadt einzudringen. Napoleons Truppen gelang dies 1809. An der Stadtseite des Tores erinnert eine **Gedenktafel** an Friedrich Gustav von Petersson, Kampfgefährte des preußischen Majors Ferdinand von Schill, der hier von den französischen Besatzern hingerichtet wurde. Ihm zu Ehren wurde 1909 ein **Denkmal** in den Grünanlagen gegenüber dem Olof-Palme-Platz eingeweiht.

Die Gorch Fock I, ein schwimmendes Museum

▲ Karte: hintere Umschlagklappe

Direkt am Platz steht auch das **Theater Vorpommern** von 1914 mit elegantem Jugendstil-Ambiente. Sein Fundament ruht auf 800 in den Boden gerammten Pfählen. Beide erhaltenen Stadttore liegen bereits im Kernbereich des UNESCO-Welterbes.

■ Hafen

Wo im Mittelalter die Koggen mit Getreide, Salz, Hering, Gewürzen, Tuchen, Bier, Butter, Pelzen und Erzen be- und entladen wurden und dann Russland, Spanien, die Niederlande, England, Frankreich oder Skandinavien ansteuerten, bestimmen heute vorwiegend Segelboote, kleine und große Jachten, Ausflugsdampfer, Fähren und Fischkutter das maritime Flair des Stralsunder Hafens. Während der Schwedenzeit baute man mehrere Bastionen, die Seebrücken wurden erweitert und das Hafenbecken für größere Schiffe ausgebaggert. Die heutigen beiden Hafeninseln entstanden erst zu preußischer Zeit zwischen 1862 und 1868, als man den ehemaligen Festungsgraben verbreiterte. In den DDR-Jahrzehnten war das Hafenareal für die Bevölkerung gesperrt, zur ›Grenzsicherung‹ und um Fluchten zu verhindern. Nach 1990 begann man der umfangreichen Restaurierung der historischen Hafengebäude die touristische Nutzung des weiten Hafengeländes. Der Stralsunder Hafen besteht aus dem Stadthafen mit den Fähr- und Fahrgastschiffen sowie dem Nord- und Südhafen, wo Stück- und Schüttgut umgeschlagen wird. Von der 450 Meter langen **Nord-**

mole hat man einen grandiosen Blick auf die Rügenbrücke, die Hafenanlagen und auf die imposante Silhouette der Hafen- und Hansestadt. Hunderte von Segel- und Motorjachten schaukeln im Sommer an den Stegen. An der Spitze der Mole steht das Molenfeuer, ein weißer Turm mit grünem Band und Solaraufsatz.

Am Hansakai liegt das 1933 vom Stapel gelaufene **Segelschiff Gorch Fock I**. Der fast 82 Meter lange Dreimaster diente damals als Segelschulschiff zur Ausbildung des Offiziersnachwuchses. Die deutsche Wehrmacht versenkte es 1945 vor Rügen, 1947 wurde es von den Sowjets wieder gehoben. Ab 1950 war der Großsegler unter dem Namen ›Towarischtsch‹ (Genosse) zunächst Schulschiff der sowjetischen Marine, später segelte die Bark unter ukrainischer Flagge. Der Traditionssegler kam 2003 schließlich nach Stralsund und wurde wieder auf den alten Namen getauft. Das Schiff kann täglich besichtigt werden.

Seit 2008 ist das Deutsche Meeresmuseum um eine Attraktion reicher: Das **Ozeaneum** lockt mit fünf Ausstellungen und zwei umfangreichen Aquarienrundgängen die Stralsund-Besucher zahlreich an. Das weiße Gebäude mit seinen vielen Rundungen, die wohl an im Wind geblähte Segel erinnern sollen, präsentiert sich in einem hochmodernen, spektakulären Outfit zwischen altehrwürdigen Backsteinspeichern und der Lotsenstation aus preußischer Zeit. Drinnen faszinieren Schaubecken der Superklasse. Das Becken ›Offener Atlantik‹ mit großer Panoramascheibe fasst 2,6 Millionen Liter Meerwasser und zieht sich über zwei Etagen. Hier tummeln sich Schwarmfische wie Heringe und Makrelen, aber auch Adlerrochen und Haie wie etwa die 200 Kilogramm schwere Sandtigerhaidame Niki. In der 18 Meter hohen Ausstellungshalle mit der Schau ›1:1 – Riesen der Meere‹

Das Ozeaneum führt in die Welt der Meere ein

sind Nachbildungen von Walen in Originalgröße zu sehen, darunter das 26 Meter lange Modell eines Blauwals. Auf der Dachterrasse erfreuen sich die Besucher an dem Treiben der Humboldtpinguine. Großen Andrang finden auch die öffentlichen Fütterungen – etwa der Haie – und die Ausstellung ›Meer für Kinder‹.

Heilgeisthospital

Gewissermaßen gleich um die Ecke vom Hafen, zwischen dem Frankendamm und der Straße Am Langenwall, liegt das Heilgeisthospital, das die Stadt Mitte des 13. Jahrhunderts gründete. Das Hospital war eine Art mittelalterliches Armen- und Krankenhaus. Es wurde nach der politischen Wende 1990 denkmalgerecht restauriert und zählt zu den besterhaltenen Spitalkomplexen an der südlichen Ostseeküste.

Ältester Teil des Gebäudeensembles ist die spätgotische, weinberankte **Heilgeistkirche** aus dem frühen 15. Jahrhundert. Ihre schlichte Innenausstattung ist barock gestaltet, den Barockaltar schuf um 1770 ein Stralsunder Bildhauer. Zweige-

schossige Wohngebäude befinden sich im sogenannten **Kirchgang** aus dem 17. Jahrhundert. Klosterbuden heißen diese netten, kleinen Fachwerkhäuser aus dem 18. und 19. Jahrhundert.
In dieser romantischen Ecke der Stadt lagen im Mittelalter die Badestuben. Sie gaben der **Badstüberstraße** ihren Namen. Es ist ein idyllischen Gässchen mit handtuchschmalen Bürgersteigen und hübsch renovierten Häuserfassaden, an die sich in vielen Farben blühende Stockrosen schmiegen.

Jakobikrche

Über Badstüberstraße und die anschließende Papenstraße gelangt man zur **Jakobikirche**. Die jüngste der drei Stralsunder Pfarrkirchen wurde Anfang des 14. Jahrhunderts erbaut, genau auf der ehemaligen Trennlinie zwischen der Alt- und der Neustadt. Von ihrer ursprünglichen Ausstattung ist wenig erhalten, durch die Belagerungen und Kriege in den vergangenen Jahrhunderten litt sie von allen Stralsunder Kirchen am meisten. Im Zweiten Weltkrieg wurde das gotische Gotteshaus durch Bombardierung schwer beschädigt, in den DDR-Dekaden diente es als Warenlager. Die Restaurierungsarbeiten dauern noch immer an. Heute wird die ›Kulturkirche St. Jakobi‹ für Konzerte, Ausstellungen und andere Kulturveranstaltungen genutzt.

Insel Dänholm

Die kleine Insel Dänholm im Strelasund ist der Stadt Stralsund unmittelbar vorgelagert. Die **Ziegelgrabenbrücke** verbindet den Dänholm mit dem Festland, die **Rügendammbrücke** mit der Insel Rügen. Die Ziegelgrabenbrücke ist eine Klappbrücke, die zu festen Zeiten geöffnet wird. Ihren Namen bekam die Insel womöglich aufgrund eines dänischen Ankerplatzes im 13. Jahrhundert. Unter den Schweden wurde der Dänholm militärisch genutzt, 1849 wurde er zur Wiege der preußischen Marine ausgebaut.
Das **Marinemuseum**, eine Außenstelle des Kulturhistorischen Museums, zeigt allerlei technische Geräte, den Marinehubschrauber Mi 8T, ein Torpedoschnellboot sowie eine Barkasse und weitere Marineexponate aus preußischer Zeit.
Das **Nautineum Dänholm** ist eine Außenstelle des Meeresmuseums. Hauptanziehungspunkt des Museums ist das begehbare Unterwasserlabor ›Helgoland‹ im Freigelände. Es ist 14 Meter lang, 7 Meter hoch und 7 Meter breit. Es diente in den 1980er Jahren zu Forschungsarbeiten auf dem Meeresgrund der Ost- und Nordsee sowie des Nordatlantiks. Außerdem sind ein historisches Zeesboot, ein historischer Fischerschuppen von der Insel Rügen sowie Fanggeräte und Kleinkutter der vorpommerschen Küstenfischer zu sehen.

i Stralsund

Postleitzahl: 18439; **Vorwahl**: 03831.
Tourismuszentrale Hansestadt Stralsund, Alter Markt 9, Tel. 24690. www.stralsundtourismus.de
Stadtführungen: Treffpunkt Tourismuszentrale; Mai–Okt. tgl. 11 und 14 Uhr, sonst tgl. 11 Uhr, Dauer: 1,5 Std. Nachtwächterführung jeden Di u. Fr 21 Uhr, Dauer: 1,5–2 Std. Auch themenbezogene Führungen – Hanse, Backsteingotik, Schwedenzeit und UNESCO-Welterbe – oder in Begleitung Stralsunder Originale: Sundschiffer, Pilgerin, Ratsherr.
Stadtrundfahrten: ab Neuer Markt, Tel. 0172/3126507; Apr.–Okt. 10–17 Uhr stündlich zur vollen Stunde, Nov.–März 11, 12, 13 und 14 Uhr.
Audio-Tour Jüdisches Leben in Stralsund, Audio-Rundgang zu elf Orten der jüdischen Geschichte der Hansestadt, u.a. zum Kaufhaus Tietz und zum Wertheim-Warenhaus und zur Gedenktafel der ehemaligen Synagoge. Die Tour beginnt an der Stralsunder

▸ Karte: hintere Umschlagklappe

Münze und endet am jüdischen Friedhof an der Greifswalder Chaussee. Kostenlos in Playstore erhältlich: izi.Travel-App.

Stralsund ist von allen großen deutschen Städten mit ICEs und ICs erreichbar. Die Usedomer Bäderbahn (UBB) verbindet die Hansestadt mit Greifswald und der Insel Usedom. Endpunkt ist das polnische Świnoujście (Swinemünde). Züge verkehren außerdem auf der Bahnstrecke Stralsund–Sassnitz auf Rügen.

Zentraler Busbahnhof, zwischen Frankenwall und Weidendamm (Altstadtrand). Tagestickets für Stralsund. Sieben Buslinien führen durch die Stadt und ins Umland, die Buslinie 2 fährt auf die Insel Dänholm und nach Altefähr auf Rügen. www.nahverkehr-stralsund.de

Weiße Flotte, Fährstr. 16, Tel. 0180/3212120. Fährverkehr zwischen Stralsund und Altefähr, Hafenrundfahrten mehrmals tgl. Apr.–Okt. www.weisse-flotte.com

Reederei Hiddensee, Fährstr. 16, Tel. 268116. Fährverkehr von Stralsund zu den drei Inselhäfen auf Hiddensee (Apr.–Okt.). www.reederei-hiddensee.de

Im Zentrum sind die meisten Parkplätze den Einwohnern vorbehalten. Ansonsten ist das Parken nur mit Parkschein möglich. Beste Parkmöglichkeiten bieten die gut ausgeschilderten Parkhäuser.

Romantik Hotel Scheelehof (€€€), Fährstr. 23–25, Tel. 283300. Zentral in der Altstadt. Die Geschichte der denkmalgeschützten und liebevoll restaurierten Giebelhäuser reicht bis ins Jahr 1383 zurück. Das rote Gebäudeensemble besitzt 93 Zimmer, einen Wellnessbereich mit Saunen, Massage und Kosmetik, Restaurant, Kellerkneipe und das ›Kontor Scheele‹ mit Kaffeerösterei. www.hotel-stralsund-scheelehof.de

Hotel Hiddenseer (€€), Hafenstr. 12, Tel. 2892390. In unmittelbarer Nachbarschaft zum Ozeaneum. Maritim eingerichtete Zimmer mit Hafen- oder Altststadtblick. ›Hiddenseer Hafenkneipe‹ mit maritimem Ambiente. www.hotel-hiddenseer.de

Hafenspeicher (€€–€€€), Am Querkanal 3a, Tel. 703676. Im ältesten Speicher der Stadt, 1a-Lage am Hafen. Großzügige und barrierefreie Zimmer, Dachsuiten. Restaurant ›Christas‹ mit norddeutscher Küche. www.hafenspeicher.com

Altstadt-Hotel Peiß (€–€€), Tribseer Straße 15, Tel. 30358-0. Im Herzen der Altstadt, Bett & Bike-Hotel, 12 große helle Zimmer, Weinstube. www.altstadt-hotel-peiss.de

Pension zum Brauhaus (€€), Greifswalder Chaussee 45, Tel. 4593451. Wenige Gehminuten zur Altstadt, Zimmer im Landhausstil, WLAN, Parkplatz, Fahrradverleih. www.pension-zum-brauhaus.de

Fischermänns, An der Fährbrücke 3, Hafeninsel, Tel. 292322. Wiedereröffnetes Fischrestaurant an der Hafenkante. Rustikales Backstein-Ambiente, heller Wintergarten. Stralsunder Fischeintopf, Dorsch- und Schollenfilet, scharfe Garnelen mit Spaghetti, auch Fleischgerichte und Vegetarisches. www.fischermaenns-stralsund.de

scheel´s, Fährstr. 25, Tel. 2833114; Di-Sa ab 19 Uhr, urgemütliches Kellerrestaurant in historischem Ambiente. Hanseatische Küche. www.scheelehof.de

Wulflamstuben, Alter Markt 5, Tel. 291533. Im historischen Wulflamhaus, gute regionale Küche, Terrasse auf dem Alten Markt. www.wulflamstuben.de

Speicher 8, Hafenstr. 8, Tel. 2882898. Restaurierter historischer Türmchenspeicher auf der Stralsunder Hafeninsel neben dem Ozeaneum. Feine regionale Küche, mediterrane Note. Außenterrasse. www.speicher8.de

Hansekeller, Mönchstr. 48, Tel. 703840. Im Haus des Handwerks, gegenüber dem Meeresmuseum. Uriges Backsteingewölbe aus dem 16. Jahrhundert. Ausgezeichnete Fisch- und Fleischgerichte, offene Küche. www.hansekeller-stralsund.de

Braugasthof Zum alten Fritz, Greifswalder Chaussee 84–85, Tel. 255500. Braugasthaus. Urgemütliches Restaurant in der ehemaligen Stralsunder Vereinsbrauerei und direkt neben der Störtebeker Braumanufaktur, deftige regionale Gerichte, frisch gebrautes Bier, große Terrasse und Biergarten. www.stoertebeker-brauquartier.com

Torschließerhaus, Am Kütertor, Tel. 293032. Deutsche Küche, rustikale Einrichtung, großer Biergarten. So Ruhetag. www.torschliesserhaus-stralsund.de

Brasserie Stralsund, Neuer Markt 2, Tel. 703514. Direkt am Neuen Markt. Suppen, Pasta, Fischgerichte. Nostalgisches Interieur, Bier- und Wintergarten. www.brasserie-stralsund.com

Fürst Wizlaw I., Seestr. 10, Tel. 282120. Restaurant im Hotel ›Hafenresidenz‹. Direkt an der Sundpromenade mit Blick auf Rügen und Hiddensee. Regionale Speisen, historisches Backsteinambiente, Orangerie, Außenterrasse. www.hotel-hafenresidenz.de

Fischhalle Stralsund, Neue Badenstr. 2, Tel. 278366. Am Hafen. Räucherfisch, Frischfisch, Marinaden, regionale Gerichte. Selbstbedienung. www.stralsunder-fisch.de

Fischkutter nahe Ozeaneum, Räucherfisch und leckere Fischbrötchen.

Zur Fähre, Fährstr. 17, Tel. 297196; tgl. ab 18 Uhr. Nahe Hafeninsel, von 1322, eine der ältesten Hafenkneipen Europas. Urig-rustikales Ambiente im kleinen Tresenraum und dem angeschlossenen Raucherzimmer. Hoch im Kurs bei den vielen einheimischen Gästen steht der exzellente Kümmelschnaps. Hannis Kneipe ist eine Stralsunder Institution! www.zurfaehre-kneipe.de

Zum goldenen Anker, An der Fährbrücke 8, Tel. 280545. Hafenkneipe mit super Lage am Hafen gegenüber der Gorch Fock. Wunderbare Terrasse, Imbiss und hin und wieder Fischgerichte.

Bar Hemingway, Tribseer Str. 22, Tel. 200500. Hauseigene Bar des Hotels ›Zur Post‹. Szene-Highlight der Stadt, im Angebot 180 Cocktails, 160 Whiskys, Rum, Cognac, Grappa, Brandy. www.hotel-zur-post-stralsund.de

Alte Brauerei, Greifswalder Chaussee 84–85, Tel. 2550. In der 1880 erbauten Störtebeker-Brauerei am Stadtrand. Angesagte Eventlocation für Konzerte und Tanzpartys. www.störtebeker-brauquartier.com

Café am Markt, Alter Markt 14, Tel. 306697. In historischem Gebäude mit Außenterrasse, täglich wechselnde hausgebackene Kuchen und Torten. Große Auswahl an Kaffee- und Schokoladenspezialitäten.

Kaffeehaus Fröhlich, Apollonienmarkt 10, Tel. 291662. Nettes, familiengeführtes Café in der Fußgängerzone nahe dem Neuen Markt. Beliebtes Frühstücksbuffet. www.cafe-stralsund.de

Deutsches Meeresmuseum, Katharinenberg 14–20, Besuchereingang Mönchstr./Bielkenhagen, Tel. 2650210. Das Museum bleibt aufgrund umfangreicher Modernisierungen voraussichtlich bis Frühjahr 2024 geschlossen. www.meeresmuseum.de

Ozeaneum, Hafenstr. 11, Tel. 2650610; Okt.–Mai tgl. 9.30–18 Uhr, Juni–Sept. tgl. 9.30–20 Uhr. Fütterungen: Pinguine auf der Dachterrasse tgl. um 12 Uhr; Adlerrochen Mo, Mi und Fr um 11 Uhr. Tipp: Onlineticket buchen und Wartezeiten an der Kasse vermeiden! Erw. 17 Euro, Kinder 4–16 Jahre 8 Euro, Schüler, Studenten, Arbeitslose 12 Euro. Kombiticket mit Meeresmuseum Erw. 23 Euro, erm. 17 Euro. www.ozeaneum.de

Nautineum Dänholm, Tel. 288010; Juni–Sept. tgl. 10–18 Uhr, Mai, Okt. tgl. 10–17 Uhr. www.meeresmuseum.de

▸Karte: hintere Umschlagklappe

Marinemuseum Dänholm, Zur Sternschanze 7, Tel. 297327; Mai–Okt. Di–So 10–17 Uhr. www.marinemuseum-daenholm.de
Kulturhistorisches Museum, Mönchstr. 25–28, Tel. 253617; Di–So 10–17 Uhr. www.stralsund.de
Skurrileum, Hafenstr. 7; Ende Apr.–Anfang Nov. Museum für komische Kunst. Karikaturenausstellung. www.skurrileum.de
Gorch Fock I, Stadthafen Stralsund; Apr.–Okt. tgl. 10–18, Nov.–März tgl. 10–16 Uhr. www.gorchfock1.de
Schiffer-Compagnie, Frankenstr. 9, Tel. 290449; Mo–Fr 9.30–11.30, 13–15.30 Uhr.
Nikolaikirche, Alter Markt; April/Mai/Sept./Okt. Mo–Sa 10–18, So 12–16 Uhr, Juni–Aug. Mo–Sa 10–19, So 12–16 Uhr, Nov.–März Mo–Sa 10–16, So 12–15 Uhr. www.hst-nikolai.de
Marienkirche, Neuer Markt; Mai–Sept. tgl. 9.30–17.30 Uhr, Okt. tgl. 10–16 Uhr, Nov.–März Mo–Fr 10–12 und 14–16, Sa 10–12, So 11–12 Uhr, April tgl. 10–17 Uhr. Turmbesteigung zur Aussichtsplattform. www.st-mariengemeinde-stralsund.de
Kulturkirche St. Jakobi, Jacobiturmstr. 28a. www.kulturkirche.kdw-hst.de
Heilgeistkirche, Apr.–Okt. Mo–Sa 10–17, So 14–17 Uhr.
Zoo Stralsund, Grünhufer Bogen; tgl. 9–18.30 Uhr, im Winter bis 16 Uhr. Hier leben auf 16 ha Fläche rund 950 Tiere in 150 Arten. Highlights sind die Löwen- und Polarwolfrudel. www.stralsund.de

Stadtfeste → S. 66 (Feste und Festivals).
Theater Vorpommern, Olof-Palme-Platz 6, Tickets unter Tel. 2646124. Mehrspartentheater für Vorpommern: Oper, Musical, Ballett, Schauspiel, Konzert. Das Haus ist auch Veranstalter der jährlichen Ostseefestspiele. www.theater-vorpommern.de
Ostseefestspiele, Juni–Aug. Auf der Seebühne im Hafen. www.ostseefestspiele.de
Friedrich-Stellwagen-Orgeltage, September. In der Marienkirche am Neuen Markt. Star ist die fast 360 Jahre alte Orgel von Friedrich Stellwagen. www.st-mariengemeinde-stralsund.de

Fahrradhandel Heiden, Kleinschmiedstr. 15, Stralsund-Altstadt, Tel. 4828999. www.fahrradhandel-heiden.de

Bürgergarten Stralsund, Knieperdamm 80b, Tel. 3047658; Apr.–Okt. ab 10 Uhr. Ruder- und Tretbootverleih, Biergarten am Knieper Teich, Kinderspielplatz. www.buergergarten-stralsund.de
Geführte Kajak-Tour, April–Okt. 3x tgl., Dauer 2 Std., Treffpunkt in Stralsund-Dänholm, Infos: www.sundpaddeln.de

Strandbad Stralsund, an der Sundpromenade, 10 Gehminuten von der Altstadt; Mitte Mai–Mitte Sept. tgl. 9–18 Uhr. Feinster Sandstrand, Strandkörbe, Abenteuerspielplatz, Radverleih, Gastronomie.
HanseDom, Grünhufer Bogen 18–20, Tel. 37330. Freizeit- und Erholungspark mit Wellenbecken, Außenthermalbecken, Abenteuerrutschen, Thermen- und Saunabereich. www.hansedom.de

Fischhandel und Räucherei Rasmus, Heilgeiststr. 10, Tel. 281538. Von hier stammt der originale Bismarckhering, noch heute wird er nach dem Rezept von 1871 hergestellt (→ Extra S. 69). www.bismarckhering.com
Marzipanhaus, Jungfernstieg 1b, Tel. 44380. Stralsunder Manufaktur, regelmäßig Verkostungen. www.stralsunder-marzipan.de
SteinARTig, Mönchstr. 16, Stralsund-Altstadt, Tel. 282326. Atelier, in dem man den Künstlern bei ihrer Arbeit über die Schulter schauen kann. Erwerben kann man Naturschmuck, Naturmaterialien und verarbeitete Natursteine, besonders Feuersteine von Rügen. www.steinartig.de

Das Meer ist doch eine große Verschönerung aller Landschaften, und in so origineller Form, wie es sich vor Rügen zeigt, wüsste ich es nirgends anderswo gesehen zu haben.

Der Architekt und Maler Karl Friedrich Schinkel 1821 an den Bildhauer Christian Daniel Rauch

Die berühmten Kreidefelsen an der Küste der Halbinsel Jasmund

RÜGEN

Südwestrügen

Alle Autofahrer, die Rügen besuchen, kennen den Südwesten der Insel – oft allerdings nur sehr oberflächlich vom Durchfahren in Richtung Seebäder oder Kreideküste. Die kleinen Ortschaften westlich und südlich von Bergen besitzen keine spektakulären Sehenswürdigkeiten, haben aber alle ihren eigenen Charme. Unberührte Natur findet man in der abgeschiedenen, ursprünglichen Gegend am Kubbitzer Bodden, die Inselküste am Strelasund birgt so manche landschaftlich reizvolle Überraschung, und auf der geschichtsträchtigen Halbinsel Zudar liegen unberührte Sandstrände am Bodden und am Schoritzer Wiek. Die Glewitzer Fährverbindung zwischen Stahlbrode und Zudar ist die zweitwichtigste Verbindung zwischen dem Festland und Rügen.

Seebad Altefähr

Wie der Ortsname schon sagt: Altefähr hielt Jahrhunderte lang die Verbindung über den Strelasund zur Hansestadt Stralsund, zum Festland. Wahrscheinlich war das Fischerdorf am Hochufer schon um das Jahr 1200 Fährhafen, 1240 erfolgte die erste urkundliche Nennung im Stralsunder Stadtarchiv als ›Antiquum passagium – bei der ollen Fähre‹. Vom 13. bis zum 19. Jahrhundert war es eine Ruderfähre, die Fährleute und Ruderknechte mussten sich in zwölf großen und acht kleineren Booten mächtig in die Riemen legen. Ab 1856 machten qualmende Raddampfer und dann dieselbetriebene Fährschiffe der Schinderei ein Ende und gleichzeitig das Fährvolk arbeitslos. Mit der Eröffnung der Fährverbindung von Sassnitz ins schwedische Trelleborg (→ Extra S. 158) wurde ab 1909 die Eisenbahnfähre über den Strelasund ein wichtiger, aber auch zeitraubender Bestandteil der Schnellzugverbindung zwischen Berlin und Stockholm – bis 1936. Denn mit dem Bau des Rügendamms hatte die alte Fähre endgültig ausgedient. Doch seit 1957 pendelt sie wieder hin und her und befördert von Mai bis Oktober vor allem die Stralsunder zu ihrem beliebten Naherholungsgebiet.

Von Altefähr eröffnet sich ein wunderbarer Blick auf die Stralsunder Stadtsilhouette

▲ Karte: vordere Umschlagklappe

Allein der traumhafte Panoramablick auf das Panorama der Stralsunder Altstadt lohnt den Besuch des Ortes. Der Blick übers Wasser begeisterte schon den nüchternen Naturforscher Alexander von Humboldt, er war geradezu angetan von den »hohen und gotischen Türmen, den wunderbar gebauten Giebeln mit durchbrochenem Mauerwerk«.

Altefähr ist seit altersher Kirchdorf. Die Schifferkirche **St. Nikolai** stammt aus dem 15. Jahrhundert. Sie ist eine Saalkirche aus Backstein und überragt das abschüssig gelegene Dorf. Das Taufbecken aus schwedischem Kalkstein soll das größte Rügens sein und noch älter als die Kirche. Votivschiffe zeigen eine Bark und eine Brigg sowie ein Modell des Altefährer Raddampfers.

Kopfsteinpflaster führt hinunter zum **Hafen**. Nur einige Schritte entfernt liegt der schöne **Sandstrand** des jüngsten Seebads auf Rügen – Altefähr bekam den begehrten Titel erst 2016.

Es ist der einzige Badestrand Rügens mit Südausrichtung. Dort genießt die 1964 eröffnete **Softeis-Diele** von Heinrich-Johann Nortmann mit ihrem nostalgischen Charme fast schon Kultstatus.

Rambin und Umgebung

Die kaum 1000 Einwohner zählende Ortschaft an der Durchgangsstraße B 96 gehört zu den ältesten Dörfern auf Rügen, erstmals wurde sie 1246 mit dem slawischen Ortsnamen Rabyn erwähnt. Auch in dieser recht einsamen Gegend dominieren wie meist im südwestlichen Rügen endlos weite Felder in flachwelligem Land. Immer wieder trifft man auf riesige Pappeln, die sich hier und da zu Alleen formieren. Dazwischen liegen kleine aufgeräumte, fast verträumte Orte, aus denen stets eine gotische Backsteinkirche zu lugen scheint.

Beliebte Produkte aus Rambin

St. Johannes heißt das mittelalterliche Gotteshaus von Rambin. Es stammt aus dem 14. Jahrhundert, sehenswert sind besonders die barocken Fresken, die erst in den 1980er Jahren freigelegt wurden. Am östlichen Ortsausgang steht in einer parkähnlichen Gartenanlage die gotische Kapelle des ehemaligen Klosters **St. Jürgen**, ebenfalls aus dem 14. Jahrhundert. Etwas jüngeren Datums ist die achteckige **Kapelle zum Heiligen Kreuz** im Bauerndorf **Bessin** nordwestlich von Rambin. Das kleinste sakrale Gebäude Rügens hat man 1482 gotisch errichtet. Regelmäßig finden kulturelle Veranstaltungen in der kleinen Kapelle statt, Jahreshöhepunkt ist das Erntedankfest. Die meisten Touristen kommen aber wohl wegen der **Alten Pommernkate**, dem Rügener Bauernmarkt (→ S. 103), und der **Rügener Insel Brauerei** (→ S. 103) nach Rambin.

Märkte, Hofläden, gotische Kirchen und Gutshöfe findet man auch in vielen ande-

ren Ortschaften dieser beschaulichen und sehr ruhigen Gegend. In **Poseritz** entstand die **Marienkirche** aus Backstein als einschiffiges Langhaus bis 1325, ein breites Publikum aus Einheimischen und Urlaubern versorgt sich in der beliebten **Molkerei Rügener Inselfrische** (→ S. 103).
Die **St. Stephanuskirche** aus dem 14. Jahrhundert in **Swantow** steht wahrscheinlich auf den Resten einer slawischen Kultstätte. Im Pfarrgarten wachsen 200 Jahre alte Eiben. Der Schriftsteller Hanns Cibulka (1920–2004) schrieb 1982 das lesenswerte Buch ›Swantow – Die Aufzeichnungen des Andreas Flemming‹ (→ S. 214).
In **Karnitz** nördlich von Garz, umgeben von Wiesen, Wäldern und Seen, befindet sich am Rande des Kniepower Sees das neugotische **Jagdschloss** eines ehemaligen Rittergutes. Das bemerkenswerte Gebäude im neugotischen Tudorstil ist in Privatbesitz und kann nicht besichtigt werden. Der Schlosspark gehört zum **Golf-Centrum Schloss Karnitz** (→ S. 103).

Garz

›Chertz in Ruya‹ stand slawisch noch auf dem Stadtsiegel von 1327. Da besaß die ›kleine Burg auf Rügen‹ – so die Übersetzung – schon elf Jahre das Stadtrecht, das der Rügenfürst Witzlaw III. der Ortschaft verliehen hatte. Damit ist Garz die älteste Stadt der Insel. Die verkehrsgünstig gelegene Siedlung – Wege führten schon im Mittelalter über Bergen nach Arkona und über Putbus ins Mönchgut – hatte zu dieser Zeit, im frühen 14. Jahrhundert, schon einige Jahrhunderte Geschichte auf dem Buckel. Denn vor 1168, dem Jahr der Eroberung der slawischen Tempelburg am Kap Arkona, war Garz Sitz eines Ranenfürsten mit Tempelanlage. Möglicherweise handelte es sich dabei um den legendären Fürstensitz Charenza. Der baumbestandene **altslawische Burgwall** am Ortsrand, dessen drei Tempel 1168 zerstört wurden, zählt zu den am besten erhaltenen in Deutschland. Er ist 12 Meter hoch und hat einen Durchmesser von 200 Metern. Eine Freilichtbühne hat man in den Wall hineingebaut. Jeder der drei Tempel war einer slawischen Gottheit geweiht: dem Kriegsgott Rugiavit, dem Donnergott Porenut und dem Wettergott Porevit. Die evangelische **Stadtkirche St. Petri** wurde Mitte des 14. Jahrhunderts erbaut. Das spätgotische Gotteshaus mit einem auffallend trutzigen Wehrturm besitzt neben dem barocken Interieur einen Taufstein aus dem 13. und einen schwebenden Taufengel aus dem 18. Jahrhundert.
Heute erinnert Garz mit seinen 2200 Einwohnern eher an ein großes Dorf als an eine Kleinstadt. Einige ältere Bürgerhäuser stammen noch aus der Zeit nach dem großen Stadtbrand von 1765. Gut ausgeschildert ist der Weg zum ältesten **Museum** Rügens, das **Ernst Moritz Arndt** gewidmet ist (→ S. 99). Es wurde 1937 in der Nähe des Burgwalls eröffnet und 2015 erweitert. Nach der Wende erfolgte die Ausrichtung des Hauses zum Museum für Literatur und Geschichte. Sammlungsschwerpunkte sind seit der Neukonzeption von 1993 die Regionalliteratur des 18. bis 20. Jahrhunderts, Stadtgeschichte, Alltagskultur und Archäologie. Wechselnde Ausstellungen präsentieren Werk und Wirkung des streitbaren und heute aufgrund seiner antisemitischen Äußerungen umstrittenen Publizisten, Schriftstellers und Universitätsprofessors, der 1769 südlich von Garz geboren wurde. In seinem Geburtshaus in **Groß Schoritz** ist ein **Arndt-Gedenkzimmer** eingerichtet (→ S. 103). Hier, in dem um 1750 errichteten ehemaligen Gutshaus, das von einem kleinen Park mit Feldsteinmauer umgeben ist, verbrachte Arndt seine Kindheit. Der **Gutspark** besitzt neue Wege, Sichtachsen und Ruheplätze.

▶ Karte: vordere Umschlagklappe

Ernst Moritz Arndt – Dichter und Patriot

Nach Fluchten und nach Zügen
Weit über Land und Meer,
Mein trautes Ländchen Rügen,
Wie mahnst du mich so sehr!

Ernst Moritz Arndt aus ›Heimweh nach Rügen‹ (1842)

An Ernst Moritz Arndt (1769–1860) scheiden sich die (intellektuellen) Geister. Die einen sehen in ihm in erster Linie den aufrechten Demokraten und nationalen Befreiungskämpfer gegen Napoleon, andere vor allem den Antisemiten und Rassisten. Der Streit dauert bis heute an. Wohl kaum ein anderer Deutscher des frühen 19. Jahrhunderts wurde wie Arndt ge- und verehrt, gepriesen, bejubelt und – zeitweise – auf nationale Sockel gehievt sowie gleichermaßen gehasst, angefeindet und lange Zeit auch einfach vergessen. Rügen ehrt seinen bekanntesten Sohn seit 1929 mit einem Museum in Garz (→ S. 98), mit dem Arndt-Turm in Bergen (→ S. 108) und der Ernst-Moritz-Arndt-Sicht am Tipper Ort. Eine Gedenktafel und eine kleine Ausstellung findet man in Arndts Geburtshaus. Die altehrwürdige Universität Greifswald schmückt sich seit 1933 mit dem Namen des pommerschen Gelehrten. Denn die Nazis sahen in Arndt einen ihrer ideologischen Vordenker. Aber auch die DDR-Kulturpolitik nahm den ›Deutschesten aller Deutschen‹ gerne in Anspruch, als Kritiker und Kämpfer gegen die feudalistische Ausbeutung. Und im Westen Deutschlands benannte man haufenweise Straßen, Schulen und auch eine Kaserne nach dem umstrittenen Patrioten aus Rügen. Nun, 2018, soll allerdings auf Beschluss des Akademischen Senats der Universität Greifswald aus politischen Gründen ›Arndt‹ aus dem Universitätsnamen nach jahrelangen Querelen endgültig gestrichen werden!

Das Geburtshaus Ernst Moritz Arndts in Groß-Schoritz

Geboren wurde Arndt 1769 in Groß-Schoritz auf dem damals schwedischen Rügen – als Sohn eines gerade kurz zuvor freigegebenen Leibeigenen des Grafen zu Putbus, der daraufhin vom einfachen Bauern zum Gutsinspektor aufstieg. Sicherlich auch aufgrund seiner Kindheitserfahrungen machte sich Arndt schon früh zum Anwalt der entrechteten Bauern und des sozialen Fortschritts. Am Anfang seiner Laufbahn als Hochschullehrer schrieb er 1803 die Schrift ›Versuch einer Geschichte der Leibeigenschaft in Pommern und Rügen‹, die ihn schlagartig bekannt machte. Vehement prangert er hier die unbeschränkte Willkür der Gutsherren an und fordert die Aufhebung der Leibeigenschaft. In seinem Buch ›Geist der Zeit‹ von 1806 propagiert er die nationale Auflehnung gegen die französische Fremdherrschaft. Seine Kritik traf aber auch die Selbstsucht der deutschen Fürsten sowie die ›Lebensfremdheit‹ vieler deutscher Gelehrter, Dichter und Romantiker. Reformen sollen die sozialen Verhältnisse umgestalten. 1812 verließ er die Universität Greifswald und folgte Freiherr vom Stein als dessen Privatsekretär nach St. Petersburg. Bis 1814 publizierte Arndt von dort aus zahlreiche Flugschriften zur nationalen Unabhängigkeit. Wortgewaltig und enthusiastisch schuf er anfeuernde Lieder und agitatorische Flugschriften. Er galt als der ›Troubadour der deutschen Freiheitsbewegung‹. Sein 1813 geschriebenes Lied ›Was ist des Deutschen Vaterland?‹, in dem Arndt einen großdeutschen Nationalstaat fordert, erhielt im Laufe Zeit den Rang einer heimlichen Nationalhymne. Streng populistisch – würde man heute sagen – predigte er den Hass gegen den französischen Feind, gegen das ›Reich Satans‹, und warnte vor einer ›Mischung mit jüdischem Blut‹. 1848 votierte Arndt als ältester Abgeordneter der Frankfurter Nationalversammlung für einen christlichen Ständestaat als konstitutionelle Monarchie.

Sehr facettenreich ist Arndts lyrisches Werk. Es reicht von patriotischen und geistlichen Liedern über Kinderlieder bis zu volkstümlichen Gedichten. Einige davon erinnern an die geistlichen Lieder von Matthias Claudius wie etwa ›Ich weiß, woran ich glaube‹. Andere wiederum sind schlichtweg kriegsverherrlichend und appellieren an die soldatische Opferbereitschaft (›Heldentod‹) wie ›Der Gott, der Eisen wachsen ließ‹, ein Lied gegen die von Napoleon erzwungene Beteiligung deutscher Heere an seinem Russlandfeldzug 1812. Eher überraschen mag da Arndts Leidenschaft, Märchen zu schreiben. Sie sind oft Reminiszenzen an seine Kindheit auf Rügen, Motive und Namen entstammen bekannten Mythen aus seiner heimatlichen Ostseelandschaft. In seinem schönen Märchen ›Prinzessin Svanvithe‹ bezieht sich der Name auf die slawische Gottheit Svantevit, die am Kap Arkona auf Rügen verehrt wurde.

Fast 90-jährig, starb Arndt in Bonn. Dort am Rhein, weit weg von seinem ›trauten Ländchen Rügen‹, ist er auch begraben.

Ernst Moritz Arndt in späteren Jahren

Halbinsel Zudar

Tischplattes Land, Felder, Wiesen, verstreut liegende Guts- und Herrenhäuser, reetgedeckte Katen, rote Backsteinscheunen, dazwischen kleinere Mischwälder, Birken und Weißdornbüsche, sturmzersauste Kiefern an den mit Schilf bewachsenen Ufern, ursprüngliche Natur, ein stiller Landstrich. Sicherlich hat keine andere Region Rügens ihre Natürlichkeit so rein bewahrt wie die Halbinsel Zudar. Über die Jahrhunderte betrieben die Bewohner neben dem Fischfang auch Viehwirtschaft. Das gilt, in eingeschränktem Maße, angesichts der weitläufigen Kuhweiden am Rande des Bodden und der Wiek wohl auch heute noch. Die etwa 18 Quadratkilometer große, stark gegliederte Halbinsel grenzt im Osten an den Rügischen Bodden, an die Schoritzer Wiek im Norden und an den Strelasund im Süden. Auf Zudar befindet sich mit dem Palmer Ort der südlichste Punkt Rügens. Die **Schoritzer Wiek** ist eine rund drei Kilometer lange Bucht, die lagunenartig in die Halbinsel hineinragt. In ihrem südlichen Teil liegt das Inselchen **Tollow** mit einer großen Kormoranpopulation, die das Eiland 1983 gänzlich in Beschlag genommen hat. Die Wiek wird von Berufsfischern genutzt, für den Schiffsverkehr ist das 437 Hektar große Naturschutzgebiet gesperrt. In den von Prielen und Tümpeln durchsetzten Uferzonen mit ihrer typischen Salzvegetation finden zahlreiche Wasservögel beste Brut- und Rastplätze.

An der schmalen Chaussee, die die Halbinsel in ihrem westlichen Teil durchzieht, stehen die vielleicht schönsten und ältesten Linden Rügens. Im Ort **Losentitz** nahe der **Glewitzer Autofähre**, die Zudar mit Stahlbrode auf dem Festland verbindet, fällt ein **Gutshaus** aus dem Jahr 1892 auf. Der rote, zweigeschossige Backsteinbau gehörte der schwedischen Familie von Dyke, die das Gut von 1767 bis 1935 be-

Die Schoritzer Wiek

saß. Zugänglich ist heute der angrenzende sechs Hektar große **Schlosspark**, den der schwedische Generalmajor Moritz von Dyke um 1800 als Landschaftsgarten anlegen ließ. Historische Bedeutung erlangte die **Kirche St. Laurentius** im Hauptort der Halbinsel, im ehemaligen Angerdorf **Zudar**. Sie stammt aus dem 14. Jahrhundert, 1318 wurde sie erstmals urkundlich erwähnt. Das gotische Gotteshaus mit der welschen Haube auf dem Kirchturm besaß vor 1370 ein berühmtes Marienbild, das als wundertätig verehrt wurde. Es machte die Kirche zur bedeutendsten Wallfahrtskirche Rügens. Sie genoss unter den Gläubigen ein hohes Ansehen: Wer zweimal nach Zudar gepilgert war, konnte sündenfrei die Heimreise antreten, hieß es damals von katholisch-offizieller Seite. Die zahlreichen Pilger kamen von weit her. Es entwickelte sich hier auf der pommerschen Halbinsel in der zweiten Hälfte des 14. Jahrhundert ein regelrechter Pilgertourismus. Die Wallfahrten fanden jedoch ein jähes Ende, nachdem ein Pilgerschiff 1372 bei heftigem Sturm vor dem Palmer Ort sank und dabei alle 90 Pilger ertranken. Das Marienbild von

Auf der Glewitzer Fähre

Zudar hatte damit seine Wunderkraft eingebüßt. An diese Hochzeit erinnert heute in der Kirche nichts mehr, bedeutendstes Ausstattungsstück von St. Laurentius ist die Orgel von 1884.

Zu den wenigen baulichen Sehenswürdigkeiten der Halbinsel gehören die reetgedeckten **Landarbeiterhäuser** von 1963, auch im Ort Zudar, und ein Leuchtturm, eher Türmchen, mit einfachem Signalscheinwerfer. Der zwölf Meter hohe **Leuchtturm Maltzien** steht am Ufer des Strelasunds. Ein freundlicher, schattiger **Campingplatz** liegt in Pritzwald am Ostufer Zudars. Schöne, sehr ruhige und naturbelassene **Sandstrände** befinden sich am steil abfallenden Gelben Ufer, bei Zicker und am Palmer Ort. Hier türmen sich in kalten Wintern die Eisschollen am Ufer oft spektakulär mehrere Meter hoch.

Südwestrügen

Postleitzahl: 18573 (Altefähr).

Vorwahl: 038306 (Altefähr), 038307 (Poseritz, Garz).

Fremdenverkehrsamt Altefähr, Am Fährberg 5, Tel. 75037. www.altefaehr.de

Sundblick (€–€€), Am Fährberg 8b, Altefähr, Tel. 038306/7130. Familiengeführtes Hotel garni direkt am Hafen, 10 Zimmer, Bootsverleih. Stralsund-Blick von der Dachterrasse. www.hotel-sundblick.de

Die Insel auf Rügen (€€), Götemitz 27, 3 km südöstlich von Rambin, Tel. 038306/6110. Schöne, Reetgedeckte Bauernkate mit 8 geschmackvoll eingerichteten Zimmern, abgelegen zwischen weiten Feldern. Hier hat sich der Berliner Architekt und Künstler Yadegar Asisi einen Traum erfüllt. Restaurant und Scheune für verschiedene Events. www.die-insel-auf-ruegen.de

Lindenkrug (€€), Lindenstr. 27–28, Poseritz, Tel. 038307/251. Familiär geführtes Hotel mit 36 Zimmern. Im Gasthaus werden regionale Spezialitäten serviert. www.lindenkrug-poseritz.de

Hotel Gutshaus Kajahn (€€), Prosnitz 1, Gustow, Tel. 038307/401-50/-60. Abgelegene und familienfreundliche Anlage mit Hotelzimmern und FeWos. Wunderschöne Gegend nahe Stralsund und dem Strelasund, herrliches Café-Gärtchen unter dickstämmiger Eiche. Badebucht in der Nähe. Vollpension möglich. Wildhandel. www.gutshaus-kajahn.de

Am Wiesengrund (€€), Im Wiesengrund 23, Garz, Tel. 038307/347. Ruhige Lage am Ortsrand, Halb- und Vollpension mög-

Karte: vordere Umschlagklappe

lich. Restaurant mit gutbürgerlicher Küche. www.ruegen-hotel-am-wiesengrund.de

Gutshaus Zicker (€€), Zicker 14, Garz/OT Zicker, Tel. 0162/1339280. Auf der Halbinsel Zudar, 7 luxuriöse FeWos im Herrenhaus aus dem 19. Jahrhundert, Park. Gutshaus mit weiteren 3 FeWos. www.gutshaus-zicker.de

Pension Forsthaus Garz (€–€€), Klein Stubben 1, Tel. 038307/40921. Historisches Forsthaus von 1902, einsam gelegen, von Feldern umgeben. 3 DZ und Appartements mit Terrasse, wunderbares Frühstücksbuffet, Lesezimmer, WLAN, Fahrräder, Parkplatz, Boddenstrände in der Nähe. Kinderfreundliche Anlage. www.forsthaus-garz.de

Strandhaus Altefähr, Strandpromenade 10, Altefähr, Tel. 038306/62450. Direkt am Sandstrand, frische regionale Küche, Sommerterrasse mit Blick auf die Skyline von Stralsund. www.strandhaus-altefaehr.de

Ernst-Moritz-Arndt-Museum, An den Anlagen 1, Garz, Tel. 038304/12212; Mai–Okt. Di–Sa 10–16 Uhr, Nov.–April Mo–Fr 11–15 Uhr. Museum für Literatur und Geschichte, barrierefrei.

Ernst-Moritz-Arndt-Geburtshaus, Groß Schoritz, Tel. 038306/524; Di, Do 10–15, Sa/So 10–14 Uhr. Regelmäßige Ausstellungen, literarisch-musikalische Programme.

LebensGut Frankenthal e.V., Frankenthal 7, 18573 Samtens. Kultur im ehemaligen Bullenstall: Beliebter Treffpunkt weltoffener Einheimischer und Urlauber – zu Tanzabenden und Festen, auf der Tauschbörse, auf Märkten, Musik- und anderen Kulturveranstaltungen. www.lebensgut-frankenthal.de

Naturcampingplatz Rügen Pritzwald, Zicker 19, Tel. 038304/629771; Apr.–Ende Okt. Einfache, gepflegte Waldcampinganlage. Naturcamping mit weitem Naturstrand am Greifswalder Bodden. www.naturcamping-ruegen-pritzwald.de

Sail und Surf Rügen, Am Fährberg 8a, Altefähr, Tel. 038306/23253. www.segelschule-ruegen.de

Waldseilpark, Klingenberg 25, Altefähr, Tel. 038306/239758. www.waldseilpark-ruegen.de

Golf-Centrum Schloss Karnitz, Am Golfplatz 2, Garz, Tel. 038304/82470. Öffentliche Golfanlage mit 9-Loch-Standardplatz, 18-Loch-Turnierplatz und der einzigen 27-Loch-Golfanlage auf Rügen. Restaurant, Appartements. www.golfcentrum-schloss-karnitz.de

Alte Pommernkate, Rügener Bauernmarkt & Hofcafé, Hauptstr. 2a, Rambin, Tel. 038306/62630; tgl. 7–19 Uhr, Frühstück ab 7 Uhr. Inselweit größtes Angebot regionaler Produkte, von der Kreidefelsensalami der Landschlachterei Gademow über Quark von der Molkerei Poseritz bis zu Bier aus der Störtebeker-Brauerei. www.altepommernkate.de

Rügener Insel Brauerei, Hauptstr. 2c, Rambin, Tel. 038306/238700; tgl. 10–19 Uhr. Biere in naturbelassener Herstellung, Lagerverkauf, Verkostungen und Führungen. www.insel-brauerei.de

Rügener Inselfrische, Poseritz Hof 15, Poseritz, Tel. 038307/40429. Molkerei mit Hofladen und niedlichem Café. Gutes aus der Milch: Frischkäse, Quarks, Joghurt, Buttermilch-Shakes. Konfitüren, Gelees, Fruchtpunsche, Sanddorn- und Holunder-Brombeergetränke. www.ruegener-inselfrische.de

Gut Rosengarten, Rosengarten 9a, Garz, Tel. 038307/828184. Ökologischer Gutsbetrieb. Kleiner Hofladen mit frischen Bioprodukten, Hofcafé. Weitläufige Gutsanlage mit wunderschönem, denkmalgeschütztem Landschaftsgarten. Das nach der Wende zerfallene Herrenhaus und die Wirtschaftsgebäude werden zurzeit rekonstruiert. www.gut-rosengarten.de

Zentralrügen

Den Charakter der Inselmitte bestimmen landwirtschaftlich geprägte Gebiete mit weitem Ackerland und Felder, auf denen im Frühling der Raps grell leuchtet, herrschaftliche Gutshäuser, in denen einst der Adel pompös residierte, lauschige Urlaubsunterkünfte auf dem Land fernab vom großen Trubel der Seebäder, idyllisches Landleben abseits der großen Straßen sowie riesige Boddengewässer und Wieken, die die zentrale Region der Insel zerklüften. Charakteristisch ist die ebene bis sanft hügelige Grundmoränenlandschaft mit zahlreichen Niederungen und Senken, mit Bächen, Söllen und kleinen Seen. Einige wenige Hügel ragen heraus, wie etwa der Rugard bei Bergen oder der Tempelberg in der Granitz. Das Kernland reicht etwa von Garz im Süden bis zur Halbinsel Lebbin im Norden. Die großen Halbinseln Mönchgut, Jasmund und Wittow klammern sich an den zentralen Inselteil im Osten, die Inseln Vilm im Greifswalder Bodden und Ummanz im Westen liegen unmittelbar davor.

Auch als Muttland wird das Herz Rügens im Volksmund oft bezeichnet. Denn im Rügenschen Bauernland wurden früher viele ›Mutten‹ gehalten. So heißen Schweine im Niederdeutschen. Mit den Worten ›Mut, Mut!‹ lockte man die Schweine, wenn man sie auf die Weiden oder im Herbst auf abgeerntete Kartoffelfelder trieb.

Von der ›weißen Stadt‹ Putbus tuckert die historische Schmalspurbahn ›Rasender Roland‹ zu den Seebädern an der Ostküste Rügens. Architektonische Sehenswürdigkeiten findet man vor allem in den Städten Bergen und Putbus, gotische Backsteinkirchen auch in vielen kleineren Ortschaften. Strände befinden sich am Rügischen Bodden im Süden und am Kleinen und Großen Jasmunder Bodden.

Zum Kulturleben Rügens trägt das hervorragende Putbuser Theater bei. Das touristische Kultur-Highlight Zentralrügens sind aber die alljährlich in den Sommermonaten stattfindenden Störtebeker Festspiele in Ralswiek.

Bergen auf Rügen

Die größte Stadt Rügens ist auch das geografische, das verwaltungstechnische und wirtschaftliche, wohl auch das kulturelle Zentrum der Insel und sicherlich ihre verkehrsmäßige Drehscheibe und dank der zentralen Lage der perfekte Ausgangsort für Ausflüge und Entdeckungstouren. Die Kleinstadt wurde – wie es ihr Name schon andeutet – auf einer Anhöhe errichtet. Gleich dahinter erstreckt sich das Waldgebiet des Rugard. Bergen ist eingebettet in eine vorwiegend landwirtschaftlich genutzte Region und liegt ganz nah am Kleinen Jasmunder Bodden mit seinen reizvollen Ausflugszielen. Steil führen Gassen vom Bahnhof bergan zum überraschend großen Marktplatz, einige auch weiter zum 91 Meter hohen **Rugard**. Der wurde erst ab 1830 aufgeforstet und ist heute ein bedeutendes Naherholungsgebiet mit Naturlehrpfad, Wander- und Radwegen, der touristischen ›Erlebniswelt Rugard‹ (→ S. 125, Info) sowie dem berühmten Ernst-Moritz-Arndt-Turm (→ S. 108). Im 15. und 16. Jahrhundert siedelten sich Handwerker an, 1613 erhielt Bergen das Stadtrecht. Seit 1883 ist die einstige Kreisstadt an das Netz der Eisenbahn angeschlossen. Es wurde 1889 nach Sassnitz erweitert. Ab 1991 restaurierte man die Inselhauptstadt im Rahmen der Städtebauförderung gründlich, auch die Plattenbauten in Bergen-Süd aus

▶ Karte S. 105

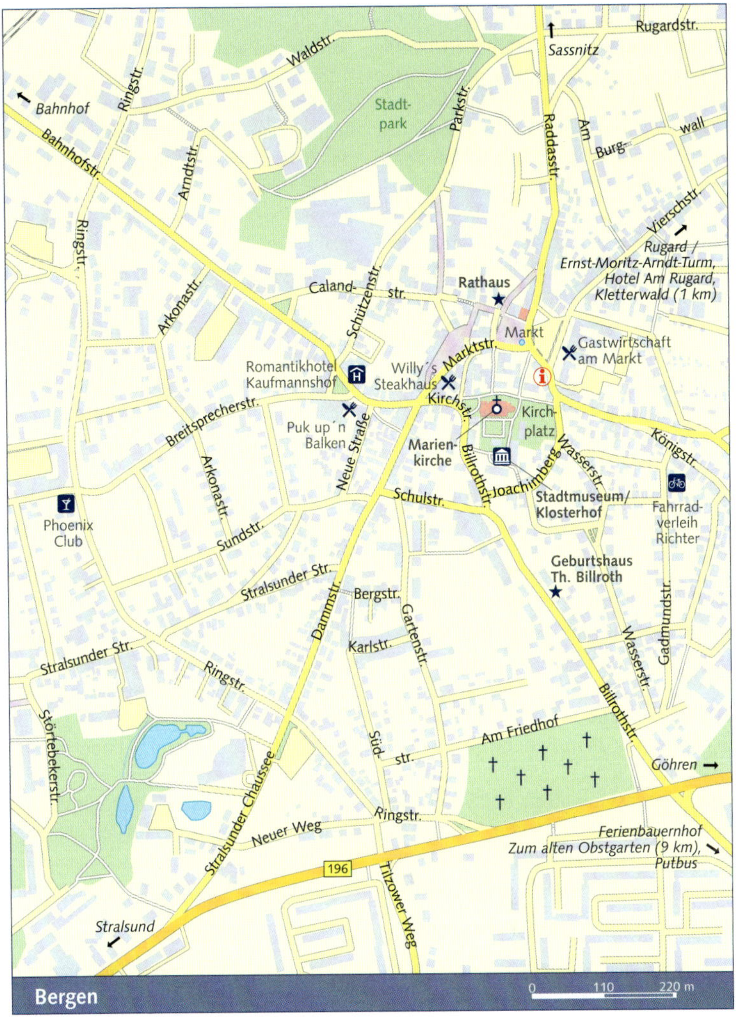

Bergen

den 1960er Jahren. Mittlerweile besitzt Bergen zumindest im historischen Kern durchaus einen freundlichen, kleinstädtischen Charme. Gravierend schrumpfte jedoch in den vergangenen Jahren die Bevölkerung des Städtchens. Im Wendejahr 1989 wohnten noch knapp 20 000 Menschen in Bergen; heute sind es nur noch rund 14 000.

Markt

Am viereckigen und leicht abschüssigen Marktplatz, der leider in erster Linie als Parkplatz genutzt wird, befinden sich Geschäfte, Restaurants und Cafés, Backstein- und Fachwerkhäuser, auch der etwas überdimensioniert wirkende Backsteinbau des gründerzeitlichen **Postamts**, das klassizistische **Rathaus** und am südlichen Rande des Platzes das **Benedixhaus**. Dieser schöne Fachwerkbau wurde, wie auf dem Fassadenbalken zu lesen ist, nach dem Stadtbrand von 1538 errichtet. Aber wahrscheinlich ist das nach der Besitzerfamilie benannte Haus einige Jahrzehnte jünger. Jedenfalls erlebte und überstand das älteste profane Gebäude der Stadt den Dreißigjährigen Krieg, zwei große Pestepidemien mit über 1000 Toten, die Besetzung durch die Schweden und den großen Stadtbrand von 1690, dem nahezu alle Wohnhäuser zum Opfer fielen. Heute ist das hübsch renovierte Haus Sitz der **Tourismusinformation** und des Standesamtes.

Die Billrothstraße geht vom Marktplatz ab. Das **einstöckige Haus** mit der Nr. 17 ist das Geburtshaus des größten Sohnes der Stadt. Hier erblickte Theodor Billroth, einer der bedeutendsten Ärzte und Chirurgen des 19. Jahrhunderts, 1829 das Licht der Welt. Er starb 1894 in Wien.

Marienkirche

Schräg hinter dem Benedixhaus erhebt sich die mächtige Marienkirche, die Hauptsehenswürdigkeit der Stadt. Das älteste und bedeutendste Gotteshaus Rügens ist Bestandteil der Europäischen Route der Backsteingotik und gehört seit 2005 zu den national wertvollen Kulturdenkmälern.

Mit dem Bau der romanischen Basilika mit Querschiff wurde 1180 begonnen, unmittelbar nach der Christianisierung der slawischen Ranen durch die Dänen. Der zum Christentum übergetretene slawische Rügenfürst Jaromar I. war ihr Stifter. Zunächst entstand eine Palastkapelle als Grablege. Auf Drängen des dänischen Bischofs Absalon wurde das sakrale Gebäude als Marienkirche vollendet und 1193 zusammen mit dem neu gegründeten Nonnenkloster geweiht. Die ersten 20 Benediktinernonnen kamen aus dem dänischen Bistum in Roskilde. Gegen 1250 übernahmen die Benediktinerinnen die Regeln des Zisterzienserordens. St. Marien wurde danach zur Klosterkirche der Zisterzienserinnen und 1380 schließlich Pfarrkirche.

Bei der Restaurierung 1896 bis 1903 legte man große Bestände an spätromanischen Malereien aus der Zeit um 1200 frei. Sie waren nach der Reformation dick übertüncht worden. Die **Wandmalereien** mit biblischen Motiven besitzen einen unschätzbaren Wert. Einzigartig in Norddeutschland ist zudem die Totalausmalung der Kirche. Die farbenfrohen **Fresken** in den Deckengewölben, den Seitenschiffen und im Chorraum zeigen Szenen aus dem Marienleben, die törichten Jungfrauen, den Erzengel Michael in der Hölle, Zyklen zum Alten und zum Neuen Testament, menschengestaltige Paradiesflüsse. Das gotländische **Taufbecken** stammt aus dem 14. Jahrhundert, die prunkvolle **Barockkanzel** von 1776, der **Altar** entstand gegen 1730. Das älteste Exponat der Kirche befindet sich an der westlichen Außenwand. Hier ist ein stark verwitterter, slawischer Bildstein in die Backsteinmauer eingemauert, womöglich ein Grabstein des slawischen Fürsten Jaromar I. Der sogenannte **Jaromarstein** ist vor 1168 datiert und zeigt das Relief eines bärtigen Mannes mit Kappe und langem Rock. Ursprünglich interpretierte man die Figur als Darstellung der slawischen Gottheit Svantevit. In christlicher Zeit wurde der Granitstein bearbeitet, noch bis Mitte des 19. Jahrhunderts war in der Hand des Dargestellten ein christliches Kreuz sichtbar. Vermutlich sollte dadurch der Sieg des Christentums über die heidnischen Slawen gepriesen werden.

Ein Unikum ist das **Ziffernblatt der Kirchturmuhr** an der Nordseite: Es besitzt eine kuriose 61-Minuten-Teilung! Nachdem es

▸ Karte S. 105

Das Innere der Marienkirche lohnt einen genauen Blick, etwa auf die farbenfrohen Fresken an den Deckengewölben

Der Ernst-Moritz-Arndt-Turm

bei einem Sturm 1973 beschädigt worden war, unterlief den Handwerkern bei der Reparatur des Ziffernblattes ein Fehler, den sie kreativ mit einem 61. Minutenpunkt korrigierten.

Klosterhof

Etwas verborgen hinter der Marienkirche liegt der 2004 liebevoll restaurierte Klosterhof. Das Nonnenkloster wurde nach der Reformation aufgelöst und in ein evangelisches Stift für adlige Damen Rügens umgewandelt. In einem der ehemaligen Klostergebäude befindet sich das **Stadtmuseum**, das in seiner ständigen Ausstellung über die Geschichte des Klosters und über die Geschichte Rügens von der Frühzeit bis zum 19. Jahrhundert informiert. In den **Schauwerkstätten** (→ S. 125) daneben kann man einheimischen Handwerkern bei ihrer Arbeit über die Schulter schauen. Ihre Kunstprodukte sind in einem Lädchen zu erwerben: Keramik, Schmuck, Kerzen, Hüte sowie viel Rügentypisches.

Ernst-Moritz-Arndt-Turm

Der Rugard, eine in der letzten Eiszeit entstandene Stauchendmoräne, war bis 1830 völlig unbewaldet. Danach veranlasste Fürst Wilhelm Malte I. zu Putbus seine Aufforstung. Karl Friedrich Schinkel, hauptberuflich Architekt, malte den nackten Hügel mit seiner überwältigenden Aussicht 1821. Sein Gemälde ›Der Rugard auf Rügen‹ zählt zu den schönsten Werken der romantischen Landschaftsmalerei. Vom 9. Jahrhundert bis 1325 befand sich eine Burg der Ranenfürsten auf dem Rugard. An dieser Stelle wurde anlässlich des 100. Geburtstages des Rügener patriotischen Dichters und Historikers Ernst Moritz Arndt (→ Extra S. 99) 1869 mit dem Bau des Ernst-Moritz-Arndt-Turms begonnen. Erst 1877 war der 27 Meter hohe Kiek-ins-Land fertiggestellt.
Von der Aussichtsplattform des vierstöckigen, roten Backsteinturms, der inzwischen eine hübsche Glaskuppel bekommen hat, liegt einem ganz Rügen zu Füßen. Der Panoramablick von dort oben ist umwerfend. Man blickt auf den Großen und Kleinen Jasmunder Bodden, auf die Halbinseln Mönchgut, Jasmund und Wittow, auf Hiddensee und weit bis zu den Türmen Stralsunds. Die Dächer Bergens erscheinen greifbar nah.

Radtour von Bergen zum Nonnensee und nach Ralswiek

Ausgangs- und Endpunkt: Marktplatz in Bergen.
Strecke: ausgebaute Radwege, Feldwege, Spurplatten und Nebenstraßen. Profil: flach bis leicht hügelig.
Länge: ca. 12 Kilometer.

Von der gepflasterten Marktstraße geht es rechts in die asphaltierte Bahnhofstraße und dann bergab bis zur Kreuzung, danach rechts in die Ringstraße, durch den Eisenbahnviadukt auf die Gingster Chaussee. An der Gingster Ampelkreuzung überqueren wir die B96 und biegen rechts auf den Rundweg um den

▶ Karte: vordere Umschlagklappe

Nonnensee ein. Wir radeln nun links am Seeufer entlang und parallel zur Straße. Das 75 Hektar große Gewässer gehört zum Landschaftsschutzgebiet ›Nordrügensche Bodden und Nonnensee‹. Er ist ein Schmelzwassersee, der nach der letzten Eiszeit vor etwa 10 000 Jahren entstanden war und eine maximale Tiefe von nur 1,50 Metern hat. Deshalb versuchte man bereits in der Mitte des 19. Jahrhunderts, den See zu entwässern, um neue landwirtschaftliche Nutzflächen zu gewinnen. Das misslang. Ab 1970 hat man den See schließlich künstlich entwässert, aber 1993 das Schöpfwerk wieder abgestellt. Ein wunderschöner **Rundwanderweg** (4,7 km) mit zwei Aussichtstürmen führt um den Nonnensee herum. Eine große Kormorankolonie ist da zu sehen, zu beobachten sind zahlreiche Wattvögel, einheimische Lappen- und Taucherarten, Höckerschwäne, Graugänse, mit etwas Glück auch der rare Eisvogel und der Seeadler. Der ufernahe Weg ist gut zu befahren, nach etwa einem Kilometer erreichen wir einen Rastplatz mit Beobachtungsturm. Hier halten wir uns rechts, der Rundwanderweg folgt dem Ufer nach links. Ein Feldweg führt zunächst am Waldrand entlang und danach leicht bergan über eine Wiese in Richtung **Thesenvitz**. Von dort führt eine Landstraße nach **Patzig**. Die kleine Ortschaft mit ihren kaum 500 Einwohnern liegt am westlichen Rand des Endmoränenzuges, der quer durch die Mitte Rügens verläuft. Die große Sehenswürdigkeit des Ortes ist die **Margarethenkirche**, eine gotische Saalkirche aus der Mitte des 15. Jahrhunderts. Der Turm wurde um 1500 gebaut. Der Taufstein im Turmraum entstand bereits um 1250. Er ist der älteste Taufstein Rügens und stammt aus dem Vorgängerbau von St. Margarethen. Teile der Wandmalerei aus dem 15. Jahrhundert konnten 1950 im Chor freigelegt werden. Eine Grabplatte von 1339 erinnert an den Geistlichen Petrus de Paceke (Petrus von Patzig). Das **Mühlenmuseum** in der Dorfstraße 3 ist als technisches Denkmal in einer Motormühle von 1946 zu besichtigen.

Von Patzig aus lohnt sich ein Abstecher zu den **Woorker Bergen** (ca. 2 km nordöstlich). Ein Betonschwellenweg führt dorthin. Die Woorker Berge sind das größte zusammenhängende Hügelgräberfeld in Norddeutschland. Insgesamt 13 bronzezeitliche Hügelgräber ragen hier bis zu acht Meter aus den Wiesen des sandigen Hügelkamms.

In Patzig biegt der Regionalradweg nach Ralswiek ab. Im Dorf **Gnies**, nach 1,8 Kilometern, geht es auf dem ›Radweg Heilige Stätten‹ (RHS) nach rechts hinunter durch einen dichten Mischwald zum Ziel: **Ralswiek**.

Am Nonnensee-Rundwanderweg: Natur pur und eine Kormorankolonie

Ralswiek

Ralswiek, das kleine Dorf am Großen Bodden, besitzt eigentlich kaum mehr als eine Handvoll Häuser, zum Teil hübsch mit Stroh gedeckt. Gerade mal 230 Menschen leben hier. Doch Ralswiek zählt zu den ältesten Siedlungen Rügens. Die ersten Siedler ließen sich bereits in der Mittelsteinzeit vor etwa 6000 Jahren an der Bucht am Bodden nieder, zur Zeit der sogenannten Lietzow-Kultur. Die Ortschaft wurde zwar erst 1311 erstmals urkundlich erwähnt, doch die westslawischen Ranen hatten hier am Bodden bei den Schwarzen Bergen bereits im 8. Jahrhundert einen Seehafen gegründet. Der gehörte im Mittelalter tatsächlich zu den wichtigsten Häfen an der Ostseeküste. Ralswiek war das Handelszentrum Rügens, ja sogar eines der Handelszentren Europas! Anfang der 1970er Jahre wurden hier die Reste von vier altslawischen Eichenbooten und kurz danach der Dirhamschatz entdeckt. Er bestand aus mehr als 2000 orientalischen Silbermünzen – die arabischen Dirhams und die persischen Drachmen waren zwischen 459 und 847 geprägt worden. Sie sind im Kulturhistorischen Museum in Stralsund ausgestellt. Die Funde beweisen umfangreiche Handelsbeziehungen mit Kaufleuten in Arabien und der Metropole Bagdad. Exportiert wurden vorwiegend Bernstein, Wachs und Pelze, der Import bestand aus Gewürzen, Textilien und Edelsteinen.

Das bedeutendste Gebäude des Dorfes ist **Schloss Ralswiek**. 1891 wurde das Gut derer von Barnekow, das ganze Land an der Bucht samt Dorf, an die Familie des Kaliminen-Fabrikanten Hugo Sholto Graf Douglas (1837–1912) verkauft. Der reiche Adlige aus Aschersleben im Harz ließ sich daraufhin zwischen 1893 und 1896 ein repräsentatives Schloss mit Ecktürmen nach dem Vorbild der französischen Renaissanceschlösser als Wohnsitz bauen. Es könnte tatsächlich durchaus am Ufer der Loire platziert sein. Teile der Inneneinrichtung tragen stellenweise Spuren des bekannten Jugendstilarchitekten und Douglas-Freundes Henry van de Velde aus der Phase der Schlossumgestaltung 1914. Das Schloss ist von

Schloss Ralswiek

▲ Karte: vordere Umschlagklappe

Endlose Rapsfelder bei Tribbevitz

einem weitläufigen **Landschaftspark** mit alten Eichen, Linden, Esskastanien und amerikanischen Nadelbäumen umgeben. Er ist der Öffentlichkeit zugänglich. Der Besitz wurde 1939 von den Nazis enteignet, das schmucke weiße Gebäude nutzte man in den Kriegsjahren als Kasino des örtlichen Marinehafens. Nach dem Krieg enteignete man den bisherigen NS-Reichsbesitz erneut, nun diente der feudalherrschaftliche Bau als Altersheim. Der Umbau zum Hotel erfolgte schließlich 2002.

Die auffällige, rote **Schwedenkapelle** am Ortsrand von Ralswiek stammt aus dem Jahr 1907 und war ein Geschenk des Grafen an die Gemeinde. Die Holzkapelle ließ er aus Schweden anliefern. Das tat er möglicherweise, weil der gläubige Mann keine Lust mehr hatte, sich sonntäglich vom kirchenlosen Ralswiek nach Bergen zum Gottesdienst kutschieren zu lassen.

Doch berühmt ist Ralswiek heute in erster Linie wegen der Störtebeker Festspiele. Alljährlich im Sommer wird die kleine Ortschaft mit ihrer herrlichen Naturbühne direkt am Boddenufer zur Pilgerstätte tausender Störtebeker-Fans. Das fantastische Open-Air-Spektakel mit der malerischen Kulisse des Hafenbeckens findet seit 1993 statt, 8800 Zuschauer finden pro Abend Einlass. Die Ralswieker Festspielkultur ist jedoch schon etwas älter, in den Jahren 1959 bis 1961 und nochmals 1980 und 1981 inszenierte man hier die dramatische Ballade ›Klaus Störtebeker‹ des DDR-Autors Kurt Barthel, genannt ›Kuba‹. Ralswiek sollte damals die kulturelle Rolle eines ›Bad Segeberg an der Ostsee‹ spielen, nur statt Old Shatterhand eben Klaus Störtebeker in der Hauptrolle. Das Programm der realsozialistischen Version enthielt auch schon ähnlich spektakuläre Züge wie die heutigen Inszenierungen um das abenteuerliche Leben des legendären Seeräubers Störtebeker – mit mehr als 150 Mitwirkenden, brennenden Koggen, 30 Pferden und viel Reiterei, Schwerterklingen, dressierten Greifvögeln, zahlreichen Spezialeffekten und Stunts sowie einem großen abschließenden Feuerwerk über dem Großen Jasmunder Bodden.

Nördlich von Ralswiek

Das Gebiet zwischen Bergen und der Halbinsel Lebbin ist vorwiegend Bauernland und fast unberührt vom Fremdenverkehr. Es zeigt sich als überaus reizvolle und einsame Gegend mit abgelegenen Bauerndörfern, schlichten, doch oft malerischen Bauernhöfen sowie vielen prächtigen, mittlerweile meist restaurierten Gutsanlagen.

Hauptort dieser stillen Region ist **Neuenkirchen**. Die Ortschaft liegt an der schmalen Bucht des Lebbiner Boddens, der von den Halbinseln Lebbin und Liddow gesäumt wird. Die **Backsteinkirche Maria Magdalena** stammt aus dem 14./15. Jahrhundert, einige ihrer Ausstattungsstücke aus dem 17. Jahrhundert sind erhalten. Der bewaldete Hügel **Hoch Hilgor** gleich hinter diesem Straßendorf erreicht stolze 44 Meter. Ganz oben auf seiner Spitze steht der 2017 neu aufgebaute **Grümbke-Turm**, von dessen Aussichtsplattform sich ein weiter Ausblick über die Boddengewässer der Umgebung bietet. Er ist nach dem Rügener Heimatforscher Johann Jacob Grümbke aus dem frühen 19. Jahrhundert benannt.

Das **Gut Liddow**, das über eine Holzbrücke von Laase aus zu erreichen ist, schrieb Fernsehgeschichte. Das historische Gebäudeensemble aus dem 18. Jahrhundert diente als zentrale Kulisse für die Vorabendserie des ZDF ›Hallo Robbie‹. Die Seehundserie lief bis 2009.

Die Dorfkirche in Neuenkirchen

▲ Karte: vordere Umschlagklappe

Das Gut wird seit 1975 von dem Rügener Künstler Rolf Reeckmann als Wohnung und Atelier genutzt. Es ist als Kultur-Gut-Liddow bekannt (www.rittergut-liddow.de). Ein weiteres Gut befindet sich südlich von Neuenkirchen am Tetzitzer See: Das restaurierte und denkmalgeschützte **Rittergut Tribbevitz** dient heute als Hotel in herrlicher Lage.

Ein schöner **Radwanderweg** führt um den **Tetzitzer See** herum. Die rund 20 Kilometer lange Strecke auf Wiesen- und Wirtschaftswegen verläuft von Neuenkirchen über Liddow, bei Groß Banzelvitz am Großen Jasmunder Bodden entlang, dann über Rappin, Hell und Tribbevitz schließlich wieder an den Ausgangspunkt Neuenkirchen zurück.

Der Tetzitzer See mit der Halbinsel Liddow und die Banzelvitzer Berge an der Boddenküste bilden zusammen ein 1088 Hektar großes **Naturschutzgebiet**, ein wichtiges Rast- und Brutgebiet für mehrere Arten nordischer Gänse und Enten sowie des Kranichs. Das Dorf **Rappin** wurde bereits 1305 urkundlich erwähnt, die kleine gotische **Backsteinkirche St. Andreas** stammt aus dieser Zeit.

Direkt am Großen Jasmunder Bodden, von Rappin über einen Fahrweg zu erreichen, liegt völlig abgeschieden in **Groß Banzelvitz** und an den 45 Meter hohen Banzelvitzer Bergen ein herrlicher **Campingplatz** mit flachem Badestrand am Großen Jasmunder Bodden.

Das **Gut Kartzitz** südlich von Rappin war bis zum Ende des 19. Jahrhunderts ein Stammsitz des pommerschen Uradelsgeschlechtes derer von Usedom. Nach 1990 erwarb die gräfliche Familie Knyphausen die Gutsanlage, die Mitte des 18. Jahrhunderts mit zwei Kavaliershäusern erbaut wurde. Sie ist die einzige erhaltene Barockanlage auf Rügen. Ihr sieben Hektar großer englischer **Landschaftspark** mit altem Baumbestand ist öffentlich zugänglich.

Klaus Störtebeker und die Vitalienbrüder

Der Mythos ›Störtebeker‹ lebt seit Jahrhunderten ungebrochen fort, in Legenden, Liedern, Filmen, Abenteuerromanen und Comics, in zahlreichen Denkmälern, Straßen, Wegen, Plätzen und städtischen Brunnenanlagen, in Benennungen von Schiffen, im Namen eines süffigen Stralsunder Bieres und natürlich in den jährlich stattfindenden ›Störtebeker Festspielen‹ auf Rügen. Das Phänomen ›Störtebeker‹ hat im Laufe der Zeit eine radikal positive Umdeutung erfahren: Es gilt heute gerne als Symbol für Abenteuer, Wagemut und Selbstbestimmtheit, oft wird dabei der berühmt-berüchtigte Freibeuter idealistisch verklärt und zu einer Art Robin Hood der Ost- und Nordsee vermarktet: gerecht, verwegen und fast unbesiegbar.

›Stürz den Becher‹ bedeutet ›Störtebeker‹ in der Übersetzung aus dem Niederdeutschen. Die außerordentliche Trinkfestigkeit des späteren Piratenkapitäns soll für seinen ursprünglichen Spitznamen verantwortlich sein. Den Vornamen Klaus oder Klaas, wie man an der Küste sagt, gaben ihm die Eltern vielleicht aus weiser Voraussicht: Der heilige Nikolaus ist schließlich der Schutzpatron der Seefahrer. Als Kapitän der Vitalienbrüder kam Störtebeker im späten 14. Jahrhundert in das Bewusstsein der Öffentlichkeit. Zunächst waren die seefahrenden Brüder noch ganz legal auf der Ostsee unterwegs, als Kaperfahrer angeheuert von Königreichen oder auch von Hansestädten. Die offiziell ausgestellten Kaperbriefe dienten als Legitimation für ihr seeräuberisches Handwerk. Damit konnten sie die erbeuteten Waren frei auf mehreren Märkten verkaufen. Zwischen 1389 und 1394 versorgten sie im Auftrag der mecklenburgischen Herzöge als Blockadebrecher das von den Dänen unter Königin Margarete I. belagerte Stockholm mit Lebensmitteln, mit ›Viktualien‹. Daher stammt wahrscheinlich ihr Name. Im Gegensatz zu Söldnern erhielten sie keinen Sold von ihren Auftraggebern. Sie fuhren auf eigene Gefahr und Rechnung über die Meere und teilten die Beute zwischen allen Matrosen, eben im Sinne einer Bruderschaft.

Jahrelang plünderten und beraubten Störtebeker und seine Mannen die hansischen Handelskoggen, so dass viele Städte ihre Schiffe nur noch im Konvoi segeln ließen, ausgerüstet mit modernsten Geschützen. Zeitweise brachten die Vitualienbrüder die Handelsschifffahrt nahezu vollständig zum Erliegen, vor allem den Seehandel mit Holland und England. Die groß angelegte Jagd nach Störtebeker durch die Hanse hatte 1401 bei Helgoland Erfolg, zusammen mit 72 Gefährten wurde er schließlich auf dem Grasbrook vor Hamburgs Hafeneinfahrt geköpft. Störtebeker trug dabei der Legende nach eine letzte Bitte vor: Alle seine Kumpanen, an denen er, bereits enthauptet, vorbeischreiten könne, sollen freie Männer sein. An elfen schritt er mit aufrechtem Gang vorbei, dann – so die Legende – stellte ihm der Henker ein Bein ...

Natürlich beansprucht auch Rügen, wie viele andere Gegenden an der Ostseeküste, den berühmtesten Seeräuber für sich. Der Rügener Sage nach soll der meistgefürchtete Pirat der Ost- und Nordsee nicht nur auf der vorpommerschen Insel geboren sein, auf Gut Ruschvitz. Hier am Kap Arkona soll er auch auf der Seeräuberkogge des legendären Hauptmanns Godeke Michels angeheuert haben. Hier auf Rügen versteckten sich angeblich die Vitualienbrüder im Hafen von Ralswiek und in den Schluchten der Kreidefelsen, und hier, in einer Höhle der Stubbenkammer, sollen außerdem die Schätze aus ihren Beutezügen verborgen sein. Die sommerlichen Störtebeker Festspiele in Ralswiek handeln von diesem aufregenden Korsarenleben.

Putbus

Wilhelm Malte I. Fürst zu Putbus (1783–1854) hatte 1810 eine Vision: Kaum hatte ihn der schwedische König 1807 in den Fürstenstand erhoben, träumte der frisch gebackene Insel-Fürst von einer eigenen Residenzstadt, am besten herausgeputzt als mondänes, elegantes Seebad, wie es gerade Mode wurde. So hatte er es gesehen, bei seinem Besuch der herzoglichen Sommerresidenz Doberan-Heiligendamm, dem ersten deutschen Seebad an der Ostseeküste. Das hatte Wilhelm Malte offenbar sehr beeindruckt. Mit seinem Provinznest Putbus war dagegen kein Eindruck zu machen. Sein Familiensäckel war offenbar gut gefüllt, und so konnte die fürstliche Vision schon wenige Jahrzehnte später Wirklichkeit werden: ein klassizistisches Traumensemble mit kirschblütenweißen Prachtbauten, die ein weites Rondell umrunden, mit Alleen, Plätzen, mit Orangerie, Theater, Rosengarten, mit umgestyltem Schloss und einem märchenhaften Schlosspark sowie einem Badehaus im drei Kilometer entfernten Lauterbach. Das zog in der zweiten Hälfte des 19. Jahrhunderts viele Berühmtheiten aus der Politik, der Wissenschaft und der Kunst an. Darunter waren so erlauchte Gäste wie Otto von Bismarck, König Wilhelm III. von Preußen, General von Wrangel, Elisabeth von Arnim und die Brüder von Humboldt. Auch Königin Josephine von Schweden oder die Großfürstin Helene von Russland reisten an, um die neue Residenzstadt zu sehen oder im angewärmten Seewasser zu relaxen. Doch der klassizistische Traum

Nur die Seeterrasse am Schwanenteich blieb vom einstigen Schloss übrig

in Weiß verblasste schnell. Bereits am Ende des 19. Jahrhunderts war die Zeit der Wannenbäder und der Badekarren, die man in die See schob, nicht mehr à la mode. Nun begann das Zeitalter des Bade- und Strandlebens. Und da bevorzugten die allermeisten Sommergäste Rügens nun die neuen Seebäder direkt an der Küste, die mit ihren herrlichen Sandstränden wuchern konnten – Binz statt Putbus. Am Ende der Deutschen Demokratischen Republik (DDR) war die einst weiße Residenzstadt stark angegraut und vernachlässigt. Nach den umfangreichen Sanierungsarbeiten nach der Wende leuchten die klassizistischen Prachtbauten wieder blendend weiß, und vor fast jedem weißen Gebäude blühen im Sommer apart zurechtgemachte rote und weiße Stockrosen, so wie es Fürst Malte einst erlassen hat. Die letzte planmäßig erbaute Residenzstadt auf dem Kontinent mit einem der bedeutendsten klassizistischen Stadtensembles europaweit – auch ›weiße Stadt‹ oder ›Rosenstadt‹ genannt – ist auferstanden. Doch die großen auf dem Reißbrett entworfenen Plätze wie der zentrale Circus wirken selbst im Hochsommer wie verwaist und im Winter gar wie ausgestorben. Es will hier kein wirklich urbanes Leben aufkommen. Die sommerliche Blechkarawane fährt durch das schöne, knapp 4400 Einwohner zählende Residenzstädtchens und nimmt Kurs auf Sellin und Binz. Gerne würde man dem exzentrischen Ort, der aus der Zeit gefallen scheint, mehr Leben einhauchen.

Schloss und Schlosspark

Erstmals wird Putbus 1286 urkundlich erwähnt, als Stammsitz einer slawischen Adelsfamilie. Aus dem slawischen ›epod boz‹ – hinter dem Holunderstrauch – entwickelte sich der Name Putbus. Die Putbusser, eine Seitenlinie der Fürsten von Rügen, waren über Jahrhunderte die reichste und mächtigste Familie der Insel. Bis zu den Enteignungen nach dem Zweiten Weltkrieg gehörte ihnen gut ein Fünftel der Fläche Rügens. Anfang des 18. Jahrhunderts starb der einheimische

Zweig der Putbusser aus und die dänische Linie des gräflichen Hauses übernahm mit Malte I. den Inselbesitz. Der Herrschaftssitz Putbus wandelte sich von einer Burganlage im 14. Jahrhundert, die im 15. Jahrhundert gotisch erweitert wurde, zu einer dreiflügeligen Schlossanlage im 17. Jahrhundert. Von 1827 bis 1832 wurde die Residenz nach Entwürfen des Berliner Architekten und Schinkel-Freundes Johann Gottfried Steinmeyer klassizistisch umgebaut. Auftraggeber war Maltes Enkel, Fürst Wilhelm Malte I., der Visionär der klassizistischen Modellstadt Putbus. 1944 kam das Schloss unter Zwangsverwaltung der NSDAP, da einer der Nachfahren Wilhelm Maltes sich am Hitler-Attentat beteiligt hatte. Der aufrechte Mann namens Malte Ludolph Franz Eugen von und zu Putbus starb 1945 im KZ Sachsenhausen. Nach dem Krieg wurde das stattliche Gebäude geplündert, 1955 begann ein zaghafter Versuch der Wiederherstellung. Doch es mangelte an Geld und vor allem am politischen Willen. Die Sprengung erfolgte 1962. Nicht mal ein romantisch-ruinöses Schloss im Dornröschenschlaf ist der Nachwelt geblieben. Übrig blieb nur die Seeterrasse am Schwanenteich, der Umriss des Schlosses ist durch Metallpfosten noch erkennbar.

Der 75 Hektar große **Schlosspark** öffnet sich südlich der langen Alleestraße, die mitten durch Putbus führt. Er wurde um 1725 als Barockgarten angelegt und nach Maltes Vorstellungen zwischen 1810 und 1830 in einen romantischen, englischen Landschaftspark umgewandelt, mit dem Schwanenteich als Blickfang, verschlungenen Wegen, zahlreichen Solitärbäumen, Skulpturen und Gebäuden. Sicherlich zählt der Park zu den bedeutendsten englischen Gärten Norddeutschlands. Das **Malte-Denkmal** ließ seine Witwe, Fürstin Luise, 1859 mitten im Park aufstellen. Ein Relief auf dem Sockel zeigt Karl Friedrich Schinkel und Johann Gottfried Steinmeyer mit einem Bildhauer vor dem Plan des Jagdschlosses Granitz bei Binz. Auch das berühmte Jagdschloss (→ S. 135) gehörte zu Maltes Metropolentraum. Selbstherrlich steht Fürst Malte auf seinem Marmorsockel und schaut zufrieden auf seine weitläufige Parklandschaft. Bis heute

Putbus besitzt das einzige Theater Rügens

▲ Karte S. 114

wartet der Park mit dendrologischen und exotischen Besonderheiten auf, mit kalifornischen Mammutbäumen, libanesischen Zedern, mit uralten Eiben und Eichen, mit syrischen Goldeschen, asiatischen Ginkgos, Stechpalmen und riesigen Tulpenbäumen. Im Frühling ziert Bärlauch mit seinen weißen Blüten und seinem Knoblauch ähnelnden Duft große Flächen des Parks – betörend schön. Zwischen diesen Pflanzungen liegen einige der repräsentativen Gebäude von Maltes Residenzstadt. Die schneeweiße **Orangerie** direkt an der Alleestraße entstand zwischen 1816 und 1818 als Gewächshaus und Winterquartier für die exotischen Kübelpflanzen des Parks. Heute bildet die Orangerie ein stilvolles Ambiente für drei Galerien mit Ausstellungen zeitgenössischer Kunst. In den beiden Torhäusern befinden sich ein Café und eine moderne Töpferei mit Schauwerkstatt.

Im neugotischen **Mausoleum** hinter der Orangerie ruhen Mitglieder der Fürstenfamilie, die zwischen 1868 und 1927 verstorben sind. Die **Gartenhaus-Villa Löwenstein** am östlichen Rand des Parks ließ Fürst Malte 1829 als Gärtnerei errichten. Graf Otto von Bismarck, der spätere Reichskanzler, arbeitete hier im Dezember 1866 als Gast der Putbusser Fürstenfamilie am Entwurf des Norddeutschen Bundes. Hier entstanden die ›Putbusser Diktate‹. Angeblich soll der nach dem preußisch-österreichischen Krieg nervlich zerrüttete Bismarck während der Putbusser Tage zur Entspannung aus der Schülerbibliothek des gegenüberliegenden Pädagogium Werke von Walter Scott und den ›Lederstrumpf‹ von James F. Cooper gelesen haben. In der schmucken, klassizistischen Villa eröffnete 1957 das **Rosencafé**, herrschaftlich und elegant im Innern, schön auf der Sommerterrasse neben dem Rosengarten. Der **Marstall** wurde zwischen 1821 und 1824 ebenfalls im klassizistischen Stil an der Kastanienallee erbaut. Hier steht auch das nach Plänen Steinmeyers 1835 errichtete **Affenhaus**, das seit 1994 ein **Puppen- und Spielzeugmuseum mit Parkcafé** beherbergt. Die historische Sammlung von Karin Ernst zeigt mehr als 400 Puppen, 70 Teddybären, Puppenstuben und viele Kuriositäten aus zwei Jahrhunderten. Ein schöner Panoramablick eröffnet sich vom Glasturm. Die Sommerterrasse des Cafés liegt am **Schwanenteich**, an dem auch das Schloss stand. Der vielleicht architektonisch bedeutendste Bau des Parks ist die **Schlosskirche** westlich des Schwanenteiches. Der ursprüngliche Bau von 1846 nach Plänen von Friedrich August Stüler und Steinmeyer diente kurioserweise zunächst noch ganz profan als Kur- und Spielsalon mit Ballsaal. Erst 1892 wurde das Gebäude in ein lichthelles, dreischiffiges Gotteshaus mit Kirchturm, Balustraden und rundbogigen Arkaden verwandelt. Das Altarbild ist ein Werk des Mailänder Meisters Daniele Crespi (1590–1630), die Kanzel entstand 1892 zur Kircheneinweihung. Neben der Kirche liegt das **Wildgehege** mit Dam- und Rotwild.

Circus

Der Circus nach dem Vorbild im englischen Badeort Bath zeigt wohl am deutlichsten die Größenordnung der Stadtplanung, die Fürst Malte vorschwebte. Der für das kleine Städtchen überraschend riesige und kreisrunde Platz bildet das Zentrum von Putbus. Acht von Kugeleichen gesäumte Wege verlaufen sternförmig zu einem 19 Meter hohen **Obelisken** in der Mitte des Rondells. Der schlanke Obelisk mit Fürstenkrone erinnert an den Residenzgründer von 1810. Aus der Vogelperspektive sieht der Circus wie eine Acht-Stücke-Torte aus. Den Platz

Aus der Luft ist die überraschende Größe des Circus am besten zu erkennen

säumen 16 weiß getünchte, zwei- und dreigeschossige Kavaliershäuser, die ab 1830 als Wohnungen für Hofbeamte, aber auch für Bürger und Handwerker klassizistisch erbaut wurden. Eines dieser imposanten Gebäude war als **Pädagogium** für die Ausbildung der Adelssöhne vorgesehen. Von 2002 bis 2015 befand sich hier das ›IT-College Putbus‹. Mittlerweile dient das weiße Haus als Hotel.

An der Alleestraße

Südlich der Alleestraße erstreckt sich der Schlosspark. Auf dieser Straßenseite ist die schnurgerade Ost-West-Achse von Putbus nicht bebaut. Auf der bebauten nördlichen Straßenseite liegen der Circus und der rechteckige, Linden umsäumte **Marktplatz**. Hier stehen neben eleganten Häusern das Rathaus und das **Theater**. Das weiße, zauberhafte Gebäude mit hohem Säulenportikus und dem hellenistischen Figurenfries ›Apollo und die Musen‹ zur Parkseite hin wurde 1821 zur Unterhaltung der Badegäste eröffnet und zwischen 1992 und 1998 aufwändig rekonstruiert. Es ist bis heute das einzige Theater Rügens. Das klassizistische Juwel mit seinen 244 Plätzen, prächtigem Interieur und hervorragender Akustik zählt zu den wichtigsten Bühnen Vorpommerns, das Gastspieltheater ohne eigenes festes Ensemble wird regelmäßig von den Bühnen in Stralsund und Greifswald bespielt. Es gibt ganzjährig Aufführungen in den Sparten Musiktheater, Schauspiel, Ballett und Konzert. Jährlich im Mai und Juni finden im Theater und im Schlosspark die vom Förderverein Theater Putbus veranstalteten **Putbus-Festspiele** statt. Die **Villa Lottum** (Nr. 14) mit ihrer viersäuligen Loggia wurde 1815 als Bedienstetenhaus errichtet. Das **Historische Uhren- und Musikgerätemuseum** (Nr. 13) zeigt in sieben Räumen mehr als 1000 Exponate, die der Museumsgründer Franz Sklorz gesammelt hat, darunter Kuckucksuhren, Herrenhäuseruhren, Sonnenuhren, Taschenuhren oder auch Grammophone.

▶ Karte S. 114

Am Rügischen Bodden

Der kleine Ort **Vilmnitz** drei Kilometer östlich von Putbus besteht nur aus wenigen Häusern. Die Kirche im Dorf, etwas erhöht auf einem Hügel erbaut, ist aber eine besondere Sehenswürdigkeit. Die **Pfarrkirche St. Maria Magdalena** wurde bereits 1249 urkundlich erwähnt. Ältester Teil des schönen Gotteshauses ist der Ostchor mit der Sakristei. Hier sind noch deutlich romanische Formen zu erkennen, die aus der Zeit vor 1300 stammen. Die von hohen Bäumen umgebene Backsteinkirche diente von (wahrscheinlich) 1351 bis 1860 als Begräbnisstätte der Adelsfamilie von Putbus. Auch der Stadtgründer von Putbus Fürst Wilhelm Malte I. ist hier mit seiner Gattin beigesetzt, in der Familiengruft unter dem Ostchor. Die Gruft mit den 28 Sarkophagen ist nur durch eine vergitterte Öffnung in der Außenmauer der Kirche mehr schlecht als recht einsehbar. Die auffällige Barockkanzel wurde 1709 von einem Stralsunder Kunstschreiner gefertigt, eine Mosesfigur dient als Kanzelfuß. Die Orgel entstand 1866, regelmäßig finden im Sommer Orgelkonzerte statt. Zur Kirche gehören der daneben liegende und efeuumrankte **Friedhof** und das **Fachwerk-Pfarrhaus**. Ein Augenschmaus: Als Frühlingsboten blühen im März Schneeglöckchen auf allen Wiesen rund um die Kirche. 1967 war Vilmnitz der Hauptdrehort für die deutsch-deutsche Filmkomödie ›Die Heiden von Kummerow und ihre lustigen Streiche‹, die nach dem Roman von Ehm Welk entstand.

■ Lauterbach

Die kleine Ortschaft Lauterbach, knapp drei Kilometer südöstlich von Putbus, liegt direkt am Rügischen Bodden. 1818 schrieb das damalige Fischernest Seebadgeschichte: Fürst Wilhelm Malte I. ließ damals an der Küste das klassizistische **Badehaus Goor** errichten, einen monumentalen Badetempel mit einer griechischen Säulenkolonnade. Vor allem die preußische Hautevolee reiste in der ersten Hälfte des 19. Jahrhunderts gerne in den neu gegründeten fürstlichen Badeort und genoss im Goor die Warmbäder mit Meerwasser in Wannen aus feinstem Carrara-Marmor. Doch die feine Gesellschaft zog es wenige Jahrzehnte später an die Meeresküste, an die Sandstrände der ›richtigen‹ Seebäder. Noch später, während der DDR-Jahre, wurde das Badehaus zum Ferienheim eines Stahlwerks umgewandelt. Nach der Wende stand es jahrelang leer. Nun, nach aufwändiger Sanierung, wird es als luxuriöses Wellness-Hotel genutzt. Der Ort am Bodden hat sich in den letzten Jahren zum maritimen Zentrum für Wassersportfreunde auf Rügen gemausert, mit einem modernen Jachthafen, schwimmenden Ferienhäusern, exklusiven Pfahlhaussuiten auf dem Wasser nach maledivischem Vorbild, mit Hotels und Restaurants direkt am Wasser. Der **Rasende Roland** fährt im Sommer von Putbus bis zur Hafenmole von Lauterbach.

Schwimmende Ferienhäuser in Lauterbach

Insel Rügen

Der Pfad der Muße und Erkenntnis

Hinter dem Badehaus Goor erstreckt sich das 80 Hektar große **Naturschutzgebiet Goor**. Der Pfad der Muße und Erkenntnis führt hier auf 19 Stationen durch den sieben Hektar großen und sehr facettenreichen Küstenwald Goor. Im Mittelpunkt der Wanderung sollten gemäß der Organisatoren des Pfades Bedürfnisse wie Muße, meditative Erholung, Besinnlichkeit und Entschleunigung vom Alltagsstress stehen. Die Naturnähe steht hier ganz im Zeichen der Stille. Bis zu Beginn des 17. Jahrhunderts lebten hier im Zentrum des Waldes noch Menschen in kleinen Höfen, die von Ackerland umgeben waren. Der vorhandene Hudewald diente damals vor allem als Waldweide zum Hüten der Schweine, Rinder und Pferde, also der Haustiere. Das herrliche Waldgebiet mit bis zu 150 Jahren alten Rotbuchen und Hainbuchen sowie Stieleichen steht seit 1990 unter Naturschutz, seit 2003 entwickelt sich der Goor zum ›Urwald‹ und wird von der Michael-Succow-Stiftung in einen naturbelassenen Zustand zurückgeführt. Auf dem 4,2 Kilometer langen Pfad durch einstige Siedlungsflächen trifft man auf zahlreiche Tier- und Pflanzenarten, auf Vögel wie etwa den Mittelspecht, am Steilufer auf Uferschwalben und sogar auf den Eisvogel, auch auf Hügelgräber, Findlinge, auf Moore, Waldtümpel und auf imposante Bäume. Der älteste Baum im Goor ist eine 600 Jahre alte Stieleiche, der man wohl wegen ihrer mächtigen Krone den Namen ›Schirmeiche‹ gab.
Die ersten zwei Kilometer des Pfades verlaufen in zehn Stationen am Hochufer entlang. Hier bieten sich fantastische Ausblicke auf den Bodden und die nahe Insel Vilm. Es gibt unterwegs keine Informationstafeln, nur Nummerierungen auf Findlingen, die auf die einzelnen Stationen der höchst informativen Begleitbroschüre für die Wanderung durch den Goor-Wald verweisen. Die Broschüre bekommt man (für 5,50 Euro) in der Putbus-Information oder im Badehaus Goor.
Es gibt auch eine geführte Wanderung auf dem Pfad, mit der Landschaftsökologin und Schöpferin des Pfades Steffi Deickert (www.natur-beruehrt.de). Die Wanderung dauert etwa drei Stunden, wird aber je nach den Bedürfnissen der Teilnehmer flexibel angepasst.

▶ Karte: vordere Umschlagklappe

Insel Vilm

Das einzigartige Naturschutzrefugium vor der Südküste Rügens ist Bestandteil des Biosphärenreservats Südost-Rügen. Seit 1990 unterhält das Bundesamt für Naturschutz hier eine Außenstelle der Internationalen Naturschutzakademie (INA). Vom Lauterbacher Hafen startet zwischen März und Oktober täglich die MS ›Julchen‹ zur etwa dreistündigen Exkursion auf die Insel. Um Vilm vor Massenandrang zu schützen, darf die Insel nur nach vorheriger Anmeldung von maximal 30 Personen pro Tag besucht werden. Das Privatbetreten der Insel ist verboten, die Wanderung durch die sich selbst überlassene Natur erfolgt nur mit sachkundiger Führung.
Für die Slawen war Vilm ein heiliger Ort, der Inselname leitet sich vom Slawischen ab und bedeutet ›Ulme‹. Diese Baumart kommt heute auf Vilm kaum noch vor. Die knapp 100 Hektar große Urwaldinsel, die vermutlich vor etwa 3000 Jahren von der Kerninsel getrennt wurde, ist vor allem von urwüchsigen alten Eichen und Buchen bewachsen. Viele sind mehrere hundert Jahre alt. Die stattlichen und knorrigen Bäume sind uneingeschränkt die Vilm-Stars. Bemerkenswert sind aber auch die uralten Birnbäume am Nordwestufer. Der letzte große Holzeinschlag fand vor rund 500 Jahren statt, im Jahr 1527.

Mindestens 65 Vogelarten brüten auf Vilm, darunter auch der Seeadler, der Waldkauz, der Gänsesäger, der Wendehals, der Sprosser und der Zwergschnäpper. Ungefähr 300 Pflanzenarten hat man gezählt. Mannshoher Adlerfarn bedeckt große Flächen des Waldbodens, im Frühling auch Anemonen und duftende Veilchen. Bereits 1936 wurde Vilm als Naturschutzgebiet ausgewiesen.

Vorher, besonders zur Zeit der Romantik im frühen 19. Jahrhundert, entdeckten zahlreiche bekannte deutsche Maler wie Carl Gustav Carus und Caspar David Friedrich das naturbelassene Eiland. Über 300 ›Maler Klecksel‹ sollen damals auf der Insel zwischen Baumriesen und Totholz, zwischen Wildobstbäumen, Weißdornsträuchern, fetten Hennen und duftenden Schlehen ihre Staffeleien aufgestellt haben. Friedrichs Gemälde ›Landschaft mit Regenbogen‹ von 1810 ist der Insel gewidmet. Aber Vilm war lange Zeit auch ein beliebtes Ausflugsziel der Rüganer. Nach dem Zweiten Weltkrieg wurde die Insel massiv touristisch genutzt – bis 1958. Von 1959 bis 1989 war Vilm eine

Naturwald auf der Insel Vilm

verbotene Insel, ausschließlich die DDR-Politprominenz aus Partei und Gewerkschaft hatte Zugang. Die Staatsfunktionäre erholten sich unter Ausschluss der Werktätigen in elf reetgedeckten Ferienhäusern im Stil einer Fischersiedlung. Sie stehen heute Wissenschaftlern und Forschern der Naturschutzakademie zur Verfügung.

Insel Rügen

Rundtour am Bodden

Start und Ziel: Putbus.
Länge: 10 km.

Eine kleine, nette Radtour führt von Putbus zunächst über eine schöne Lindenallee nach **Lauterbach**. Von dort verläuft ein herrlicher Fahrweg an der Boddenküste zum zwei Kilometer entfernten **Neuendorf**. An der unmittelbar am Wasser entlang führenden Dorfstraße mit einer Weidenallee stehen adrette Villen sowie sehr gefällige Einfamilien- und Ferienhäuser mit Blick auf den Rügischen Bodden und die Insel Vilm. Hier gibt es auch einen **Sandstrand** mit kinderfreundlichen, flachen Ufern sowie einen kleinen Hafen mit Fischimbiss-Buden. Weiter geht es durch den Wald nach **Wreechen** mit reetgedeckten Häusern und einem Naturstrand am Schilf umsäumten **Wreecher See**. Das als Naturschutzgebiet ausgewiesene Gewässer gehört zum Biosphärenreservat Südost-Rügen. Hier brüten zahlreiche Vogelarten wie Teichrohrsänger, Rohrammer und verschiedene Entenarten. Über eine Holzbrücke kommt man nach **Neukamp** mit dem ›Erlebnisrestaurant Nautilus‹. Überraschenderweise stößt man hier in dieser abgelegenen Gegend auf eine Preußensäule, auf ein **Denkmal des Großen Kurfürsten**. Denn brandenburgische Truppen und ihre dänischen Verbündeten landeten an dieser Stelle 1678 mit rund 300 Booten, um die Insel den Schweden zu entreißen. Das gelang zwar, doch schon ein Jahr später mussten die Dänen als neue Inselherren ihre Eroberung im Frieden von St. Germain und Lund wieder aufgeben. Es geht zurück nach Wreechen, von dort führt ein schmaler Fahrweg zum Schlosspark von Putbus.

Zentralrügen

Postleitzahl: 18528 (Bergen), 18581 (Putbus).
Vorwahl: 03838 (Bergen), 038301 (Putbus).
Tourismuszentrale Rügen GmbH, Bergen, Ringstr. 113–115, Bergen, Tel. 03838/ 807 780. www.ruegen.de
Touristinformation Bergen/Rügen, Markt 23, Bergen, Tel. 03838/8286186. www.stadt-bergen-auf-ruegen.de
Biosphärenreservat Südost-Rügen, Circus 1, Putbus, Tel. 038301/88290. www.biosphaerenreservat-suedostruegen.de
Putbus-Information, Alleestr. 2, Putbus, Tel. 038301/431.
www.putbus-info.de

Rügensche BäderBahn (RÜBB), Bahnhofstr. 14, Putbus, Tel. 038301/884012. Die Bahn fährt im Zwei-Stunden-Takt, in den Sommermonaten zwischen Binz und Göhren stündlich (8–21 Uhr). Preise je nach Tarifstufe von 2,40 Euro bis 12 Euro. Mit der RÜBB-Tageskarte kann man einen ganzen Tag lang mit der Schmalspurbahn ›Rasender Roland‹ fahren und beliebig ein- und aussteigen: Erwachsene 25 Euro, Kinder 12,50 Euro, Familienkarte (2 Erw., 3 Kinder) 52 Euro. Möglich ist die Mitnahme von Fahrrädern (3 Euro im Sommer) und Hunden (ermäßigte Fahrkarte).
www.ruegensche-baederbahn.de

▸ **Bergen**:
Romantikhotel Kaufmannshof (€€), Bahnhofstr. 6–8, Bergen, Tel. 03838/804550. Modern ausgestattetes Hotel in historischem Handelshaus. Restaurant ›Kontor‹ mit anspruchsvoller, regionaler Küche. www.kaufmannshof.com
Am Rugard (€–€€), Rugardweg 10, Bergen, Tel. 03838/20190. Freundliche Zimmer und Appartements, Sauna, nahe Kletterwald und direkt am Ernst-Moritz-Arndt-Turm. Nette Gaststube mit pommerscher Küche. www.rugard.de
Gastwirtschaft am Markt – Bibo ergo sum, Markt 14, Bergen, Tel. 252259. Fisch, Schnitzel, Wildgulasch, Burger, regionale Zutaten. www.biboergosum.de
Ferienbauernhof Zum alten Obstgarten (€–€€), Bergen/OT Lubkow 10, Tel. 03838/253844. Kinderfreundliche Anlage mit modern ausgestatteten Ferienwohnungen (1–4 Räume) und viel Platz zum Spielen und Tollen. Schöner Garten, Grillplatz, Spielhaus. Bauernhof mit Schweinen, Kühen, Gänsen, Kaninchen und Ziegen. Wenige Kilometer zum nächsten Strand. www.ferienbauernhof-ruegen.de
Willy´s Steakhaus, Markt 28, Bergen, Tel. 03838/2010669; tgl. ab 12 Uhr. Im denkmalgeschützten Gebäude des Sagen- und Märchenhotels am Marktplatz. Traditionelle deutsche Fleischküche. Regelmäßig Live-Musik am Abend.
Puk up´n Balken, Bahnhofstr. 65, Bergen, Tel. 03838/257273. Urgemütliche Schänke mit frischen regionalen Gerichten, Innenhofterrasse.
www.puk-bergen.de

▸ **Putbus**:
Parkhotel Putbus (€€), Alleestr. 1, Putbus, Tel. 038301/1883830. Klassizismus mit Geschichte am zentralen Platz Circus – einst Hotel, dann Lehranstalt und Pädagogium, danach IT-College, schließlich viele Jahre Leerstand und seit 2017 wieder Hotel. Steakhouse in der ehemaligen Aula des Pädagogiums. www.parkhotel-putbus.de
Im Jaich Wasserferienwelt (€€), Am Jachthafen 1, Putbus/OT Lauterbach, Tel. 038301/8090. Im Hafen von Lauterbach: Wohnen auf und über dem Wasser – in 20 schwimmenden, komfortabel ausgestatteten Ferienhäusern und 14 Pfahlhaussuiten. Appartements an Land. Vielfältige Wassersportmöglichkeiten, Jachtencharter, Segelschule. www.im-jaich.de
Hotel Badehaus Goor (€€€), Fürst-Malte-Allee 1, Putbus/OT Lauterbach, Tel.

▸ Karte: vordere Umschlagklappe

038301/88269. First-Class-Herberge und Wellness-Tempel am Rügischen Bodden. Das sanierte klassizistische Schmuckstück von 1818 hat 88 komfortable Zimmer, einen großzügigen Beauty-Bereich, Restaurant, Saunen, Schwimmbad. www.hotel-badehaus-goor.de

Hotel Wreecher Hof (€€), Kastanienallee, Putbus/OT Wreechen, Tel. 038301/850. Luxuriöse Anlage nahe dem Rügischem Bodden mit sieben schilfgedeckten Ferienhäusern. Restaurant mit Wintergarten, vielfältige Wellnessangebote. www.wreecher-hof.de

Hotel Lauterbach (€€), Hafenstr. 14, Putbus/OT Lauterbach, Tel. 038301/889970. Hafennähe, 17 Zimmer, überwiegend mit Boddenblick. Restaurant mit regionaler und mediterraner Küche. Sandstrand im nahen Neuendorf. www.hotel-lauterbach.net

Heu-Ferienhof Altkamp (€–€€), Dorfstr. 1, Putbus/OT Altkamp, Tel. 038301/889912. Familienfreundliche, barrierefreie Ferienwohnungen in ländlicher Umgebung. Kinderträume werden wahr: Übernachten im eigenen Schlafsack auf duftendem Heu. Ideale Radlerrast. In der Nähe: das Obstparadies Altkamp, ein Reiterhof, Wander- und Radwege und kilometerlange Strände. www.heuferienhof-ruegen.de

Restaurant Kormoran, Am Jachthafen 1, Putbus/OT Lauterbach, Tel. 038301/80920; in der Saison tgl. ab 12 Uhr. Regionale Köstlichkeiten, Steinofenpizza, Kuchen, direkt am Wasser. www.im-jaich.de

Räucherschiff Berta, Fischkutter im Hafen von Lauterbach; Mai–Mitte Okt. tgl. ab 11–18 Uhr. Frisch geräucherter Fisch, Fischbrötchen, Pfefferhering, Schwarzbier. Beliebt bei Einheimischen wie Urlaubern.

Kunst-Café Essen und Trinken, Am Markt 11, Putbus, Tel. 0176/23360779. Kleines, sehr nettes Lokal, die Spezialität des Hauses: Rügener Pfefferlinge, pfefferig-süß gewürzte Heringe. www.ruegener-pfefferlinge.de

▸ **Ralswiek:**

Schlosshotel Ralswiek (€€–€€€), Parkstr. 35, Ralswiek, Tel. 03838/20320. Vier-Sterne-Superior-Hotel oberhalb der Naturbühne mit Beauty- und Wellnessbereich, Schwimmbad und Saunalandschaft. Restaurant mit dem Logo ›Regionale Esskultur‹. www.schlosshotel-ralswiek.de

Klaus Störtebeker (€€), Dorfstr. 11, Ralswiek/OT Jarnitz, Tel. 03838/80970. Pension mit 38 Zimmern in Boddennähe, Gasthaus und Storchennest auf dem Dach. www.pension-stoertebeker.de

Zum Störti, Am Bodden 100, Ralswiek, Tel. 03838/311018. Gaststätte direkt neben der Naturbühne, regionale Gerichte, Biergarten. www.gasthaus-zum-stoerti.de

▸ **Andere Orte**:

Hotel Gut Tribbevitz (€€), Tribbevitz, Tel. 038309/7080. Restaurierte Gutsanlage im Stil eines kleinen Landhotels mit 20 komfortablen, individuell eingerichteten Zimmern und Suiten. Sehr ruhige Lage, Park, Restaurant. Trakehnergestüt mit Reithalle. www.gut-tribbevitz.de

Gut Lebbin (€€€), Lebbin, Tel. 0170/5010000. ›Privates Natur Resort‹ nennt sich die luxuriöse Anlage auf der Halbinsel Lebbin. Ein Ort, der außerhalb der Zeit zu liegen scheint. Das kleine Aparthotel mit Boddenblick besitzt eine Hafenanlage und einen gutseigenen Strand. Biosphäre mit vollständiger Selbstversorgung! www.gutlebbin.de

Restaurant Gutshaus Kubbelkow, Im Dorfe 8, Klein Kubbelkow, Tel. 03838/822. Westlich von Bergen. Ausgezeichnet als eine der besten gastronomischen Adressen an der Ostseeküste. Spitzenkoch Axel Diembeck kreiert feinste regional-mediterrane Gerichte. Stilvolles Ambiente, Hotel und Gutspark. www.kubbelkow.de

Erlebnisrestaurant Nautilus, Dorfstr. 17, Neukamp, Tel. 038301/830. Hier speist man in Kapitän Nemos bis ins Detail nachempfundenem Unterseeboot aus dem Jules-Vernes-Roman ›20 000 Meilen unter dem Meer‹. Drei-Sterne-Hotel. Geführte Angeltouren. www.ruegen-nautilus.de

Wirtshaus Neuenkirchen, Dorfstr. 12, Neuenkirchen, Tel. 038309/70360. Urige Dorfschenke mit 150-jähriger Tradition, regionale Küche, Sommergarten, kleine Pension. www.wirtshausneuenkirchen.com

Camping Banzelvitzer Berge, Groß Banzelvitz, Tel. 03838/31248; Apr.–Okt. Wunderschöne, gepflegte Anlage im Kiefernwald und an der Steilküste des Großen Jasmunder Boddens. Sehr ruhig, kinder- und familienfreundlich. Ferienhäuser, Strand, Sauna, Rad- und Bootsverleih, Surfschule, Gastronomie. Zahlreiche Wander- und Radwege in der Umgebung. www.banzelvitz.de

Rosencafé, Bahnhofstr. 1, Putbus, Tel. 038301/887290; tgl. 11–18 Uhr. Am Schlosspark. Café und Restaurant im ehemaligen Gärtnerhaus. Wunderbare Tortenkreationen des Konditormeisters Jan Ketel. www.rosencafe-putbus.de

Museumscafé am Schwanenteich, Putbus, Kastanienallee, Tel. 038301/60959; im Sommer tgl. 10–20 Uhr, sonst bis 16 Uhr. Am Rande des Schlossparks mit Blick auf den Schwanenteich, Sommerterrasse, hausgebackener Kuchen, kleine Gerichte, Bistro mit originaler Musikbox von 1958. Die Galerie beherbergt das Rügener Puppen- und Spielzeugmuseum.

Fahrradverleih Richter, Königsstr. 18, Bergen, Tel. 03838/254483.

Phoenix Club, Ringstr. 114, Bergen. Eine der angesagtesten Party-Adressen Rügens. Lange Nächte mit Top DJs und Acts. Mischung aus Disco, Bar und Show. www.phoenix-ruegen.de

Stadtmuseum Bergen, Billrothstr. 20a, Bergen, Tel. 03838/252226; Mai–Okt. Di–Sa 10–16.30 Uhr, Nov.–April Di–Fr 11–15 Uhr.

Marienkirche, Kirchplatz, Bergen, Tel. 03838/253524; Apr.–Okt. Mo–Sa 10–16 Uhr.

Ernst-Moritz-Arndt-Turm, auf dem Rugard, Bergen; Mai–Okt. tgl. 10–18 Uhr, sonst gibt es den Schlüssel an der Rezeption des Hotels ›Am Rugard‹ unterhalb des Turmes.

Theater Putbus, Markt 13, Tel. 038301/8080; Theaterkasse Di–Fr 10–13 und 16–18 Uhr. www.theater-vorpommern.de

Schlosskirche, Putbus; tgl. 9–mindestens 17 Uhr.

Rügener Puppen- und Spielzeugmuseum, Kastanienallee, Putbus. Am Schwanenteich im Schlosspark, gehört zum Museumscafé (gleiche Zeiten). www.puppenmuseum-putbus.de

Historisches Uhren- und Musikgerätemuseum, Alleestr. 13, Putbus, Tel. 038301/60988; Mai–Okt. tgl. 10–18 Uhr, sonst 10–16 Uhr. Rundgang mit Führung. www.uhrenmuseum-putbus.de

Pirateninsel, Lauterbacher Str. 10, Putbus, Tel. 038301/898366. Rügens größter Indoorspielplatz mit Riesen-Hüpfburg, Trampolinanlagen, Funpark, Elekrokarts und einem Haus ›Kopf über‹. www.pirateninsel-ruegen.de

Störtebeker Festspiele, auf der Naturbühne in Ralswiek, etwa Mitte Juni bis Anfang Sept. tgl. außer So 20 Uhr, Tickets Tel. 03838/31100. Erw. 12–34 Euro, Kinder bis 15 Jahre 10–25 Euro. Großes Spektakel mit Geschichten um den Piraten Klaus Störtebeker. www.stoertebeker.de

Putbus-Festspiele, Mitte Mai bis etwa Mitte Juni. Theateraufführungen und Konzerte im Theater und im Schlosspark. www.putbus-festspiele.de

Karte: vordere Umschlagklappe

Segelschule Rügen im jaich, Am Jachthafen 1, Tel. 038301/8090. Segelgrundkurse, Kindersegelkurse, Motor- und Angelbootverleih, Katamarane und Kajaks, Boards zum Stand-Up-Paddling, Segelbootcharter und Segeltouren auf dem Greifswalder Bodden entlang der Küste Rügens. www.im-jaich.de

Insel Vilm: Die Fahrgastreederei Lenz ist einziger Anbieter für die Inselexkursionen, inklusive fachkundiger Inselführungen. März–Okt. ist tgl. um 10 Uhr Start im Hafen von Lauterbach, im Hochsommer bei großer Nachfrage wird auch um 13.30 Uhr abgelegt. Dauer 2,5–3 Stunden. Zeitige Reservierung empfohlen. www.vilmexkursion.de

Greifvogelschau Könige der Lüfte, Am Bodden 100, Ralswiek, Tel. 03838/31100. Freiflugvorführungen von Großfalken, Mongolenbussarden und Adlern im Vorprogramm der Störtebeker Festspiele. www.falknerei-walter.de

Nonnensee, Vogelbeobachtungs-Spaziergänge am Rundpfad um den See bietet der NABU Kreisverband Rügen von März bis Dez. jeweils am ersten So im Monat kostenfrei an, Tel. 03838/209710. www.nabu-ruegen.de

Inselrodelbahn und Rutschenturm, Rugardweg 7, Bergen, Tel. 03838/828282; Juli/Aug. tgl. 10–19 Uhr, Apr.–Juni und Sept./Okt. 10–18 Uhr, Nov.–März 13 Uhr bis Einbruch der Dunkelheit. www.inselrodelbahn-bergen.de www.rutschenturm-ruegen.de

Kletterwald Rügen, Rugardweg 9, Bergen, Tel. 0152/04903263; Apr.–Okt. tgl. 10–18 Uhr. www.kletterwald-ruegen.eu

Floh- und Handwerkermarkt, im Klosterhof Bergen; März–Okt. jeden 3. Sa im Monat.

Schauwerkstadt im Klosterhof Bergen, Billrothstr. 20a, Bergen, Tel. 03838/828356; Apr.–Okt. Mo–Fr 10–18, Sa 10–16 Uhr, Nov.–März Mo–Fr 10–16, Sa 10–13 Uhr. Kunstkeramik, Kerzenwerkstatt. Lädchen und **Café Klostergenuss**. Auch viele Rügenspezialitäten und hochwertige Sanddornprodukte. www.stadt-bergen-auf-ruegen.de.

Galerie im Klosterhof, Billrothstr. 20b, Bergen, Tel. 03838/8287119; Mo–Sa 10–18 Uhr. Kunsthandwerk, Kuriositäten, Mitbringsel, in Handarbeit gefertigt von der Schmuckkünstlerin Barbara Backhaus. Auch seltene Steine, Fossilien und Schätze aus dem Meer.

Ein Tag am Meer, Alleestr. 7, Putbus, Tel. 038301/888309; Mo–Fr 10–16 Uhr. Schauwerkstatt und Verkauf: Kunst aus Treibhölzern und Strandgut wie alten Fischernetzen oder im Meer und Strand geschliffenem Glas. Wunderbare Unikate zum Thema Strand, Meer, Natur – etwa lustig bemalte Holzfiguren oder Bilder mit verrosteten Kronkorken und Steinen. Upcycling heißt die nachhaltige Art, bereits in der Natur entsorgte Produkte wieder aufzubereiten. www.eintagammeer.info

Anders Keramik, Alleestr. 35, Putbus, Tel. 40238. Werkstatt und Laden im rechten Torhaus zur Orangerie. Hier entstehen in einem ehemaligen Gewächshaus unter den fachkundigen Händen der Keramikgestalter Johanna und Jens Anders wunderschöne Fayencen mit farbenfrohen Malereien. In den Ladenregalen stehen kunstvoll gefertigte Gebrauchskeramik sowie künstlerische Einzelstücke. Im klassizistischen Ambiente sind die Kunstwerke in allen ihren Gestaltungs- und Entwicklungsphasen zu bewundern. Die Fayencetechnik war im 16. Jahrhundert die europäische Antwort auf das chinesische Porzellan. www.anders-keramik.de

Mönchgut, Granitz und die Seebäder

Ich zog in Gedanken eine gerade Linie von Putbus über Zirkow nach Prora. Was jenseits derselben ostwärts liegt, ist das wahre Paradies von Rügen.
***Johann Jacob Grümbke** (1771–1849), Heimatforscher und Geograph aus Bergen auf Rügen im Jahr 1805*

Im Jahr 1304 wütete an Rügens und Pommerns Küsten ein gewaltiger Orkan aus Nordost. Die schwerste Sturmflut der letzten Jahrhunderte, die ›Allerheiligenflut‹, zerstörte viele Häuser und Kirchen, riss größere Teile des Mönchguts mit sich und führte dazu, dass die Landverbindung von Rügen bis zur Insel Ruden verschwand. Übrig davon ließ die verheerende Sturmflut eine knapp 30 Quadratkilometer große Halbinsel, das Mönchgut im äußersten Südosten Rügens.

Die Halbinsel gehört seit 1990 zum Biosphärenreservat Südost-Rügen (→ S. 38) und besitzt mehrere zusammenhängende Naturschutz-Teilgebiete wie etwa die Salzwiesen bei Middelhagen, Nordperd und Südperd, das Having und die Reddevitzer Hövt sowie Lobber Ort, die Baaber Heide, das Göhrener Litorinakliff und Zicker. Hinter dem Dorf Groß Zicker erstrecken sich rot schimmernde Hügel, die zum Bodden hin oft steil abfallen. Der Wirbeldost sorgt für ihre charakteristische Farbe – eine krautige Pflanze, die als verdauungsförderndes Würzkraut verwendet werden kann. Ihre Blätter eignen sich, frisch oder getrocknet, für Tees und Salate. Hier gedeihen auch Schafschwingel, Habichtskraut und Strandnelken. Große Teile des Mönchguts sind ein Dorado für Radler und Wanderer. Die Halbinsel besteht aus mehreren Landzungen, die Hövt oder Zicker genannt werden. Sie ragen weit in den Rügischen Bodden hinein und prägen das attraktive Landschaftsbild. Dazwischen erstrecken sich weite Buchten. Wiesen, Felder, Schafweiden, moorige Niederungen, sanft gewellte Hügel und die Zicker Berge, die aufgrund ihrer enormen Höhe von bis zu 69 Metern auch ›Zicker Alpen‹ genannt werden. Es gibt auch kleinere Wälder, stille Orte und idyllische Fischerdörfer. Und an der Ostküste südlich der berühmten Ostseebäder Binz und Sellin liegen die im Sommer ausgesprochen quirligen Bäder Göhren und Baabe sowie am südlichen Zipfel der Halbinsel das Surferparadies Thiessow. Alles in allem ist das Mönchgut ein höchst abwechslungsreiches Stück Erde mit einer eigenwillig zerlappten Küstenform.

Seinen Namen erhielt das Mönchgut, als es im Mittelalter zum Kloster Eldena bei Greifswald gehörte: Fürst Jaromar II. von Rügen übergab 1252 den Landstrich den Mönchen des Zisterzienserklosters. Die verstanden sich auf die Urbarmachung unwirtlicher Gebiete. Im 14. Jahrhundert holten die Mönche vorwiegend niedersächsische Bauern ins Land, die ihre Sitten und Gebräuche auf die Halbinsel brachten. Am Nordausgang von Baabe errichteten die Mönche eine Befestigungsanlage, den Mönchsgraben, als Grenzbereich zwischen ihrem heiligen Terrain und der profanen Welt außerhalb davon. Das Mönchgut war bis zur Reformation um 1535 ein weitgehend abgeschlossener Teil Rügens mit eigenen Gesetzen. Noch bis in die 1940er Jahre wurde im Mönchgut zum Kirchgang die an niedersächsische Vorbilder erinnernde Mönchguter Tracht getragen, für die eine weite, weiße und dreiviertellange Männerhose aus Leinen typisch war – zu sehen auf zwei DDR-Briefmarken aus dem Jahr 1964 und

▲ Karte: vordere Umschlagklappe

in einer wunderbaren Ausstellung des Mönchguter Heimatmuseums in Göhren. Die Bewohner des Landstrichs, von den anderen Rüganern Poken genannt, lebten über die Jahrhunderte vorwiegend vom Fischfang, von der Landwirtschaft und von Lotsentätigkeiten, jedenfalls bis Ende des 19. Jahrhunderts. Der Ausdruck ›Poken‹ geht auf das Wort ›Pieken‹ zurück, denn im Mönchgut wurden traditionell Fische auch mit Speeren gejagt, noch bis in die DDR-Zeit hinein und da vor allem Aal. ›Dreifarbenfisch‹ hieß er damals ironisch: grün gefangen, braun geräuchert, schwarz verkauft. Heute dominiert der Tourismus im Mönchgut. Zu den touristischen Attraktionen auf der Halbinsel zählt eine Fahrt mit dem ›Rasenden Roland‹, der historischen Nostalgie-Schmalspurbahn. In Göhren endet die Bahnstrecke, die in Putbus ihren Anfang nimmt (→ Extra S. 148).

Auch die 982 Hektar große Granitz gehört wie die Halbinsel Mönchgut seit 1991 zum Biosphärenreservat Südost-Rügen. Der bewaldete Höhenrücken liegt im Südosten Rügens, in etwa zwischen den Seebädern Binz und Sellin. Im Westen begrenzt die Ortschaft Lancken-Granitz das Schutzgebiet, nordwestlich schließt sich die Schmale Heide an, im Süden das Mönchgut. Im Norden und Osten wird das Waldgebiet durch eine Steilküste zur Ostsee begrenzt. Charakteristisch für die Granitz ist ihr reicher Bestand an Buchen und Traubeneichen. Es gibt keine Straßen, die durch die Granitz führen, aber mehrere Wander- und Radwege. Und mittendurch tuckert und stöhnt der ›Rasende Roland‹ in Richtung Göhren. Besonders schön mit traumhaften Ausblicken aufs Meer ist der Hochuferweg von Binz nach Sellin. Es gibt zahlreiche prähistorische Grabstätten wie die Hünengräber bei Lancken-Granitz oder das Großsteingrab Trinientor im östlichen Teil der Granitz. Das Grab eines unbekannten finnischen Kriegers von 1806 ist auf einer Wanderung ebenso zu erreichen wie die berühmte Kreuzeiche, der sagenhafte Schwarze See sowie die Teufelsschlucht hinunter zum Ostseestrand. Auf seiner höchsten Erhebung, dem 107 Meter hohen Tempelberg, steht das Besucher-Highlight dieser Gegend: das Jagdschloss Granitz von Fürst Wilhelm Malte I. zu Putbus aus dem 19. Jahrhundert.

Die Seebäder punkten mit feinen Stränden und filigraner Bäderarchitektur

Prora

Prora ist eine Kuriosität: Die Ortsgründung aus der NS-Zeit und heutiger Binzer Ortsteil besteht genau genommen aus nur einem Gebäude. Das ist allerdings das längste Gebäude der Welt. Ursprünglich hatte es eine sagenhafte Länge von 4,5 Kilometern ›am Stück‹. Nach dem Krieg, zwischen 1945 und 1949, sprengten die Sowjets drei von ursprünglich acht Gebäudeblöcken und rissen somit einige Lücken in den ›Koloss von Rügen‹. So wird die Mutter aller Urlaubsfabriken auch heute werbewirksam gern genannt, in Anspielung auf andere Weltwunder der Architektur. 1936, symbolträchtig zum dritten Jahrestag der Gewerkschaftszerschlagung durch die Nationalsozialisten, ging an den Kölner Architekten Clemens Klotz (1886–1969) der Auftrag, ein neues Seebad zur Kräftigung des deutschen Arbeiters zu errichten. Es bekam den schönen Namen ›Kraft-durch-Freude-Seebad Rügen‹. Der Name ›Prora‹ hat sich erst später etabliert. ›Kraft durch Freude‹ (KdF) nannte sich die politische Organisation der Deutschen Arbeiterfront (DAF), der die Aufgabe zukam, die Freizeit, den Urlaub und die Volksbildung der Menschen zu gestalten, sprich: im Sinne der Weltanschauung des ›Dritten Reiches‹ zu überwachen und gleichzuschalten. Die Kolossalanlage des Herrn Klotz bekam ein herrliches Örtchen zugewiesen: mitten in den menschenleeren Dünen an der weitläufigen Meeresbucht der Prorer Wiek und direkt an einem der schönsten Badestrände Rügens. Die Schmale Heide mit wunderbarem, langem Sandstrand und Kiefernwald trennt die Ostsee vom Kleinen Jasmunder Bodden. Hier sollten in acht völlig gleichartigen, sechsgeschossigen Bettenhäusern 20 000 arische Familien gleichzeitig Urlaub machen können, in 10 000 spartanisch eingerichteten kleinen Gästezimmern mit zwei Betten und Meerblick. So die Planung für das weltgrößte Seebad. Es sollte der Prototyp sein für fünf weitere KdF-Seebäder entlang der Ostseeküste bis nach Ostpreußen. Der Gesamtentwurf hätte in heutiger Währung etwa 980 Millionen Euro verschlungen. Offenbar entsprach er damals dem internationalen architektonischen Zeitgeist, denn auf der Weltfachausstellung 1937 in Paris wurde der Klotz-Entwurf tatsächlich mit einem

Ein Teil des riesiges Prora-Komplexes wurde jüngst renoviert

▲ Karte: vordere Umschlagklappe

›Grand Prix‹ gekürt. Das Projekt Prora galt bis 1939 auch außerhalb Deutschlands als wegweisend. Solche Ferienmaschinen und Kasernen ähnlicher Massentourismus hatten ja auch nach dem Krieg noch reichlich Konjunktur. Mit Kriegsbeginn 1939 wurden die Bauarbeiten eingestellt und die 5000 Arbeiter zu nun wichtigeren nationalen Aufgaben abgezogen. Einige Baukolonnen verlegte man nach Peenemünde, wo sie für Wernher von Braun eine Raketenbasis bauten. Nach dem versprochenen ›Endsieg‹ sollte der gigantische Rohbau der Urlauberkaserne in Prora fertiggestellt werden.

Doch nach dem verlorenen Krieg erfolgte in den 1950er Jahre die militärische Nutzung der Blöcke, die DDR machte das verheißene Arbeiter-Ferienparadies der Nazis zu ihrer monumentalsten Kasernenanlage. Prora wurde zur militärischen Sperrzone, in Spitzenzeiten waren hier bis zu 10000 Soldaten der Nationalen Volksarmee stationiert. Es gab außerdem geheime Ausbildungsstätten für Kubaner, Libyer, Syrer und Schwarzafrikaner. Ab 1964 kamen sogenannte Bausoldaten hinzu. Die ›Spatensoldaten‹ sollten unter anderem Truppenübungsplätze anlegen. Später bauten sie in Mukran den neuen Hafen. Die jungen Männer waren in etwa mit den Kriegsdienstverweigerern in Westdeutschland vergleichbar, auch Bundespräsident a.D. Joachim Gauck gehörte zu ihnen.

Nach der politischen Wende übernahm die Bundeswehr kurzzeitig, bis 1992, die riesige Anlage. Seit 1993 steht der gesamte Komplex unter Denkmalschutz. Erst 2004 entschloss man sich, die Blöcke einzeln zu veräußern. Seitdem wird vielleicht ein neues Kapitel in der Geschichte Proras geschrieben: Vom Nazibau zum Luxusappartement. Vier Gebäudeabschnitte sind inzwischen an Immobilienentwickler verkauft, saniert und mit Balkonen

In einem Teil des Prora-Komplexes sind Museen beheimatet

versehen worden. Etliche gespenstisch anmutende Bauruinen warten noch auf ihre künftige Nutzung, doch es sind bereits moderne Wohn-, Ferien- und Hotelanlagen entstanden. In den Jahren zuvor hatten sich eine Jugendherberge sowie eine vielfältige Museumslandschaft mit dem Dokumentationszentrum Prora, dem Prora-Zentrum und dem Oldtimer Museum Rügen etabliert. Für die gibt es keine Bestandsgarantien. Fraglich ist, ob diese Institutionen zukünftig die Mieten in den privatisierten Gebäudeteilen noch aufbringen können. Denn mittlerweile herrscht in Prora geradezu Goldgräberstimmung, man will hoch hinaus. Doch ist Prora mittlerweile überhaupt noch ein Denkmal? Der Status wackelt zumindest. Experten kritisieren den Umgang mit dem weltbekannten Baudenkmal. Nach der Sanierung waren die Fassaden völlig verändert, es kam zu Dachaufbauten je nach Lust und Laune und zu unterschiedlichen Fenstergestaltungen. Ist das Denkmal als Ort des Gedenkens schon längst dem Kommerz untergeordnet worden?

Naturerbe Zentrum Rügen: der Baumwipfelpfad

Dokumentationszentrum Prora

Die **Dauerausstellung MACHTUrlaub** erzählt die Bau- und Planungsgeschichte des ›KdF-Seebades Rügen‹. Ein Modell der Anlage, Bild- und Texttafeln, ein Dokumentarfilm über die Anlage, historische Ton- und Filmdokumente, eine Computersimulation sowie Video-Interviews ehemaliger Zwangsarbeiter informieren sehr umfassend über die Geschichte der Ferienanlage der nationalsozialistischen Freizeitorganisation ›Kraft durch Freude‹ (KdF).

Der benachbarte **Kletterwald Binz/Prora** bietet zehn abwechslungsreiche Parcours im Küstenwald-Areal.

Prora-Zentrum

Die **Dauerausstellung Prora – mehr als nur ein schöner Strand, 1933–1946** vermittelt wissenschaftlich fundierte Informationen zum NS-Freizeitprogramm ›Kraft durch Freude‹. Die Geschichte der Bausoldaten, der DDR-Waffendienstverweigerer, ist ein wesentliches Thema der **Ausstellung Opposition und Widerstand – Bausoldaten in Prora 1964–1989/90**. Das Zentrum bietet neben den Ausstellungen auch Filme und Geländeführungen an.

Oldtimer Museum Rügen

In einer über 10000 Quadratmeter großen Halle werden beeindruckende Exponate aus DDR-Beständen ausgestellt. Die Sammlung von Eisenbahnen bietet einen repräsentativen Querschnitt durch die Eisenbahngeschichte – von Feldbahnlokomotiven über Dampflokomotiven bis zu Elektro- und Diesellokomotiven. Zu sehen sind auch ehemalige Werkloks der Rügener Kreidewerke sowie die größte Dampflok Europas, die russische Schnellzuglok P36-0123. Außerdem: Ausstellungen von europäischen Oldtimern mit Trabis, Käfer, BMWs, Volvos und Mercedes, von amerikanischen Wagen wie Chevrolet und Plymouth sowie betagten Nutzfahrzeugen wie Traktoren und Feuerwehrwagen.

Baumwipfelpfad/Erlebnisausstellung

Das **Naturerbe Zentrum Rügen** wurde 2013 im Binzer Ortsteil Prora eröffnet. In diesem riesigen und einzigartigen Erlebnisort werden in der Dauerausstellung Naturschutzthemen äußerst anschaulich dargestellt. Highlight der Anlage inmitten des Küstenwaldes ist der 40 Meter hohe Turm mit Aussichtsplattform und einem 1250 Meter langen Baumwipfelpfad. Zur

▶ Karte: vordere Umschlagklappe

Plattform geht es immer im Kreis um eine 30 Meter hohe Rotbuche herum. Der imposante und weithin sichtbare Turm ist einem Adlerhorst nachempfunden. Auf den verschiedenen Ebenen des Pfades erfährt man Wissenswertes über die Bewohner und die Pflanzenwelt des umliegenden Buchenmischwaldes: Warum kann Wasser den Baum hochfließen? Warum können Vögel fliegen?

Von ganz oben – rechnet man die 42 Meter des Hügels hinzu, steht man in luftiger Höhe von 82 Metern – blickt man auf den Kleinen Jasmunder Bodden und die Ostsee, auf den ›Koloss von Prora‹, auf die Häfen von Neu Mukran und Sassnitz, bei günstigem Wetter auch auf große Teile der Insel, selbst Stralsunds Türme sind dann in der Ferne auszumachen.

Pfad und Ausstellung sind weitgehend barrierefrei. Bei einer Steigung von nur maximal sechs Prozent ist der Pfad nach oben auch mit Kinderwagen und für Rollstuhlfahrer recht bequem zu meistern. Im weitläufigen Eingangsbereich steht das alte **Forsthaus** im neugotischen Tudorstil mit dem Umweltinformationszentrum und der Gaststätte ›Boomhus‹.

Seebad Binz

Das größte und bedeutendste Ostseebad Rügens liegt zwischen der Prorer Wiek auf der Seeseite und dem Schmachter See auf der Landseite. Südöstlich des Bades erstrecken sich die Buchenwälder der Granitz mit dem gleichnamigen Schloss auf dem Tempelberg.

Geschichte

Als Byntze wurde der Ort 1318 erstmals urkundlich erwähnt. Über Jahrhunderte war er ein Fischer- und Bauerndorf, sein Siedlungskern lag am Schmachter See. Gegen 1830 entstanden erste noch sehr einfache Badegebäude an der Mündung der vom Schmachter See abfließenden Ahlbeck in die Ostsee. Die frühen Besucher waren vor allem Gäste des Fürsten Malte I. zu Putbus. Die offizielle Ernennung zum Seebad erfolgte erst 1884, rund 60 Jahre später als in Heiligendamm, Swinemünde oder Heringsdorf. Nach der Gründung der ›Aktiengesellschaft Ostseebad Binz‹ 1888 setzte rasch eine sehr rege Bautätigkeit ein. Es entstanden eine Wegenetz, die Strandpromenade, das erste Kurhaus, die erste Seebrücke, die Kleinbahnstrecke nach Putbus sowie Logierhäuser und Strandvillen im Stil der extravaganten Bäderarchitektur mit strahlend weißen Fassaden und charakteristischem Laubsägedekor. Schon 1886 zählte Binz gut 1000 Badegäste. Das Seebad wurde zum bevorzugten Urlaubsort reicher Großbürger und mächtiger Industrieller wie Thyssen und Krupp. Schiffe verbanden Binz ab 1896 mit Sassnitz und Stettin. An der neuen Seebrücke von 1902, unglaubliche 600 Meter lang, legen damals die Dampfer aus Stralsund und Greifswald an. 1912 kam es zur Katastrophe: Ein Ausflugsdampfer rammte die Brücke, Teile der Brücke stürzten ein, 17 Menschen ertranken. Der Unfall war der Anlass zur Gründung der Deutschen

Weit zieht sich der Binzer Strand

Lebensrettungs-Gesellschaft (DLRG) schon ein Jahr später in Leipzig.

Ab 1925 setzte sich das Freibaden durch, die bisherigen voneinander getrennten Badeanstalten (Männer-, Frauen- und Familienbad) riss man bis 1932 ab. 1942 zerstörte Eisgang im kalten Kriegswinter die Seebrücke. Nach dem Krieg wurde Binz 1950 zum Bad der Sowjetisch-Deutschen Aktiengesellschaft Wismut (SDAG). Sächsische Bergbauarbeiter erholten sich von ihrer schweren Maloche in den volkseigenen Erholungsheimen, aber vor allem an der frischen, gesunden Seeluft. Nach der politischen Wende 1990 wurden zahlreiche Villen an der Strandpromenade und im gesamten Ort an die früheren Eigentümer zurückübertragen. Die stark vernachlässigten Gebäude hat man aufwändig und liebevoll saniert, teilweise rekonstruiert. Viele werden nun wieder als Hotels, Pensionen und Appartementhäuser genutzt. Auch die ehemaligen Ferienheime des Freien Deutschen Gewerkschaftsbundes (FDGB) sind in den Nachwendejahren privatisiert und modernisiert worden. Bei Neubauten hat man viel Wert auf eine architektonische Anpassung an die in Binz noch weitgehend dominierende Bäderarchitektur gelegt.

Verkehrsverbindungen zwischen den Seebädern

Im Rahmen des öffentlichen Personennahverkehrs (ÖPNV) sind die Seebäder Rügens über die Buslinien 20, 23 und 24 der Verkehrsgesellschaft Vorpommern-Rügen (VVR, www.vvr-bus.de) miteinander verbunden. Mit gültiger Kurkarte fährt man kostenfrei. Die Busse verkehren das ganze Jahr über stündlich auf der Strecke Sassnitz-Binz-Sellin-Baabe-Göhren-Klein Zicker. Im Sommerhalbjahr verkehren die Busse in Richtung Göhren morgens und nachmittags alle 15 Minu-

Seebad Binz

ten. Von Mai bis Oktober sind die RADzfatz-Busse auf der gesamten Insel unterwegs. Sie fahren mit Fahrradanhängern und bieten die Möglichkeit, bestimmte Strecken zu überbrücken. Die Rügensche Kleinbahn (RüKB), der ›Rasende Roland‹ (→ S. 148), verbindet täglich mehrmals die Seebäder Binz, Sellin, Baabe und Göhren. Zum Seebrücken-Hopping legen die Ausflugsdampfer während der Saison in Binz, Sellin und Göhren ab.

■ An der Seebrücke

Markenzeichen des beliebten Badeortes sind eindeutig der fünf Kilometer lange, feinsandige und bis zu 50 Meter breite **Strand** mit der **Seebrücke** und die parallel dazu führende **Strandpromenade**. Hier liegen zahlreiche Restaurants und Cafés, mondäne Hotels, Villen und Pensionen. In Richtung Süden geht der Sandstrand mit mehreren netten Beachbars in einen etwas steinigen Naturstrand über. Das Leben des Seebades ist vollkommen auf den Strand und die Promenade ausgerichtet.

■ Kurhaus Binz

Das einem Schloss ähnelnde Kurhaus Binz wurde nach Plänen des Berliner Architekten Otto Spalding 1908 errichtet, nachdem der Vorgängerbau – ein schickes Fachwerkgebäude – 1906 abgebrannt war. Das noble, dreiflügelige Haus an der Promenade und am Kurplatz ist bis heute das Wahrzeichen des Ostseebades. In den 1920er und 1930er Jahren wurde das Kurhaus mit seinem Kasino, dem Varieté und der legendären Kakadu-Bar zum Magnet der Hautevolee vor allem aus der Reichshauptstadt Berlin. Rauschende Ballnächte sind verbürgt. Die Liste der illustren Binzer Bade-Prominenz, die in diesen Jahren regelmäßig anreiste, enthält neben Industriellen, Bankiers und Juristen

An der Strandpromenade in Binz

fast alle deutschen Vorkriegsberühmtheiten, darunter Gustav Gründgens und Max Schmeling, Elisabeth von Arnim, Lilian Harvey, Theo Lingen, den ›Zaubergeiger‹ Helmut Zacharias und den ›Capri-Fischer‹ Gerhard Winkler. Der Partystimmung setzte spätestens das ›Gesetz über die Ausschaltung der Juden aus dem deutschen Wirtschaftsleben‹ ein jähes, brutales Ende. 1938 enteigneten die Nazis im Rahmen ihrer ›Arisierungs‹-Kampagne den aus Ungarn stammenden jüdischen Kurhausbesitzer Bela Kaba-Klein. Der Mann überlebte die Schrecken des Krieges und das KZ nur knapp. Schon kurz nach Kriegsende, 1946, bekam Kaba-Klein per Gerichtsentscheid sein Hotel rückübertragen – bis er 1953 im Zuge der ›Aktion Rose‹ erneut verhaftet und enteignet wurde, diesmal von den DDR-Kommunisten. Wie an der gesamten ostdeutschen Ostseeküste kriminalisierte man auch auf Rügen viele Hotel- und Pensionsbesitzer als Volksfeinde und enteignete sie. An Kaba-Klein erging damals der unsinnige Vorwurf, Verpflegungsrationen der Wismut-Kumpel an Schweine verfüttert

Blick von der Seebrücke auf den Kurplatz, das Kurhaus und den Strand

zu haben. Die Nationale Volksarmee (NVA) übernahm 1955 das Kurhaus, in den 1960er Jahren zog das Reisebüro der DDR ein. Am Ende der Deutschen Demokratischen Republik war das einst prächtige Gebäude völlig heruntergekommen. Kurz nach der Wende, 1993, ging das Traditionshaus mit seiner mehr als 100-jährigen Geschichte in den Besitz der Travel Charme GmbH über. Es erfolgte eine grundlegende Sanierung und Modernisierung. Heute beherbergt das Kurhaus mit seinen drei charakteristischen Türmen ein Luxushotel mit Wellnessbereich, Restaurants und einer Café-Lounge-Bar mit dem an die Blütezeit des Hauses erinnernden Namen ›Kakadu‹.

Weitere Sehenswürdigkeiten

Anders als andere Bäder auf der Insel öffnet sich Binz zum Meer hin. Der Platz vor dem Kurhaus mit der **Konzertmuschel** ist das Zentrum des Ortes, natürlich mit Blick zur See. Am **Fischerstrand** im Osten des Bades trifft man auf die letzten Binzer Fischer, die früh morgens auf die Prorer Wiek hinausfahren. Angelandet werden vor allem Hering, Dorsch und Scholle. Geräuchert oder im Brötchen wird der Fisch am Strandimbiss fangfrisch verkauft.

Die **Margaretenstraße** ist die Kreativstraße, das kleine Montmartre von Binz mit eigener Homepage: www.kunstmeile-binz.de. Hier gibt es mehrere Galerien und Ateliers, auch kleine Cafés mit Terrassen. In den Sommermonaten wird die kerzengerade Verbindungsstraße zwischen der Strandpromenade und dem Schmachter See zwischen Lindenbäumchen und bunt bemalten Straßenbänken zur Kunstmeile. Zahlreiche Verkaufsstände mit den vielfältigen Produkten der Künstler sind dann gleich um die Ecke an der Strandpromenade aufgestellt.

Das schmucke Städtchen zählt rund 5500 Einwohner und weit mehr als doppelt so viele Fremdenbetten. Zwei Bahnhöfe befinden sich im Stadtgebiet: Im Nordwesten der der Deutschen Bahn, im Südosten der der Schmalspurbahn ›Rasender Roland‹. Viele Gebäude in Binz, besonders an den großen Flaniermeilen des Bades – an der Promena-

▶ Karte S. 132

de und der im Sommer sehr quirligen, trubeligen **Hauptstraße** – erinnern mit ihrer filigranen Bäderarchitektur an die Hochzeit des Bades um die vorletzte Jahrhundertwende. Wie ein absonderliches Ufo mag da in den Dünen am östlichen Teil der Strandpromenade der ehemalige **Rettungsturm** des Binzer Schalenbaumeisters Ulrich Müther erscheinen. Auch die einstige **Buswartehalle** an der Proaer Chaussee ist ein Werk des ›Landbaumeisters von Rügen‹ (→ Extra S. 58).

■ Schmachter See

Am südwestlichen Stadtrand von Binz liegt der 118 Hektar große Schmachter See, der ursprünglich eine Ostseebucht war. Er wurde vor rund 5000 Jahren durch die entstandene Nehrung der ›Schmalen Heide‹ vom Meer abgeschnitten. Der von Schilf umsäumte Flachwassersee eiszeitlichen Ursprungs ist Bestandteil des Naturschutzgebietes ›Schmachter See und Fangerien‹. Der Entwässerungsgraben Ahlbeck ist die einzige Verbindung vom See zur Ostsee. Ihn hat man in den 1950er Jahren verrohrt. Die Uferbereiche des Sees sind wichtige Brut-, Rast- und Nahrungsbiotope einer artenreichen, zum Teil gefährdeten Vogelwelt. Neben Entenarten, Graugänsen und Zwergsägern sind hier auch die Rohrdommel sowie der See- und Fischadler anzutreffen.

Ein ausgeschilderter **Wanderweg** führt weiträumig um den See herum. Vor allem an Sommerabenden ist die **Promenade** am See ein beliebter Treffpunkt, um Sonnenuntergänge zu beobachten. Zum 2003 angelegten **Park der Sinne** gehören sieben verschiedene Sinnes- und Spielstationen, etwa ein Rosen- und Duftgarten, eine Obstwiese, ein Irrgarten, ein Aussichtsturm, ein langer Seesteg und ein allseits beliebter Wasserspielplatz.

Jagdschloss Granitz

Auch Binz hat seinen Tempelberg. Anders als auf dem berühmten in Jerusalem, wo Sakrales dominiert, thront auf dem 107 Meter hohen Binzer Hügel ein profan-monumentales Jagdschloss, die Krone Rügens. Man kann das Schloss auf verschiedene Weise erreichen: mit der kleinen Bäderbahn von der Seebrücke in Binz aus, zu Fuß (3,5 km) oder mit dem ›Rasenden Roland‹ – von den Haltestellen ›Jagdschloss‹ oder ›Garftitz‹ aus. Für Autofahrer gibt es einen Großparkplatz am Fuße des Schlosses, der Fußweg bergan dauert etwa 30 Minuten. Da verkehrt aber auch ein Pendelbähnchen. Mondscheinwanderungen zum Schloss finden je nach Jahreszeit zwischen April und Oktober bei Vollmond von Binz aus statt.

Das fast quadratische Bauwerk mit seinen vier zinnenbewehrten runden Ecktürmen zählt zu den bedeutendsten Sehenswürdigkeiten Rügens. Das zweistöckige verputzte Backsteingebäude im Stil der norditalienischen Renaissancekastelle ist mit seinen über 250 000 Besuchern jährlich das meistbesuchte Schloss in Mecklenburg-Vorpommern. Es steht in idylli-

Schwindelerregend: die Treppe im Aussichtsturm

Das Jagdschloss Granitz gehört zu den Touristenmagneten

scher Lage inmitten der Buchenwälder der Granitz und ist eine der vielen originellen Hinterlassenschaften des umtriebigen Fürsten zu Putbus, Wilhelm Malte I.
An gleicher Stelle stand im 18. Jahrhundert ein sechseckiges Belvedere, ein Tempelchen, das dem Berg seinen Namen gab. 1836 begann man mit dem Bau des herrschaftlichen Gebäudes, einer idealisierten mittelalterlichen Ritterburg. Architekt war wiederum der Schinkel-Freund Johann Gottfried Steinmeyer, der für Malte Jahre zuvor schon in Putbus gebaut hatte. Doch mit dem von Steinmeyer geplanten offenen Lichthof war der romantische Fürst – geistig durchaus verwandt mit dem exzentrischen bayerischen König und Neuschwanstein-Erbauer Ludwig II. – nicht zufrieden. So wurde 1844 ein fünfter Turm errichtet, der 38 Meter hohe **Aussichtsturm** in der Mitte der Anlage. Er überragt das Anwesen sowie den dichten Granitz-Wald. Der hoch aufragende runde Mittelturm ist das Wahrzeichen des Schlosses und der gesamten Region. Kein Geringerer als Preußens Stararchitekt Karl Friedrich Schinkel hat ihn konzipiert. Die **Aussichtsplattform** liegt 114 Meter über dem Meeresspiegel, ein herrlicher Panoramablick über die Baumkronen hinweg öffnet sich zur Prorer Wiek, zu den Seebädern des Mönchguts und zu weiten Teile der Insel. Die grandiose Aussicht, aber auch der Turmaufstieg selbst über die 154 Stufen der imposanten, gusseisernen Wendeltreppe gehören sicherlich zu den Höhepunkten des Schlossbesuches. Der Aufstieg ist allerdings nichts für Menschen mit Höhenangst – die filigran gestalteten Ornamente in den Stufen der freitragenden Treppe sind durchsichtig.
Das repräsentative Gebäude auf dem Tempelberg wurde gleich nach seiner Fertigstellung zu einem beliebten Reiseziel des europäischen Adels. Auch der Preußenkönig Friedrich Wilhelm IV. beehrte die fürstliche Familie, die im Jagdschloss mehrere Jahre wohnte.
In den Räumlichkeiten des vom Fürsten Wilhelm Malte I. aufgrund der horrenden Kosten ›Luxusbau‹ genannten Jagdschlosses gibt es heute wechselnde **Ausstellungen**. Die Dauerausstellung zeigt die Anlage als Gesamtkunstwerk und rückt die Architektur, die historischen Möbelstücke in den Salons, die Jagdtrophäen und die kostbaren Wandbehänge in den Fokus. Die ursprüngliche Möblierung ist allerdings in den Nachkriegsjahren durch Beutenahme und Plünderungen verloren gegangen. Die Putbusser Fürstenfamilie wurde im Zuge der Bodenreform in der DDR enteignet. Heute wird die Präsentation des landeseigenen Schlosses vor allem mit zeitgenössischen Objekten inszeniert, einige Exponate des originalen Inventars konnten aber auch zurückgeholt werden. Ausgesprochen schön zeigen sich die Säle und Salons, durch die man flanieren kann: Im Festsaal, der auch für Konzerte genutzt wird, sind die Wände mit Marmor und Edelholz verkleidet, Gemälde zeigen Motive aus der Geschichte Rügens. Der augenfällige Marmorkamin mit dargestellter Wildschweinjagd im ebenfalls marmornen Aufsatz wurde 1847 in Rom gefertigt. Mit Marmor, Stuck, Parkettböden und feinsten Edelhölzern prunken auch der Rittersaal, der überaus elegante Speisesaal, der Damen- und Empfangssalon und das Billardzimmer. Rustikal eingerichtet ist das Kellerlokal ›Alte Brennerei‹.
Unterhalb des Jagdschlosses steht das **Granitzhaus** mit dem Informationszentrum des Biosphärenreservats.

■ Die Umgebung

Im historischen Ortskern **Zirkows**, einer Ortschaft westlich von Binz, kann ein reetgedeckter **Museumshof** mit Rügenhaus besichtigt werden. In dem rund 300 Jahre alten Pachthof des Fürsten

Eines der Großsteingräber bei Lancken-Granitz

von Putbus wird über Geschichte und Arbeitstechniken der Rügenschen Landwirtschaft informiert. Ausgestellt sind eine Menge originaler Haushaltsgegenstände und Wohnungseinrichtungen aus früheren Jahrhunderten. In der **St. Johanneskirche** von 1417 hat man 1949 gotische Gewölbemalereien freigelegt. Der Kanzelaltar und der schwebende Taufengel stammen aus dem 18. Jahrhundert. Vor einigen Jahren wurde in Zirkow eins von **Karls Erlebnis-Dörfern** eröffnet.

Das Dorf **Lancken-Granitz** ist eine hübsche, kleine Siedlung südlich der Granitz und an der Bundesstraße 196. Der beschauliche Ort grenzt im Süden an den Rügischen Bodden mit der Bucht Having sowie an den Neuensiener See. Die **St. Andreaskirche** aus Backstein und Feldsteinen entstand im 15. Jahrhundert. Sie besitzt noch Wandmalereien aus dieser Zeit. Die Hauptattraktion liegt aber auf einer hügeligen Wiese etwas außerhalb südwestlich der Ortschaft und ist gut ausgeschildert: Die berühmten **Großsteingräber von Lancken-Granitz**, imposante Zeugnisse aus der jüngeren Steinzeit, etwa 4000 bis 5000 Jahre alt. Die gewaltigen Hünengräber mit wuchtigen Decksteinen sind eine der ältesten Anlagen ihrer Art in Mitteleuropa. 7 von wahrscheinlich einst 19 Grabstätten, auch Dolmen genannt und oft in Erdhügel eingefasst, sind hier teilweise erhalten geblieben. Die Grabanlagen unterschiedlicher Bauweisen liegen nahe beieinander und sind durch einen Trampelpfad, dem sogenannten **Fünffingerweg**, miteinander verbunden. Fast alle Großsteingräber sind von kleinen Baumgruppen umgeben. Besonders beeindruckend ist das dem Ort am nächsten gelegene und recht gut erhaltene Großsteingrab 1 (Anordnung von Ost nach West). Es ist das größte der Lancken-Granitzer Gruppe. In allen Kammern der Anlage wurden als Beilagen unter anderem bronzene Schmuckstücke und Bernsteinperlen, Waffen wie Äxte aus Felsgestein und Pfeilspitzen sowie Werkzeuge aus Feuersteinen geborgen. Die Bronzefunde verweisen darauf, dass hier Bestattungen von der jüngeren Steinzeit bis in die frühe Bronzezeit (etwa 2000 bis 1000 v. Chr.) erfolgten.

▶ Karte: vordere Umschlagklappe

Träume aus Holz und Stein – die Bäderarchitektur

Säulen neben gotischen Fenstern, antike Tempelportale, Jugendstil-Ornamente, großzügige Freitreppen, Dreiecksgiebel mit Tympanon, Dachreiter, barocke Putten, hervorspringende Gebäude- oder Fassadenteile, auch nordische und alpenländische Holzhäuser gehören dazu – die Wilhelminische Bäderarchitektur ist kein eigener Stil, es ist ein fulminantes Stilgemisch, vielfältig, exzentrisch, hin und wieder auch schrill. Gebaut in diesem Stil wurde zwischen der Reichsgründung 1871 und dem Ersten Weltkrieg. Die unbeschwerte Architektur reicht vom Klassizismus über den Neobarock bis hin zum Jugendstil. Aus der Schatzschatulle europäischer Baukunst wurde herausgeholt, was gefällt. Kein Gebäude ist wie das andere, jedes besitzt sein eigene Note. Trotzdem gibt es prägnante Gemeinsamkeiten: Das Dekor der Häuser wirkt stets verspielt und leicht, es ist fein gearbeitetes, filigran gestaltetes Holz an Balkonen und Loggien, Veranden, Terrassen und Erkern, die gerne von Dreiecksgiebeln bekrönt sind. Typische Merkmale der Bäderarchitektur sind auch Jugendstilelemente wie Rosetten, maritime und florale Motive als Kapitellschmuck an den Säulen, kleine Türmchen und natürlich die Farbe Weiß. Blendend weiß sind die Fassaden (nun wieder) getüncht, wunderbar korrespondierend mit dem Blau des Meeres. Nicht selten gibt es ganze Ensembles von weißen Villen.

Die schönsten Bäderarchitektur-Ensembles auf Rügen stehen in Göhren, in der Altstadt von Sassnitz und ganz besonders in den beiden Ostseebädern Sellin und Binz. Hier gibt es zahlreiche Strandvillen, die zu den prächtigsten Rügens gezählt werden dürfen, in **Binz** etwa die **Villa Undine** von 1885 an der Strandpromenade Nr. 30. Die hölzerne Villa gehört zu den sogenannten Wolgasthäusern, die zwischen 1868 und 1910 von der ›Wolgaster Actien-Gesellschaft für Holzbearbeitung‹ als weltweit erste Fertighäuser gefertigt wurden. Ebenfalls an der Strandpromenade steht die **Villa Ruscha** (Nr. 31) von 1896. Sie wurde als Schweizerhaus im Chaletstil mit beeindruckendem Laubsägedekor an den Balkonbrüstungen und großer Glasveranda zur Seeseite hin erbaut. Hier im ersten Stock befand sich bis 1945 eine berühmte Weinstube. Das vornehme **Haus Klünder** an der Strandpromenade Nr. 12 war 1905 fertiggestellt. Es ist ein typisches Logierhaus im Bäderstil mit neogotischem Ziergiebel, hölzernem Balkonvorbau und rundem Turm mit Kegeldach. Die **Strandhalle** an der Strandpromenade Nr. 5 war ursprünglich (1893) – wie im heutigen Restaurant noch ganz gut sichtbar – ein Gebäudeteil eines Hotels im skandinavischen Hallenbaustil. Solche Holzanbauten wurden oft als Tanzsäle oder Speisesäle genutzt. Das heutige

Ein schönes Beispiel für die Bäderarchitektur in Binz …

... und eines in Sellin

Loev Hotel Rügen an der Hauptstraße 20–22 hieß im Eröffnungsjahr 1890 ›Hotel zum goldenen Löwen‹ und war schon damals eine der Topadressen von Binz. Zur DDR-Zeit beherbergte das schmucke Gebäude mit seinen zwei prägnanten Türmen eine beliebte Disco und die legendäre Nachtbar ›Faß‹. Das heutige moderne Wellnesshotel besteht aus zwei Häusern, die sich 2001 zusammenschlossen. Die weiße **Villa Meeresgruß** an der Margaretenstraße 19 ist ein dreigeschossiger Massivbau von 1902 mit großflächig vorgelagerten Loggien. Das seit 1980 denkmalgeschützte Haus besitzt noch sein altes sehenswertes Treppenhaus (→ S. 152). Die **Villa Malepartus** an der Heinrich-Heine-Straße 8 wurde um 1920 als Pension erbaut. Sie ist mit ihren vorgebauten Veranden über drei Stockwerke und dem ornamentierten Dreiecksgiebel ein Prachtexemplar der Bäderarchitektur.

In **Sellin** reiht sich vor allem in der eleganten, gepflasterten Wilhelmstraße eine weiße Perle der Bäderarchitektur an die andere. Das **Haus Arkona** an der Wilhelmstraße 8 ist ein Kapitänshaus von 1906 mit einer eindrucksvollen Jugendstilfassade. Ebenfalls ein Kapitänsgebäude ist das **Haus Waldfrieden** an der Wilhelmstraße 5. Es wurde im Jahr 1900 erbaut und beherbergte früher eine berühmte Fischerkneipe. An der Wilhelmstraße 7 steht das aufwändig sanierte **Haus Johanneshorst** von 1908. Hier hielt sich im Sommer 1915 Albert Einstein mit seiner späteren zweiten Ehefrau auf. Die Grundlagen seiner Allgemeinen Relativitätstheorie hatte er damals schon verfasst, aber, so ist sich der Ortschronist Gerhard Parchow sicher, nur durch die Wunderwirkung der Selliner Trinität Licht-Luft-Wasser wurde Einstein in die Lage versetzt, sie auch später beweisen zu können. **Villa Fernsicht** heißt das herrliche denkmalgeschützte Gebäude an der Wilhelmstraße 41. Es darf sicherlich zu den schönsten Häusern der Bäderarchitektur auf der Insel gezählt werden.

Seebad Sellin

Sellin ist nach Binz das zweitgrößte Ostseebad auf der Insel. Dabei zählt der kleine Ort, begrenzt durch die Buchenwälder der Granitz, den Selliner See und das Meer, gerade mal knapp 2600 Einwohner. Mehrere Wald- und Wanderwege führen in Ortsnähe in den Küstenhochwald der Granitz an der Verbindung zur Halbinsel Mönchgut. Der Selliner See südöstlich des Bades ist eine lagunenartige Bucht mit einer Verbindung zum Having, der tief eingeschnittenen Bucht des Rügischen Boddens. Im Selliner Hügelland sorgt die Landschaft des Biosphärenreservats Südost-Rügen für aktive Erholungsmöglichkeiten. Durch die Hügel der Granitz ist die Ortschaft zudem relativ windgeschützt. Das besondere Kennzeichen Sellins ist aber die Lage an der Steilküste. Ein neues Wohngebiet vorwiegend mit modernen Ferienappartements entstand nach der politischen Wende im Südosten der Ortschaft. Der historische Ortskern wurde ab 1991 im Rahmen der Städtebauförderung grundlegend saniert. Er ist hübsch herausgeputzt und wird weitgehend von der von Linden gesäumten Wilhelmstraße geprägt.

Im Jahr 1295 wurde der Ort erstmals urkundlich erwähnt. Ähnlich wie Binz war auch Sellin über die Jahrhunderte ein kleines Fischernest. Ab 1880 entwickelte sich das Dorf am Meer sehr rasch zu einem attraktiven Badeort. Ausschlag-

Seebad Sellin

gebend für den Boom war sicherlich 1895 der Anschluss an das Verkehrsnetz durch den Bau der Schmalspurbahn. Nun kamen vorwiegend reiche Berliner und fanden im 1887 erbauten ›Lübky´s Hotel‹ eine standesgemäße Unterkunft. Ein Damen- und Herrenbad wurde 1893 eingerichtet, das erste Warmbad entstand 1894. Das zweite 1906, es ist heute Sitz der Kurverwaltung.
Im Badeort regiert seit Jahren ›König Gustav‹. Das Maskottchen steht für die besondere Familienfreundlichkeit des Seebads. Als klassisches Familienbad galt Sellin schon um 1900. Hier ging es nie ganz so mondän zu wie in Binz, auf prächtige Villen trifft man hier trotzdem auf Schritt und Tritt.

Sehenswürdigkeiten

Die1896 angelegte, 800 Meter lange **Wilhelmstraße** säumen prächtige, weiße Villen im Stil der Bäderarchitektur. Sie ist die Prunkpromenade des Seebades und wurde nach Fürst Wilhelm I. zu Putbus benannt. An der quirligen Flaniermeile Sellins liegen zahlreiche Cafés, Boutiquen, kleine Geschäfte, Restaurants, Pensionen und Hotels. Sie führt schnurgerade bis zur 30 Meter hohen Steilküste. Hier geht es über eine steile Treppe mit 99 Stufen, ›Himmelsleiter‹ genannt, oder mit dem Lift hinab zum 60 Meter breiten **Hauptstrand** und zur herrlichen Seebrücke. Nur einen Muschelwurf entfernt, vom Hauptstrand durch einen mächtigen Felsvorsprung getrennt, liegt der im Hochsommer sehr lebendige und zwei Kilometer lange **Südstrand**. Hauptanziehungspunkt für die Kinder ist hier die riesige Wasserrutsche. Vom Südstrand führt eine durchgehende Promenade bis zum benachbarten Seebad Baabe.
Die wunderschöne **Seebrücke** ist das Wahrzeichen des Seebades. Die smarte Dame ganz in Weiß ragt 394 Meter in die Ostsee. Sie wurde erst 1998 eröffnet, seitdem strahlen ihre stilvollen Aufbauten blühend weiß und filigran verziert wie ihre historische Vorgängerin von 1927. Der ›Palmengarten‹ auf der linken und der ›Kaiserpavillon‹ auf der rechten Seite repräsentieren die gastronomische Tradition der Selliner Seebrücke. In der größten **Tauchgondel** Europas am Brückenkopf lässt sich in vier Metern Tiefe die Unterwasserwelt der Ostsee erkunden, **Ausflugsschiffe** steuern vom Anleger aus unter anderem Binz, Göhren und Sassnitz an. Vor 1900, in den Anfangsjahren des Selliner Badebetriebes, wurden die per Schiff ankommenden Urlaubsgäste noch mit Booten angelandet. Die erste Seebrücke entstand hier bereits 1906. Sie war 508 Meter lang und wurde mehrmals durch Sturmfluten und winterlichen Eisgang zerstört, 1978 riss man schließlich die ruinöse Anlage ab. Auch brückenlos gehörte Sellin zu DDR-Zeiten zu den begehrtesten Badeorten des Landes. Hier befanden sich neben Zeltlagern FDGB- und betriebseigene Ferienheime, die teilweise aus den Enteignungen im Rahmen der ›Aktion Rose‹ 1953 hervorgingen. Berühmt-berüchtigt war das 1978 eröffnete ›Erholungsheim Baabe‹, ein riesiges Gebäude im Bauhaus-Stil, schnörkellos und aus hochwertigen Materialien erbaut, dazu in bester Lage auf dem Hochufer über der Ostsee. Das Luxushotel des DDR-Staatsrates beherbergte SED-Funktionäre und Politfunktionäre aus befreundeten Ländern der DDR. Heute ist das Haus an der See als ›Cliff Hotel Rügen‹ ein Fünf-Sterne-Tempel.
Der **Kurpark Friedensberg** liegt etwas erhöht auf einem kleinen Berg, eine Natursteintreppe führt von der Wilhelmstraße nahe dem Kliff-Lift hinauf. Hier verläuft ein Trimm-Dich-Pfad für

▲ Karte S. 141

Die berühmte Seebrücke in Sellin

Körper, Geist und Seele. In dem gepflegten, kleinen Park kann man sich bestens vom sommerlichen Trubel absetzen, abschalten und sich in die Welt der nordischen Gottheiten begeben, angeleitet durch Hinweistafeln. Dem Berg werden magische Kräfte nachgesagt, die alten Germanen sollen hier Gericht gehalten haben.

Das reetgedeckte **Seefahrerhaus** am **Selliner See** informiert liebevoll über die Arbeitswelt der Fischer und Seefahrer, über Bootsbau, über die maritime Volkskultur, nautische Hilfsmittel und Fossilien von der Insel Rügen.

Seebad Baabe

Baabe, 1252 erstmals urkundlich erwähnt, ist das Tor zum Mönchgut. Die kleine Ortschaft mit rund 900 Einwohnern liegt am mittelalterlichen Mönchgraben, der historischen Grenze, die die Halbinsel Mönchgut vom Rest der Insel Rügen trennt. Das hölzerne **Mönchguttor** an der Bundesstraße 196 markiert seit 2002 den Eingang in die Region Mönchgut. Bis 1535 befand sich die gesamte Halbinsel im Besitz des Zisterzienserklosters Eldena am Stadtrand von Greifswald. Der ursprüngliche Fischerort lag am Ufer des Selliner Sees und nicht an der Ostsee. Zum Meer hin war er durch einen schmalen Waldstreifen gegen die Unbill des Baltischen Meeres gut geschützt. Ende des 19. Jahrhunderts erfasste die Tourismusentwicklung auf Rügen schließlich auch das unscheinbare Fischerdorf. Die ersten Badegäste kamen 1895, und 1899 wurde Baabe an das Bahnnetz der Insel angeschlossen.

Seebad Baabe

Sehenswürdigkeiten

Ein echter Ortskern ist nicht auszumachen, das Seebad ist dabei sehr weitläufig. Mit dem blauen Bähnchen ›Uns lütt Bahn‹ fährt man mit der Kurkarte kostenlos zur Ortsentdeckung, recht zügig vom Strand in Richtung des alten Ortsteils von Baabe. Von der Hauptstraße geht die **Strandstraße** ab. Hier sind die Baumreihen markant, die sich im Sommer zu einem langen grünen Tunnel verdichten, eine Art ›Unter den Linden‹ en miniature an der Ostsee, flankiert von Cafés und Restaurants. Auffällig ist die kleine, weiße **Kirche** aus dem Jahr 1930. Berühmt ist das **Inselparadies**, ein Bau des Rügener ›Schalenbaumeisters‹ Ulrich Müther (→ Extra S. 58) an der Strandpromenade. Das frisch restaurierte Paradies aus dem Jahr 1966 beherbergt heute eine Strandbar und ein italienisches Restaurant. Der feinsandige, fast weiße **Strand** ist eineinhalb Kilometer lang und kinderfreundlich flach am Ufer.

Am Baaber Hafen, dem **Bollwerk**, gibt es 25 Liegeplätze für Sportboote. Hier legen in den Sommermonaten täglich Ausflugsdampfer ab. Es geht nach Lauterbach und um die Insel Vilm herum. Das **Küstenfischermuseum** in der Bollwerkstraße ist eine kleine Freiluftausstellung mit Sammelstücken aus der Küstenfischerei. Am Baaber Bollwerk geht's nur noch mit der Fähre weiter: Eine sowohl originelle touristische als auch praktische Attraktion am Selliner See ist das nach Moritzdorf als **Fähre** für Fußgänger und Radler verkehrende Ruderboot. Es wird aber mittlerweile nicht nur mit Muskelkraft, sondern bei ›Großeinsätzen‹ auch mit einem Motor betrieben. Die bis zu 15 Personen fassende Fähre über die nur 50 Meter breite **Baaber Bek** ist eine der kleinsten Fähren Europas. Die Fährverbindung besteht schon seit 1891. Die Querung zwischen dem Selliner See und

Auch Baabe besitzt einen wunderbaren Strand

der Having erspart einen acht Kilometer langen Weg um den Selliner See. Statt wie früher ›Fährmann, hol över!‹ zu rufen, macht man heute mit einer Klingel auf sich aufmerksam.

Im schönen Selliner Ortsteil **Moritzdorf**, 1841 von Fürst Wilhelm Malte zu Putbus gegründet, liegt seit 1901 die beliebte **Ausflugsgaststätte Moritzburg** auf einem kleinen Hügel mit schönem Panoramablick über die Having und die Halbinsel Mönchgut.

Ein **Wanderweg** führt von Moritzdorf nach Seedorf entlang des Hochufers zur Having. **Seedorf** liegt am östlichen Ufer der Lanckener Bek, die den Neuensiener See mit der Having verbindet. Der Ort besitzt einen schönen Naturhafen mit einer kleinen Marina, wo im Sommer die Fischerboote neben teuren Jachten dümpeln. An der Dorfstraße: Fischerkaten und Fischlokale.

Beide Seen, sowohl der Selliner See als auch der Neuensiener See, sind nur durch schmale Rinnen (Bek) mit der Having verbunden. Einst waren sie Bestandteile der großen Bucht.

Seebad Göhren

Das mit 1200 Einwohnern drittgrößte Seebad Rügens ist Endbahnhof des ›Rasenden Roland‹, der seit 1899 die Badegäste nach Göhren bringt. Zuvor war die Ortschaft weitgehend ein reines Fischer- und Lotsendorf. Sie wurde schon 1165 erstmals urkundlich erwähnt, der aus dem Slawischen stammende Namen bedeutet ›Berg‹. Und bergig ist es hier allemal.

Sehenswürdigkeiten

Das Zentrum des Ortes liegt auf einer erhöhten Landzunge, **Nordperd** genannt, die weit in die Ostsee hinausragt. Das bewaldete, bis zu 60 Meter hohe Kap mit seinen steilen Kliffs und fantastischen Aussichten ist der östlichste Punkt Rügens, es trennt den Nordstrand Göhrens vom Südstrand. So verfügt das Seebad insgesamt über gut sieben Kilometer sandige Ostseeküste, mehr als jeder andere Ort auf der Insel. Allerdings sind die beiden Strände grundverschieden: Der weitläufige, feinsandige **Nordstrand** ist der beliebtere und im Sommer auch weitaus belebtere. Hier verläuft die drei Kilometer lange **Bernsteinpromenade**, die bis nach Baabe führt. Hier liegt auch der **Kurplatz** mit dem historischen **Kurpavillon**, der **Kurpark** mit seinen schönen Themengärten, und hier ragt die **Seebrücke** (1992) 280 Meter ins Meer. Rund 300 Meter vom Strand entfernt lugt der mächtige **Buskam** aus der Ostsee, der größte Findling vor der deutschen Ostseeküste (→ S. 27). Der **Südstrand** ist steiniger, schmaler und urwüchsiger. Er zieht sich bis Lobbe hin. Herrliche Ausblicke auf den Strand und die Ostsee ergeben sich von der ›Oberstadt‹, man wähnt sich fast in mediterranen Gefilden. Dort oben befinden sich auch die drei unter Denkmalschutz stehenden **Mönchguter Museen**, die leider seit 2014 bis auf Weiteres geschlossen sind. Nur das Rookhus ist momentan donnerstags um 15 Uhr für Führungen geöffnet. Die Museen dokumentieren die traditionelle Arbeits- und Lebensweise der Mönchguter Bevölkerung, die bis ins 20. Jahrhundert hinein eine eigenständige Kultur besaßen. Das **Heimatmuseum** in einem reetgedeckten Fischer-, Bauern- und Lotsenhaus aus der Zeit um 1850 besitzt unter anderem eine sehr interessante Trachtensammlung. Der **Museumshof** ist eine bäuerliche Hofanlage von 1847 mit Wohnhaus, Scheune, Stall und Geräteschuppen. Das **Rookhus** ist ein kleines Lehmfachwerk-Hallenhaus aus dem 18. Jahrhundert – ohne Schornstein, der Rauch verzog sich durch Dachluken. Zum Mönchguter Museumskomplex gehört auch das **Küstenfrachtschiff Luise**, das am Südstrand liegt. Es ist ein begehbarer und komplett eingerichteter Frachter, 1906 in den Niederlanden erbaut.

Auf der Seebrücke in Göhren

▲ Karte S. 147

Die evangelische **Kirche** im mitteralterlichen Baustil entpuppt sich als Sakralgebäude von 1930. Interessant sind die Altarfiguren eines Tiroler Figurenschnitzers: Maria und Johannes als Fischerpaar in Mönchguter Tracht. Das Gotteshaus steht auf einer Anhöhe an der Neuen Kirchstraße, seine beiden Türme sind daher weit auf der Halbinsel Mönchgut zu sehen. Durchaus göttlich ist der Weitblick von dort über die Boddenlandschaft.

Seebad Göhren
Ostsee
Buskam (Riff)
Nordstrand
Südstrand
Mönchgut-Granitz
Rundwanderweg
Rundwanderweg
Sellin, Sassnitz
Seebrücke Göhren
Kurpavillon
Zur Muschelbar
Amerigo Vespucci
Kurpark
Nordstrand
Bernsteinpromenade
Abenteuer Dünengolf
Regenbogen-camp
Bahnhofstr.
Göhren
Globetrotter
Akzent Waldhotel
Elisenstr.
Waldstr.
Schulstr.
Carlstr.
Ulmenallee
G.-Hauptmann-Str.
Feldstr.
Berliner Str.
Fahrrad-Tilly
Post-str.
Neue Kirch-str.
Lindenstr.
Kapitäns-klause
Friedrich-str.
Rook-huus
Thiesserower Str.
Heimat-museum
Max-Dreyer-Str.
Strandstr.
Nordpeds-str.
Museums-hof
Vju Hotel Rügen
Turmcafé Bellevue
Wasser-turm
Hövtstr.
Schlotel
Museumsschiff Luise
Speck-busch
Staberweg
Am Torf
Lobbe, Middelhagen, Thissow
Rasender Roland
Göhrener Chaussee
196
Strandweg
Baabe, Sellin
0
175
350 m

Oldtimer auf schmaler Schiene – der Rasende Roland

Die historische Rügensche Schmalspurbahn steht bis heute unter Dampf. Die noch immer ›rasenden‹ alten Dampfloks mit Waggons, teilweise schon über 100 Jahre alt, rattern und zuckeln gemächlich mit einer Höchstgeschwindigkeit von 30 Stundenkilometern durch die liebliche Gegend Südostrügens. Die Strecke führt durch welliges Ackerland, vorbei an weiten Feldern, an Wiesenrainen, kleineren Waldungen, durch fast unberührte Landschaftsabschnitte, durch die Granitz und durch winzige Dörfer wie Seelvitz oder Posewald. Ziel sind die Seebäder Binz, Sellin, Baabe und Göhren, Ausgangspunkt ist die weiße Stadt Putbus; die Gesamtstrecke beträgt 24,1 Kilometer. Es ist ein beschauliches Reisen ans Meer mit einem Bäderexpress wie vor 100 Jahren, mit grünen Personenwagen, sommerlichem Cabrio-Waggon und zischenden, rhythmisch fauchenden Dampfloks. Ihre lauten, langen und leicht abklingenden Pfiffe sind ihre Erkennungszeichen zu jeder Tageszeit, akustische Bestandteile der Rügenschen Badeorte wie das Kreischen der Möwen am Strand. Seit 2008 betreibt die Rügensche BäderBahn (RÜBB) die Strecke im Zweistundentakt, im Sommer fährt die Nostalgiebahn stündlich zwischen Binz und Göhren. Dann ist auch die Strecke nach Lauterbach-Mole in Betrieb. Dazu gibt es noch ergänzend sommerliche Extra- und Spätfahrten bis kurz vor Mitternacht.

Ab 1895 wurde der Rasende Roland als ›Rübenexpress‹ mit Schmalspur (750 mm) gebaut. Er sollte die Feldfrüchte, die man in Bergen auf Normalspur umlud, rasch zum Markt nach Stralsund bringen. Hauptaktionär bis 1919 war Fürst Wilhelm Malte zu Putbus, der über einen eigenen Salonwagen verfügte. Das Verkehrsnetz umfasste verschiedene Strecken mit einer Gesamtlänge von rund 100 Kilometern. Von Altefähr gegenüber Stralsund führte eine Strecke über Garz nach Putbus. Sie wurde 1967 stillgelegt. Eine weitere Strecke verlief von Bergen nordwärts nach Altenkirchen, wobei der Breetzer Bodden an seiner engsten Stelle mit Hilfe der Wittower Fähre überquert wurde. Diese Strecke wurde 1970 eingestellt. Sie hatte vor allem das landwirtschaftlich geprägte Hinterland Rügens erschlossen. Auch der Kreidehafen von Wiek war angeschlossen. Heute bestehen nur noch die Verbindungen von Putbus: zu den Seebädern und nach Lauterbach. 1975 erklärte man die einzigartige Schmalspurbahn zum ›Denkmal der Produktions- und Verkehrsgeschichte‹.

Der ›Rasende Roland‹ bei der Einfahrt in den Bahnhof Sellin-Ost

Middelhagen

Die kleine Ortschaft, eine Gründung der Zisterzienser im 13. Jahrhundert auf fruchtbarem Ackerland, war früher der Hauptort auf Mönchgut. Viele reetgedeckte Häuser stehen an der Dorfstraße, dahinter Wiesen mit knorrigen Kopfweiden, etwas weiter weg die Hagensche Wiek. Die einzige Siedlung auf der Halbinsel ohne direkte Wasserlage besitzt zwei ehrwürdige Sehenswürdigkeiten und einen uralten **Gasthof**, ›Zur Linde‹ heißt er. Die **Kirche St. Katharina** wurde 1455 aus Feld- und Backsteinen errichtet, das Gewölbe des Kirchenschiffs und der Dachreiter sind jünger. Der Altar aus Eichenholz zeigt im Mittelschrein die heilige Katharina und stammt von 1480. Er kam wahrscheinlich erst nach dem Dreißigjährigen Krieg von Stralsund nach Middelhagen. Barock und aus der Mitte des 17. Jahrhunderts sind Kanzel und das Kastengestühl. Das Votivschiff neben dem Altar haben Lotsen aus Göhren 1842 gestiftet. Gleich neben der Kirche, im Lehmfachwerkbau der ehemaligen Sakristei von 1825, ist das **Schulmuseum** untergebracht. In der Schulstube, in der bis zu 60 Kinder von der 1. bis zur 8. Klasse unterrichtet wurden, sind kaum menschengerechte Schulbänke, Leselerntafeln, die Rechenmaschine ›Abakus‹, Wandrollbilder, die alte Schiefertafel und natürlich der obligatorische Rohrstock zu bestaunen, außerdem eine komplette Lehrerwohnung aus dem 19. Jahrhundert. Noch bis 1962 befand sich hier die ›einklassige Zubringerschule‹ für die Klassen 1 bis 4.

Radtour über die Reddevitzer Hövt

Start: Alt Reddevitz.
Länge: 10 km.

In Middelhagen zweigt die Straße nach **Alt Reddevitz** ab, das sich als günstiger Ausgangspunkt für Wanderungen und eine kleinere, sehr aussichtsreiche Radtour über die Landzunge – Reddevitzer Höft ebenso wie ihre Spitze genannt – anbietet. Die einfache Strecke verläuft abwechslungsreich in leichtem Auf und Ab zwischen Wäldchen und Feldfluren, im Frühling begleitet von dem gleißenden Gelb der Rapsfelder. Bei stärkerem Gegenwind kann es allerdings etwas unangenehm werden. Vom Fischerdorf Alt Reddevitz erstreckt sich die nur 200 bis 500 Meter breite Landzunge über knapp fünf Kilometer. Die Halbinsel ist von mehreren Boddengewässern umgeben: nördlich von der Having, südlich von der Hagenschen Wiek und westlich vom Rügischen Bodden. Die Halbinsel ist Bestandteil des Naturschutzgebietes ›Having und Reddevitzer Höft‹. Sie endet im Westen in einem bis zu 33 Meter hohen Kliff. Am Fahrradparkplatz kann man den Aussichtshügel erklimmen, eine Treppe führt zum Strand am Hövt hinab. An der Steilküste ist eine Kolonie der seltenen Uferschwalben heimisch, der kleinsten Schwalbenart Europas.

Seebad Thiessow

Der kleine Ort am äußersten Ende der weit in den Greifswalder Bodden ragenden Spitze der Halbinsel Mönchgut wurde 1360 erstmals urkundlich als ›Tisowe‹ erwähnt. Die Herleitung aus dem Slawischen bedeutet ›Eibenhain‹, doch die Ortschaft wird eher mit einer früh gegründeten Reusenkompanie und seetüchtigen Navigatoren in Verbindung gebracht. 1632 wurde ihr die sogenannte Lotsenpflicht übertragen. Die Lotsen mussten die von der Ostsee einlaufenden Schiffe nach Greifswald und Stralsund bringen. Die preußische Regierung ließ 1854 eine Lotsenwache für Stralsund erbauen, der **Lotsenturm** Thiessow auf dem 36 Meter hohen **Lotsenberg** wurde 1909 in Betrieb genommen. Er verfiel in den späten 1970er Jahren, nach

Am Thiessower Hafen

historischem Vorbild erfolgte 2003 der Wiederaufbau des 13 Meter hohen Turmes. Ein wunderbarer Weitblick eröffnet sich von der Aussichtsplattform.

Heute ist Thiessow ein beliebter, ruhiger Badeort mit 350 Einwohnern. Rügens südlichstes Ostseebad ist von Kiefernwald, sumpfigen Wiesen, Steil- und Flachküsten, von Dünen und Stränden umgeben. Der fünf Kilometer lange und sehr feinkörnige **Große Strand** mit FKK- und Textilabschnitten zieht sich bis nach Lobbe hin. Der **Weststrand** verbindet die Ortschaft vom Thiessower Haken, der südlichsten Spitze der Halbinsel, mit Klein Zicker. Er gilt als die **Surfer-Oase** Rügens, als Hotspot für Wassersportler. Hier weht fast immer eine frische Brise. ›Hawaii der Ostsee‹ hieß diese abgelegene, windige Ecke am Ende des Mönchguts schon zu DDR-Zeiten, heute ist unter Insidern von ›Thiewaii‹ die Rede. Mehrere **Campingplätze** liegen an den Ufern oder in Ufernähe.

Der **Hafen** von Thiessow hat ein geschütztes Plätzchen am Bodden. Dort findet zweimal wöchentlich der **Rügen Markt** statt.

▲ Karte: vordere Umschlagklappe

Klein Zicker

Ein herrlicher **Radweg** führt von Lobbe durch den Küstenwald nach Thiessow und von dort auf einem Deich in das winzige, liebenswerte **Klein Zicker**. Hier gibt es einige nette Fischlokale.

Groß Zicker

Das denkmalgeschützte Dorf Groß Zicker liegt am Südufer einer schmalen Landzunge und ist von der Ortschaft Gager am Nordufer durch den 69 Meter hohen Bakenberg getrennt, einen Minigipfel mit großartiger Aussicht über das Mönchgut. Beide Ortschaften sind bäuerliche Idyllen mit reetgedeckten, einstöckigen Häusern, alten Scheunen, bunten Vorgärten und grob gepflasterten Dorfstraßen. Eingebettet sind sie in eine sanfte Hügellandschaft mit bemerkenswerter Vegetation und großer Artenvielfalt. Dieser Teil des Mönchguts gehört sicherlich zu den aufregendsten und reizvollsten Landschaften, die Rügen zu bieten hat.

Das **Pfarrwitwenhaus** in Groß Zicker wurde 1720 erbaut. Es handelt sich um eines der ältesten und bekanntes-

Das schmucke Pfarrwitwenhaus

Das einladende Lokal ›Taun Hövt‹ in Groß Zicker

ten Häuser Rügens, ein niederdeutsches Hallenhaus, bei dem sich Wohnbereich, Ställe, Scheune und Tenne zusammen unter einem Schilfdach befinden. Wegen des fehlenden Schornsteins wird es außerdem zu den sogenannten Rauchhäusern gezählt. Hier fanden früher die Pfarrerswitwen und ihre Kinder Unterkunft. Heute dient das bescheidene Haus mit seinem kunterbunten Bauerngarten als Ausstellungsort. Die hochinteressante **Backsteinkirche** aus dem 14. Jahrhundert besitzt noch die Buntglasscheiben aus der Zeit um 1600, der Sakramentsschrein und das Kruzifix stammen aus dem 15. Jahrhundert. An den Wänden des Chorraums fallen einige namenlose Grabsteine aus dem 18. und 19. Jahrhundert auf. Sie sind nur mit Jahreszahlen und runenähnlichen Zeichen versehen. Diese sogenannten Hausmarken waren Eigentums- und Sippenzeichen der Fischer- und Bauernfamilien im Mönchgut. Auch auf dem kleinen Friedhof der Dorfkirche auf Hiddensee trifft man auf solche Zeichen. Grabwangen aus dem 18. Jahrhundert stehen auf dem Kirchfriedhof neben der Kirche von Groß Zicker. Am **Hafen von Gager** kann man den Fischern bei ihrer Arbeit zusehen und fangfrischen Fisch kaufen. Zeesboote starten hier zu Boddenrundfahrten.

Zicker-Berge-Rundweg

Länge: 9 km (3–5 Stunden bei gemächlichem Gehtempo).
Einkehr: Restaurant ›Taun Hövt‹ in Groß Zicker.

Traumhaft schön ist vom Hafen in Gager aus die Rundwanderung in die Zicker Berge, die von den Einheimischen gerne ›Zickersche Alpen‹ genannt werden. Sie ist als ›Rundweg Zicker Berge‹ (gelber Strich auf weißem Grund) ausgeschildert und führt mit herrlichen Ausblicken auf die zerklüftete Boddenlandschaft auf dem Kammweg in das Naturschutzgebiet der Zickerschen Berge. Zunächst führt der Weg entlang der Hagenschen Wiek zur beachtlichen Steilküste des Zickerschen Höfts. Auf Sandwegen geht es durch den Trockenrasen, auf dem typisch mediterrane Pflanzen gedeihen wie etwa die Berg-Heilwurz oder das Steppen-Lieschgras, dann in das schöne Tal des Nonnenlochs zum Weststrand und zum Wiesenhügel, über den man Groß Zicker erreicht. Schließlich laufen wir an der Kirche vorbei und über den Bakenberg zurück zum Ausgangspunkt.

Granitz, Mönchgut und die Seebäder

Postleitzahl: 18609 (Binz), 18586 (Sellin, Thiessow, Baabe, Lancken-Granitz, Middelhagen, Gager und Göhren).

Vorwahl: 038393 (Binz), 038303 (Sellin, Lancken-Granitz, Baabe), 038308 (Thiessow, Göhren, Middelhagen, Groß Zicker, Klein Zicker, Middelhagen, Gager).

Fremdenverkehrsverein Binz e.V., Wylichstr.13, Tel. 038393/665740. www.gastgeber-binz.de

Kurverwaltung Ostseebad Binz, Heinrich-Heine-Str. 7, Tel. 038393148148. www.ostseebad-binz.de

Kurverwaltung Ostseebad Sellin, Warmbadstr. 4, Tel. 038303/160, Seeparkpromenade 1, Tel. 16222. www.ostseebad-sellin.de

Fremdenverkehrsverein Ostseebad Göhren e.V., Poststr. 9, Tel. 038308/25940. www.info-goehren.de

Kurverwaltung Ostseebad Göhren, Poststr. 9, Tel. 038308/66790. www.goehren-ruegen.de

Kurverwaltung Ostseebad Baabe, Am Kurpark 9, Tel. 038303/1420. www.baabe.de

Kurverwaltung Ostseebad Thiessow, Hauptstr. 36, Tel. 038308/8280. www.ostseebad-thiessow.de

Touristinformation Lancken-Granitz, Dorfstr. 8, Tel. 038308/95678.

Kurverwaltung Middelhagen, Dorfstr. 4, Tel. 038308/2153. www.middelhagen.de

Kurverwaltung Gager, Zum Hövt 15a, Tel. 038308/8210. www.mein-moenchgut.de

▸ **Binz**:

Travel Charme Kurhaus (€€€), Strandpromenade 27, Tel. 038393/14081. Grandhotel der Luxusklasse, stilvolle Eleganz, direkt am Strand. www.travelcharme.com

Loev Hotel & Spa (€€), Hauptstr. 20–22, Tel. 038393/390. Zwei-Häuser-Komplex in mondäner Bäderarchitektur, Strandnähe. Wellness- und Fitnessbereich, Gastronomie, Einkaufspassage im Erdgeschoss, Kleinkunstbühne ›Löwenherz‹ mit Bar im Haus. www.loev.de

Villa Undine (€€), Strandpromenade 30, Tel. 038393/32533. Zentrale Lage in Strandnähe, 6 Ferienappartements in ehemaligem ›Wolgasthaus‹ von 1885. www.villa-undine-binz.com

Villa Meeresgruß (€€), Margaretenstr. 19, Tel. 038393/3820. Kleines, freundliches Hotel in zentraler Lage, 100 Meter zum Strand. Bäderarchitektur mit langen Loggien. Tolles Frühstück. www.villa-meeresgruss.de

Seehotel Binz-Therme (€€), Strandpromenade 76, Tel. 038393/60. Wellnessurlaub für die ganze Familie. Thermal- und Kurabteilung mit hauseigenem Thermal-Heilwasser. Gastronomie und Kidsclub ›Seepferdchen‹. www.binz-therme.de

Strandhalle Binz, Strandpromenade 5, Tel. 038393/31564. ›Feinbürgerliche‹ Küche im Nostalgie-Ambiente der über 100-jährigen Strandhalle. Chefkoch Toni Münsterteicher kreiert kulinarische Leckerbissen aus der Ostsee, besonders beliebt: Dorsch unter Kartoffel-Rosmarinkruste. www.strandhalle-binz.de

Freustil, Zeppelinstr. 8, Tel. 50444 (im Hotel ›Vier Jahreszeiten‹). Das derzeit einzige Michelin-Stern-Restaurant Rügens. Chefkoch Ralf Haug orientiert sich konsequent an einer leichten regionalen Küche. Es gibt zwei Sechs-Gänge-Menüs, davon eines vegetarisch. www.freustil.de

Fischmarkt, Strandpromenade 33, Tel. 038393/3810; tgl. ab 12 Uhr. Hotelrestaurant, ausgezeichnete Fischgerichte. Sonnenterrasse auf der Promenade. www.strandhotel-binz.de

Bootshaus, Strandpromenade 49, Tel. 038393/57944; tgl. ab 12 Uhr. Fischlokal in der ehem. Seenotrettungsstation, Gütesiegel ›Regionale Esskultur‹, offene Showküche. www.bootshaus-binz.de

Oma´s Küche, Proraer Chaussee 2A, Tel. 038393/13556. Futtern wie bei Muttern in urgemütlichem, fast musealem Ambiente mehrerer kleiner Gasträume. Köstlich etwa der Dorsch unter Kartoffelkruste oder die Kartoffelsuppe. Frühstück ab 8 Uhr. www.omas-kueche-binz.de

▸ Karte: vordere Umschlagklappe

Alte Brennerei, Schloss Granitz, Tel. 038393/32872. Wirtshaus im urigen Gewölbe des Jagdschlosses. Kaffee, Kuchen, regionale Gerichte, auch ein mittelalterliches ›Schlemmerspektakel‹ kann angemeldet werden. Sonnenterrasse auf dem Schlosshof. www.wirtshaus-jagdschloss.de

▸ **Sellin**:

Cliff Hotel Rügen (€€€), Cliff am Meer 1, Tel. 038303/80. Traumhafte Lage, Doppelliftanlage zum Privatstrand, Luxuspool, attraktiver Beauty- und Spa-Bereich. Das Restaurant ›Seeterrassen‹ zählt zu den kulinarischen Topadressen auf Rügen. www.cliff-hotel.de

Villa Arkona (€€), Wilhelmstr. 8, Tel. 038303/1690. Appartements und FeWos mit großen, modernisierten Zimmern in feiner Bäderstilvilla. www.haus-arkona.de

Villa Subklew (€€), Warmbadstr. 1, Tel. 038303/126990. Kleines Jugendstil-Hotel in ruhiger Seitenstraße am Kurpark, komfortable Zimmer, Strandnähe. www.villa-subklew.de

Romantik Roewers Privathotel (€€–€€€), Wilhelmstr. 34, Tel. 038303/122-0. Fünf-Sterne-Superior-Luxusherberge, Hotelensemble mit fünf Bädervillen, darunter die Villa Vineta und das Blockhaus Finja. Wellness-, Health- und Spa-Bereich, Feinschmeckerrestaurant, schöner Hotelpark. www.roewers.de

Zum Skipper, Wilhelmsstr. 31, Tel. 038303/90740. Restaurant mit maritimem Flair, fangfrischer Fisch aus der Ostsee. www.skipper-sellin.de

Seebrücke Sellin, Seebrücke 1, Tel. 038303/929600; tgl. ab 11 Uhr. Zwei Lokale im Brückengebäude, stilvolles Ambiente. Speisen über den Ostseewellen, Sonnenterrasse, internationale Küche, vegetarische Kost. www.seebrueckesellin.de

Restaurant Kleinbahnhof Sellin, im Bahnhof an der B 196, Tel. 038303/87971; tgl. ab 12 Uhr. An den Gleisen des ›Rasenden Roland‹. Nostalgische Bahnhofsatmosphäre in ›Zugabteilen‹ mit drei Klassen. Norddeutsche Gerichte werden stilgerecht in der 1. Klasse serviert, mit Holztäfelung, Seidentapeten und alten Gaslampen. www.kleinbahnhof-sellin.de

Seeblick, Neuensien 9a, Seedorf bei Sellin, Tel. 038303/86597. Idyllisch gelegene Gaststätte in familiengeführter Pension. Frische regionale Gerichte, Sonnenterrasse, Wintergarten, Blick auf den Neuensiener See. www.ferienpension-seeblick.de

▸ **Baabe, Göhren**:

Villa Granitz (€€–€€€), Birkenallee 17, Baabe, Tel. 038303/1410. Familiengeführtes Hotel in Bäderarchitektur, Wettbewerbssieger der Vox-Doku-Serie ›Mein himmlisches Hotel‹. Idyllischer Hotelgarten, Hotelbar im Fischkutter, ausgiebiges Frühstücksbuffet, Strandnähe. www.villa-granitz.de

Solthus am See (€€–€€€), Bollwerkstr. 1, Baabe, Tel. 038303/8716-0. Hotel an der Boddenseite Baabes mit außergewöhnlichem Ambiente, 39 Zimmer und Suiten mit Blick auf den Selliner See oder die Baaber Heide. Wellnessbereich, Bibliothek mit Kamin. www.solthus.de

Am Meer (€–€€), Strandstr. 40, Baabe, Tel. 038303/1330. Restauriertes Gebäude von 1930 mit 12 komfortablen Zimmern, 100 m zum Strand. Fischgaststätte ›Zum Kleinen Leuchtturm‹ im früheren Waschhaus. www.am-meer-ruegen.de

Vju Hotel Rügen (€€–€€€), Nordperdstr. 2, Göhren, Tel. 038308/515. Vier-Sterne-Superior-Hotel mit modernstem Wellnessbereich, umfangreiche Gesundheitsanwendungen. Gourmet-Restaurant, Turmcafé ›Bellevue‹ mit grandiosem Ostseeblick, parkähnlicher Garten. www.vju-ruegen.de

Akzent Waldhotel Göhren (€€), Waldstr. 7, Göhren, Tel. 038308/50500. Zimmer, FeWos und Appartements überwiegend mit Meerblick, modernes Wellnesscenter, Radlerangebote. www.waldhotelgoehren.de

Gasthaus Zum Fischer, Bollwerkstr. 6, Baabe, Tel. 038303/86428; tgl. ab 12 Uhr (Saison). Schlichtes Ambiente, großartiger frischer Fisch aus Meer und Bodden. Zum Dorsch empfiehlt der Betreiber und langjährige Fischer Roberto Brandt einen Korn mit gekräutertem Sprottenfilet, den ›Schlappschwanz‹. www.zumfischer.de

Zur Muschelbar, Am Nordstrand, Göhren, Tel. 038308/25442; tgl. 9–22 Uhr. Spanische Gerichte, hauseigene Räucherei, Fischleckereien, mehrfach ausgezeichnete Fischsuppe. Frühstücksangebote, Biergarten, Live-Musik.

Kapitänsklause, Lindenstr. 2, Göhren, Tel. 0151/25251955; Do–Di ab 18 Uhr. Frischer Fisch ohne Schnickschnack, live zubereitet, ausgesuchte Weine, freundliche Atmosphäre. Alles bestens.

Amerigo Vespucci, Am Nordstrand, Göhren. Italienische Küche, Eiscafé, Dachterrasse mit wunderbarem Seeblick. www.mannigastronomie.com

▸ **Thiessow**:

Strandcafé Thiessow, Strandpromenade 1, Thiessow, Tel. 038308/8345. Direkt am langen Sandstrand, fangfrischer Ostseefisch zu moderaten Preisen, große windgeschützte Terrasse.

Zum Südperd, Strandstr. 28, Thiessow, Tel. 038308/30908. Ein ruhiges Plätzchen mit Sommerterrasse, gutbürgerliche Küche mit Fisch-, Fleisch- und Wildgerichten, Kinderteller.

Mönchguter Fischerklause, Hauptstr. 48, Thiessow, Tel. 038308/30397. Traditionslokal mit Räucherei. Der Familienbetrieb wird von den Fischern des Mönchguts beliefert, saisonal gibt es Herings-, Zander- und Hornfischtage. Spezialität sind die Hornfisch-Filet-Zöpfe. www.moenchguter-fischerklause.de

▸ **Middelhagen, Groß Zicker, Klein Zicker, Gager**

Gasthof Zur Linde, Dorfstr. 20, Middelhagen, Tel. 038308/5540. Gute regionale Küche mit Fischspezialitäten, auch Kindergerichte. Mit Privatrösterei sowie Rügens einziger Gasthausbrauerei. Gezapft wird unter anderem bernsteinfarbenes Kellerbier und dunkles Klosterbier. Das älteste Lokal der Insel machte sich außerdem einen Namen als Gasthof ›Zum Störtebeker‹ in der TV-Serie ›Ein Bayer auf Rügen‹. Außerdem: Hotel mit 20 DZ. www.zur-linde-ruegen.de

Zum Walfisch, Lobbe 32, Middelhagen, Tel. 038308/25467; Do–Di 11.30–22 Uhr. Nur wenige Meter vom Strand entfernt, auf der anderen Seite blickt man auf die Zicker Berge und die Hagensche Wiek. Frische Gerichte auf hohem Niveau, fangfrischer Fisch. Terrasse. Pension. www.walfisch-ruegen.de

Imbiss am Bodden, Dörpstrat 5, Klein Zicker, Tel. 038308/8351; Mai–Okt. Räucherfisch auf wunderbarer Terrasse direkt am Bodden.

Taun Hövt, Boddenstr. 61, Groß Zicker, Tel. 038308/5420; tgl. ab 12 Uhr (Saison). Herrliche Lage mit Boddenblick. Frischer Fisch in allen Variationen. Große Sommerterrasse. Ferienappartements. www.taun-hoevt.de

Marina Gager (€), Zum Höft 28e, Gager, Tel. 0152/04102227. Inmitten der Natur: Strandwagen mit Pantryküche, Esstisch und Etagenbett auf der Mole des Fischerdorfes. Traumhafter Blick auf den Bodden, die Insel Vilm und die Zickerschen Berge. www.marina-gager.com

Jugendherbergen

Alle Einrichtungen: www.jugendherberge.de

Jugendherberge Binz (€), Strandpromenade 35, Tel. 038393/32597. Super Lage am Strand, 169 Betten in 36 Zimmern. Im Sommer frühzeitige Reservierung notwendig.

Jugendherberge Sellin (€), Kiefernweg 4, Tel. 038303/95099. Im Wald, 250 m zum Strand.

Jugendherberge Prora (€), Mukraner Str. 5, Tel. 038393/66880, Binz/OT Prora; ganzjährig. Für 16,3 Millionen Euro erbaut, 2011 eröffnet, 400 Betten in 96 Zimmern. Schöne Lage direkt am Naturstrand von Prora, teilweise barrierefrei, Bistro. Zur Herberge gehört der Jugendzeltplatz (Apr.–Okt.). Hier sind HP und VP möglich.

▸ Karte: vordere Umschlagklappe

Regenbogen Camp Göhren, Am Kleinbahnhof, Göhren, Tel. 038308/90120. Campingplatz mit 840 Stellplätzen, direkt am Strand, Sportanlagen, Wellness, Surfschule, Radverleih. Ganzjährig. www.regenbogen.ag

Campingplatz Dat Stranddörp, Lobbe 32a, Middelhagen, Tel. 038308/2314. Über 240 Stellplätze, eigener Strand, windsurfen, kiten, segeln, paddeln. www.campingruegen.de

Campingplatz Thiessow, Hauptstr. 4, Tel. 038308/669585. Über 300 Stellplätze, 150 m zum Strand, Nordic Walking, Radverleih, Kinderspielplatz, schattige Plätze. www.campingplatz-thiessow.de

Konditorei & Café Torteneck, Proarer Str. 1, Binz, Tel. 038393/127954; tgl. 7–18 Uhr. Die Institution im Seebad für süße Versuchungen, Frühstück. www.torteneck.de

Turmcafé Bellevue, Nordperdstr. 2, Göhren, Tel. 038308/515; tgl. 14–17 Uhr (Saison). Der Name ist Programm: Wunderschöner Ausblick auf das Meer vom 26 Meter hohen Aussichtsturm des Hotels ›Hotel Vju Rügen‹. Hauseigene Konditorei. www.hotel-hanseatic.de

Teestube Baabe, Strandstr. 30, Baabe, Tel. 038303/12171. Ambiente in elegantem, schwedischem Stil, über 40 Teesorten, Außenterrasse, Strandnähe. www.teestube-baabe.de

Café Klatsch, Am Kurpark 2, Baabe; Mi–So ab 11.30 Uhr (Saison). Direkt am Kurhaus. Große Auswahl an Tee- und Kaffeespezialitäten, leckere Bernsteintorte. Kinderfreundlicher Service. www.baabe-cafeklatsch.de

Pokenstuw, Alt Reddewitz 19a, Middelhagen, Tel. 038308/6680. Café mit hausgebackenem Kuchen, Hoflädchen mit inseltypischen Produkten, schöner Boddenblick. FeWos. www.ruegentypisch.de

Moccavino, Alt Reddevitz 18a, Middelhagen, Tel. 038308/66336; Do–Mo ab 11 Uhr. Herrliche Wasserlage, Torten-, Kuchen-, Tee- und Kaffeespezialitäten, auch Weine und deftige Gerichte wie die Putbusser Fischsuppe. www.moccavino.com

Café Inselwind, Boddenstr. 16, Groß Zicker. Neben der mittelalterlichen Kirche. Gluten- und laktosefreie Köstlichkeiten aus der hauseigenen Backstube wie etwa die Sanddorn-Joghurt-Torte. Maritimes Ambiente, Außenterrasse. Restaurant und Hotel. www.hotel-inselwind.de

Loev Bar, Hauptstr. 20–22, Binz, Tel. 038393/390. Bar im Stil der 1920er Jahre. Kaffeespezialitäten und hausgebackener Kuchen tagsüber, abends große Auswahl an Cocktails und Spirituosen. www.loev.de

Cocktailbar Villa Salve, Strandpromenade 41, Binz, Tel. 038393/2223. In renovierter weißer Jugendstilvilla von 1899. Hier wirkt, rührt und schüttelt seit vielen Jahren der legendäre Barmeister Bernd Beyer. Im Sommer Szenetreff vieler Rüganer in der Außenbar mit Seeblick und auf der Freiluftterrasse. 200 Cocktails, Live-Musik. www.salve-binz.de

Globetrotter, Katharinenstr. 5, Göhren, Tel. 038308/25414; Mai–Okt. Di–Sa 19–24 Uhr, sonst Fr/Sa 19–24 Uhr. Große Cocktailauswahl, größte Spirituosenauswahl Rügens, leckere Snacks, Live-Sportübertragungen. Die Gäste sitzen in Interieurs verschiedener Länder – Afrika, Karibik, Mexiko, Kanada. www.globetrotterbar.de

Dokumentationszentrum Prora, Objektstr. 1/Strandstr. 1 (Block 3/Querriegel), Binz/OT Prora, Tel. 038393/13991; April, Mai, Sept., Okt. 10–18 Uhr, Juni–Aug. 9.30–19 Uhr, Jan., Nov. 10–16 Uhr, Feb., März 10–17 Uhr, Führungen über das Gelände tgl. 11.15 und 14 Uhr. Vorherige telefonische Anmeldung erbeten, auch über Whatsapp. www.proradok.de

Prora-Zentrum, Mukraner Str. 12 (neben der Jugendherberge); Mai–Okt. tgl. 10–18 Uhr, Nov.–April Mo–Fr 10–16 Uhr, Führungen Apr.–Okt. Di und Do 10 und 14 Uhr. www.prora-zentrum.de

Oldtimer Museum Rügen, Proraer Allee 119, Binz/OT Prora, Tel. 038393/2366, ganzjährig tgl. 10–17 Uhr. www.oldtimer-museum-ruegen.de

Jagdschloss Granitz, Binz, Tel. 038393/66710; Mai–Sept. tgl. 10–18 Uhr, April/Okt. 10–17 Uhr, Nov.–März Di–So 10–16 Uhr. Erw. 6/erm. 4 Euro, Kinder unter 18 Jahre frei, Gruppenführungen. www.granitz-jagdschloss.de

Naturerbe Zentrum Rügen: Baumwipfelpfad und Erlebnisausstellung, Forsthaus Prora 1, Binz/OT Prora, Tel. 038393/662200; tgl. ab 9.30 Uhr, Mai–Sept. bis 19.30 Uhr, sonst bis Sonnenuntergang. Erw. 12, Kinder von 6–14 Jahren 9Euro, Familienticket (2 Erw. plus eigene Kinder) 27 Euro. 90-minütige Führungen tgl. 11, 14 und 16.30 Uhr. Barrierearm, Shop mit regionalen Spezialitäten, Spielplatz. Restaurant ›Boomhus‹ mit saisonaler Küche, einer Bio-Menü-Linie und Sommerterrasse. www.nezr.de

Bernsteinmuseum, Granitzer Str. 43/Ecke Wilhelmstraße, Sellin, Tel. 038303/87279; Mo–Fr 10–13 und 14–17.30, Sa 10–12 Uhr. Das einzige Bernsteinmuseum auf Rügen gibt Einblicke in die Entstehung und die Geschichte des Bernsteins. Im Privatmuseum führen zahlreiche Objekte durch die Kunst- und Kulturgeschichte bis zur Gegenwart.. www.bernsteinmuseum-sellin.de

Museum Seefahrerhaus, Seestr. 17, Sellin, Tel. 038303/371105; Mai–Okt. So–Fr 11–17 Uhr.

Schulmuseum Middelhagen, Dorfstr. 4, Tel. 2478, April–Okt. Di–So 11–17 Uhr, historische Schulstunden im Sommer jeden Di und Mi pünktlich um 10 Uhr.

Lotsenturm Thiessow, jederzeit zugänglich. Ausstellung und Historische Lotsenwache: Apr.–Okt. 1 Euro fürs Drehkreuz.

Pfarrwitwenhaus, Boddenstr. 35, Groß Zicker, Tel. 038308/8248; April/Mai/Juni/Sept./Okt. Mo–Fr 11–16, Sa/So 13.30–16 Uhr, Juli/Aug. Mo–Fr 11–17, Sa/So 13.30–17 Uhr. www.kirche-auf-moenchgut.de

Surf & Sail Baabe, Am Fischerstrand 1, Baabe, Tel. 0179/5303933. Alteingesessene Wassersportschule am Baaber Fischerstrand direkt am offenen Meer. Anfänger- und Fortgeschrittenenkurse, www.windrider.de

Surfoase Mönchgut, Kite-, Surf- und Segelschule Thiessow, Dörpstrat 2, Klein Zicker. Anfängerkurse, Aufbaukurse, Einzelunterricht. Campingplatz direkt am Wasser, moderne Sanitärgebäude, Apr.–Ende Okt. www.segelschule-ruegen.de

Kletterwald BinzProra, Dritte Str. 5a, Binz/OT Prora, Apr.–Okt. tgl. ab 10 Uhr, Juli/Aug. bis 19 Uhr, 10 abwechslungsreiche Parcours in 5 verschiedenen Schwierigkeitsgraden. Geeignet für Kinder von 5 bis 14 Jahren. www.seilgarten-prora.de

Tauchgondel Sellin, am Seebrückenkopf, Tel. 038303/92777; Juni–Aug. 10–21 Uhr, Frühjahr und Herbst 10–19, im Winter 11–16 Uhr. www.tauchgondel.de

Bade- und Erlebniswelt Ahoi! Rügen, Badstr. 1, Sellin, Tel. 038303/123-0; tgl. 10–22 Uhr, im Winter 14–21 Uhr; Fr–Mo immer drei Stunden vor Schließung: Mondschein-Baden mit beleuchteten Wasserflächen und Whirlpools, Öffnung der Poolbar. 600 Quadratmeter Wasserfläche, große Saunalandschaft und Wellnessbereich. www.ahoi-ruegen.com

Proboarding Rügen, Dörpstrat 35, Thiessow/OT Klein Zicker, Tel. 0174/9111922; Apr.–Okt. Kitesurfen, Windsurfen und SUP (Stand Up Paddling). www.proboarding.de

Abenteuer Dünengolf Rügen, Nordstrand 4, Göhren, Tel. 0172/4129791. Liebevoll gestaltete Anlage für Groß und Klein, direkt am Strand. www.golf-goehren.de

Karls Erlebnis-Dorf, Binzer Str. 32, Zirkow, Tel. 038393/131534. www.karls.de

Karte: vordere Umschlagklappe

Adler-Schiffe Ausflugsdampfer starten von den Seebrücken in Binz, Sellin und Göhren zum Seebrücken-Hopping, nach Sassnitz, zu den Kreidefelsen und nach Peenemünde auf Usedom. www.adler-schiffe.de www.reederei-ostsee-tour.de

Radverleih Deutschmann, Proraer Chaussee 4a (neben der Tankstelle), Binz, Tel. 038393/2927. Auch Motorroller, E-Bikes und Kinderanhänger, tgl. geöffnet. www.zweirad-deutschmann.de

Fahrrad-Tilly, Schulstr.7, Göhren, Tel. 038308/2240; Verleih Apr.-Okt. tgl. ab 9 Uhr, sonst Mo-Fr. www.fahrrad-tilly.de.

Fahrrad Mix, Strandstr. 36, Baabe, Tel. 038303/371190; Ostern-Okt. tgl. www.fahrradverleih-baabe.de

Rügen Markt, Di und Do am Hafen in Thiessow, Mi am Strand in Lietzow, jeweils Mai-Okt. 9-16 Uhr. Räucherfisch, Naturprodukte aus Rügener Heilkreide, Bienenhoig, Kunsthandwerk.

Mönchguter Hofbrennerei Zur Strandburg, Alt Reddevitz 36, Middelhagen, Tel. 34105. Feine Destillate aus Früchten und Getreide. Renner ist der ›Pommersche Greif‹, der einzige auf Rügen hergestellte Whisky. Auch Pfirsich- und Sanddornliköre. Im Sommer Führungen. www.hofbrennerei-strandburg.de

Kolonial-Stübchen, August-Bebel-Str. 5, Sellin, Tel. 038303/958029. Über 300 Teesorten, Sanddornprodukte, mediterrane Feinkost, Kolonialstil-Möbel, Schokoladen, Whiskys. www.kolonialstuebchen.de

Strandkorbmuster in Sellin

Die ›Königslinie‹ nach Schweden

Die Fährverbindung zwischen Rügen/Stralsund und Schweden ist eine der ältesten und traditionsreichsten Europas. Schon ab 1683, als Vorpommern nördlich der Peenemündung in die Ostsee noch schwedisch war, verkehrten die ersten Postjachten regelmäßig zwischen Stralsund und Ystadt. Je nach Wetterverhältnissen betrug die Überfahrt damals neun Stunden bis sechs Tage. Befördert wurden neben Lebensmitteln, den Postkutschen und den Pferden vor allem schwedische Soldaten. Die erste Dampfschifffahrtslinie der Ostsee eröffnete 1824 ihren regelmäßigen Pendelverkehr zwischen Schweden und Preußen, dem Vorpommern 1815 zufiel. Nachdem die Eisenbahnlinie von Berlin nach Stralsund bis Rügen verlängert worden war, fuhren ab 1897 moderne Doppelschrauben-Salondampfer zwischen Sassnitz und dem schwedischen Trelleborg bei Malmö. Allerdings erwies sich das ständige Umladen und Umsteigen von der Bahn aufs Schiff und umgekehrt als zu teuer und sehr zeitraubend. So beschlossen die beiden Eisenbahnverwaltungen 1907 die Einrichtung eines Trajektverkehrs, bei dem die ganzen Züge auf der Fähre über die Ostsee transportiert werden konnten. Der Hafen von Sassnitz wurde ausgebaut, neue Fährschiffe in Auftrag gegeben. Im Sommer 1909 eröffneten schließlich der marinevernarrte deutsche Kaiser Wilhelm II. und der schwedische König Gustav V. feierlich den kürzesten Weg von Deutschland nach Schweden: die neue Seeverbindung zwischen den beiden Staaten. Mit 107 Kilometern war sie damals die längste Eisenbahnfährstrecke der Welt. Sie wurde ›Königslinie‹ genannt, wohl weil die beiden Monarchen an der Jungfernfahrt teilnahmen. Die Schweden nennen sie meist lieber ›Schnapslinie‹. Im Schnellzug von Berlin nach Malmö (›Malmö-Express‹) konnten die Fahrgäste jedenfalls nun bis zur Ankunft in der südschwedischen Stadt bequem sitzen bleiben.

Die ›Schwedenfähre‹ mit dem Malmö-Express in ihrem Bauch war außerordentlich beliebt, der Personen- und Güterverkehr wuchs stetig an. Die Seeverbindung funktionierte selbst während des Ersten Weltkriegs hindurch reibungslos. Das machte sich Lenin im Frühjahr 1917 zunutze und reiste, aus der Schweiz kommend, über Sassnitz und Schweden nach Russland, um dort mit seinen Genossen die Oktoberrevolution vorzubereiten. In den Anfangsjahren des Zweiten Weltkriegs war die Schwedenfähre das ersehnte Ziel vieler Verfolgter des Naziregimes. Aber nur wenigen glückte, versteckt unter den Transitwaggons, die Flucht ins neutrale Schweden. Die erste Nachkriegsfähre eröffnete 1948 den wieder aufgenommenen Trajektverkehr, nun zwischen Schweden und der Deutschen Demokratischen Republik (DDR). In den nächsten 40 Jahren war der Fährhafen von Sassnitz hermetisch abgeriegelt: Stacheldraht, Demarkationsschilder, Absperrungen, Kontrollen. Hier war streng gesichertes Grenzgebiet an der Weltenteilung im Kalten Krieg. Die Orte der Sehnsucht vieler lagen dort, wohin die weißen Fähren zweimal am Tag fuhren: Trelleborg, Malmö, Schweden auf der anderen Seite der Ostsee. Die letzte Schwedenfähre im Stadthafen von Sassnitz legte 1998 ab. Danach verlegte man die Fähren in den neu gebauten Hafen des Stadtteils Neu Mukran.

Seit September 2020 verbindet der Skane Jet, eine Katamaran-Schnellfähre der deutschen Reederei FRS, Rügen mit der schwedischen Kleinstadt Ystad – in sagenhaften 2,5 Stunden (→ S. 178).

Jasmund

Ich trank in schnellen Zügen
Das Leben und den Tod
Beim Königsstuhl auf Rügen
Am Strand im Morgenrot.
Adelbert von Chamisso,
aus ›Die Jungfrau von Stubbenkammer‹ (1874)

Vor langer Zeit stand im Nordosten Rügens eine Burg, die den Namen Asund trug. Sie wurde zerstört, als die Dänen 1168 die Insel eroberten. Doch ihr Name lebte fort. Er veränderte sich jedoch im Laufe der Jahrhunderte zu Jasmund und gab der 135 Quadratkilometer großen Halbinsel ihren heutigen Namen. So will es die Sage. Das Landschaftsbild des Jasmund ist von eiszeitlichen Ablagerungen geprägt. In abflusslosen Senken entstanden kleine Seen, die allmählich verlandeten und zu Mooren wurden. Hier und auf den Wiesen und Trockenrasengebieten gedeihen unter anderem Anemonen, Himmelsschlüssel, Orchideen, Fieberklee, Sonnentau, auch Leberblümchen und der Riesenschachtelhalm. Seit rund 1000 Jahren wachsen Rotbuchen in Küstennähe. Sie stehen mittlerweile als Welterbe unter dem Schutz der UNESCO. Strömungen, Wellen und Stürme formten die spektakuläre Steilküste mit ihren bizarren Kreidefelsen. Der markanteste Kreidefelsen ist der 118 Meter hohe Königsstuhl der Stubbenkammer, das Wahrzeichen des 30 Quadratkilometer großen Nationalparks Jasmund (→ S. 35). Eine andere Kreideformation, die Wissower Klinken, rutschten 2005 fast vollständig ins Meer ab (→ S. 34). Die Kreideküste ist ein Urlaubermagnet, jährlich wird sie von schätzungsweise 1,5 Millionen Menschen besucht. Vor allem der frühromantische Maler Caspar David Friedrich (→ S. 99) hat sie vor 200 Jahren mit seinem weltberühmten Kreidefelsen-Gemälde bekannt gemacht. Die größte Ortschaft auf der Halbinsel Jasmund ist die überaus interessante Hafenstadt Sassnitz. Ihre weiße Altstadt ist eine wahre Augenweide.

Strahlende Bäderarchitektur unmittelbar am Hafen von Sassnitz

Sassnitz

Sassnitz ist eine ehrliche Haut, ehrlich wie eine Mecklenburger Kartoffel. Man sieht der Stadt ihre Geschichte vom armen Fischerdorf bis zum glamourösen Seebad an.
Aus ›Drei Frauen auf Rügen‹
von ***Sabine Kästner*** *(2009)*

Der von Wald und Hügeln umkränzte Kurort an der Ostküste der Halbinsel Jasmund ist die zweitgrößte Stadt Rügens. Sie zählt knapp 10000 Einwohner. Sassnitz liegt in unmittelbarer Nachbarschaft des Nationalparks Jasmund mit den berühmten Kreidefelsen der Insel. Ein herrlicher Hochuferweg verläuft vom Ort dorthin. Die Hafenstadt ist einer der großen deutschen Fährhafen, 1909 wurde die ›Königslinie‹ mit dem ersten Eisenbahnfährschiff ins schwedische Trelleborg eröffnet.

Im rund fünf Kilometer entfernten Ortsteil Neu Mukran, zu DDR-Zeiten erbaut, fahren seit 1998 die großen Fähren nach Skandinavien und auch nach Osteuropa. Im während der Sommermonate sehr quirligen Sassnitzer Hafen liegen viele bunte Fischkutter, Ausflugsboote starten zu den Kreidefelsen, zu anderen Seebädern oder nach Usedom. Am Stadthafen befindet sich auch das Fischerei- und Hafenmuseum. Von der längsten Außenmole Europas – sie ist fast 1450 Meter lang! – hat man einen wunderen Blick auf Hafen und Stadt. Nicht minder schön ist der Hafenblick von der 274 Meter langen, kühn geschwungenen Fußgängerbrücke aus, die seit 2007 den Hafenbereich mit dem höher gelegenen Ortskern von Sassnitz verbindet. Der ›Balkon zum Meer‹ wurde 2016 mit dem Deutschen Brückenbaupreis ausgezeichnet. Das langgezogene Stadtzentrum oberhalb des Hafens wird schnurgerade von der B96 durchschnitten. Diese 520 Kilometer lange Bundesstraße beginnt im sächsischen Zittau, führt durch Berlin und endet abrupt hier in Sassnitz.

▲ Karte S. 161

Geschichte

Auch ohne B96 fand der märkische Wanderer Theodor Fontane den Weg hierher. Der Dichter war im September 1884 Gast auf Rügen. In seinem Roman ›Effi Briest‹ von 1895 legt Fontane seiner Romanfigur Baron Geert von Instetten folgenden berühmt gewordene Sätze in den Mund: »Und dann von Stralsund nach Rügen [...] und weiter zwischen dem Großen und Kleinen Jasmunder Bodden hin bis nach Sassnitz. Denn nach Rügen reisen, heißt nach Sassnitz reisen.« Damals, am Ende des 19. Jahrhunderts, war Sassnitz noch das führende Seebad auf Rügen. Doch die touristische Hochzeit als Modebad hielt nicht lange an. Es lag wohl daran, dass Sassnitz für ein florierendes Seebad etwas sehr Wesentliches fehlte: ein natürlicher Sandstrand. Der charakteristische und durchaus interessante Feuersteinstrand der Stadt, der sich mit Steingeröll und Felsblöcken am Ufer verbindet, taugt nicht für Bade- und Strandvergnügungen. Zwar wurde regelmäßig östlich des Hafens in den Badeanstalten an der Strandpromenade ordentlich Sand aufgeschüttet, doch Brandung und Stürme rissen ebenso regelmäßig das meiste schnell wieder weg. Das mit Sandstrand verwöhnte Binz avancierte schließlich spätestens Anfang der 1930er Jahre zum führenden Seebad auf Rügen. Dabei hatte der Badetourismus für Sassnitz noch recht viel versprechend Mitte des 19. Jahrhunderts begonnen. Damals setzte eine größere Bautätigkeit von Hotels, Pensionen und Geschäftshäusern ein, 1871 wurde die Straße nach Sassnitz ausgebaut, schon 1878 gab es eine Schiffsverbindung mit Stettin und 1891 den Eisenbahnanschluss nach Bergen.

1= Rosa-Luxemburg-Str.
2= Karlstr.
3= Böttcherstr.
4= Uferstr.
5= Bachpromenade
Lohme, Putgarten
303
Stubbenkammerstr.
Steinbachweg
Bergstr.
Marktstr.
Rosenstr.
Kurpfalz
Musik-pavillon
Fürstenhof Apartments
Villa Seeblick
Seebrücke
Ringstr.
Strandpromenade
Hauptstr.
Rathaus
St. Johannis
Schult-Kruse-Str.
Fahrrad Harm
Seestr.
Gastmahl des Meeres
Hafenstr.
Café Gumpfer
Fischkutter Heimat
Rügenmarkt
Hermann-Bebert-Str.
Bachstr.
Am alten Kreidebruch
Kutter-fisch
Victoriastr.
Stadt-hafen
Ostmole
Mittelstr.
Lindenallee
Wallerstr.
Radvanstr.
Stiftstr.
Fischerei- und Hafenmuseum
Water-kant
Portofino
Rügengalerie
Rügen-hotel
Waldmeisterstr.
Sassnitz
Bahnhof-str.
U-Boot-Museum
Birkenweg
Merkelstr.
Stralsunder Str.
Schmetterlingspark Alaris, Neu Mukran, Bergen, Stralsund
96
Rügen Fisch
Binz, Sellin
Sassnitz
0 100 200 m

Die ersten Bade- und Kurgäste kamen ab 1860, später auch viel nationale Prominenz. So nahmen etwa Kaiser Wilhelm und seine Gattin Auguste Viktoria hier 1890 Quartier, Johannes Brahms weilte bereits 1876 im neuen Seebad und komponierte hier an der Kreideküste den letzten Satz seiner Sinfonie Nr. 1 in c-Moll. Aber der Bädertourismus blieb genau genommen immer nur das zweite wirtschaftliche Standbein des alten Fischerortes, der 1906 mit dem benachbarten Bauern- und Fischerdorf Crampas vereinigt wurde. Die Kreideindustrie im nahen Kreidewerk Klementelvitz baute man im frühen 20. Jahrhundert aus, aber vor allem die Errichtung der 1444 Meter langen und den Hafen schützenden Ostmole in den Jahren von 1889 bis 1912 machte Sassnitz zum führenden Fischereihafen Rügens. Die Fischverarbeitung war daraufhin bald der wichtigste Erwerbszweig der Hafenstadt. Nach dem Zweiten Weltkrieg entwickelte sich Sassnitz zum Zentrum der ostdeutschen Hochseefischerei. Die Einwohnerzahl verdreifachte sich zwischen 1945 und 1976 auf 15 000. Im VEB Fischkombinat am Hafen arbeiteten zu DDR-Zeiten mehr als 2000 Menschen. Heute produziert die Rügen Fisch AG ein großes Sortiment an Fischkonserven und beschäftigt noch rund 200 Arbeiter.

Während der NS-Zeit war Sassnitz ein wichtiger Marinestandort. Bereits 1935/36 gründete die NSDAP in der Stadt eine Schulungsburg. Im Krieg wurde sie als Lazarett genutzt. Die letzten Kriegsmonate befand sich im Ort ein Außenlager des Frauen-KZ Ravensbrück. Mehrere Stolpersteine auf den Gehwegen erinnern noch an die damaligen Häftlinge. Ab Februar 1945 wurde Sassnitz zum Ausweichhafen für Flüchtlinge aus dem Osten des Reiches, da Swinemünde auf Usedom völlig überlastet war. Ein britischer Bombenangriff im März 1945 hinterließ 1200 Tote sowie größere Zerstörungen in der Stadt und im Hafen. Erst 1957 erhielt Sassnitz das Stadtrecht. 1991 wurde der Fährhafen Sassnitz ins benachbarte Mukran verlegt.

Überraschend verwinkelt präsentieren sich Teile der Altstadt

▲ Karte S. 159

Altstadt

Die den Ort dominierende Hauptstraße verläuft am oberen Rand des Steilufers entlang, vorbei an der tiefer gelegenen Altstadt. Der weitaus schönste und charmanteste Teil von Sassnitz bleibt so dem Auge der Autofahrer oft verborgen. Es soll ja sogar Rüganer geben, die die Altstadt von Sassnitz noch nie gesehen haben. Der historische Stadtkern, Jahrzehnte lang vernachlässigt, wurde nach der politischen Wende im Rahmen der Städtebauförderung aufwändig und liebevoll saniert. Nun leuchten sie wieder in knalligem Weiß wie anno 1900, die schmucken Häuser und **Bädervillen** aus der Hochzeit des Seebads Sassnitz. Enge, verwinkelte und zum Ufer steil ab-

Die H.M.S. Otus, heute ein Museum

fallende Gässchen führen malerisch an filigran verzierten Fassaden von reizenden Feriendomizilen in Bäderarchitektur vorbei, immer das Meer weit unten vor Augen. Das erinnert durchaus an eine mediterrane Ortschaft, vor allem wenn die Sonne die weißen Pensionshäuser erstrahlen und die See fast unwirklich türkis glitzern lässt. So überrascht es nicht, wenn die markante Steilhanglage der Altstadt auch literarisch verewigt wurde. Theodor Fontane lässt in seinem Roman ›Effi Briest‹ Effis Blick über die weite Küstenlandschaft schweifen und schließlich die junge Frau freudig ausrufen: »Ach, Geert, das ist ja Capri, das ist ja Sorrent.« Dass man sich nicht in italienischen, sondern norddeutschen Gefilden befindet, wird einem spätestens deutlich, wenn man an den weißen Fassaden die Häusernamen in Alt-Sassnitz liest: Nordischer Hof, Villa am Steinbach, Villa Fürstenhof oder Villa Hertha.

Etwas versteckt liegt der kopfsteingepflasterte **Marktplatz** mit einigen Kneipen und Bistros, umgeben von Treppchen und hübschen Vorgärten. Weiter unten ist der **Kurplatz** mit dem 1988 aufgestellten **Musikpavillon**, auch Kurmuschel genannt. Er ist eine Arbeit des Bauingenieurs Ulrich Müther (→ Extra S. 58). An der Strandpromenade hat man 1993 die **Seebrücke** errichtet.

Oben an der Schult-Kruse-Straße steht das **Rathaus** von 1910, das damals als Gemeindehaus und als Warmbad eröffnet wurde. Auf einer Anhöhe gegenüber ragt der rote, schlanke Turm der neugotischen **Johanniskirche** von 1883 hervor.

Rund um den Hafen

Die meisten Sehenswürdigkeiten der Stadt liegen am Hafen. Einen weiten und herrlichen Überblick über die Hafenanlagen und die Stadt hat man von der langen **Außenmole** aus. Fast 1500 Meter spaziert man auf der Mole, bis man das Leuchtfeuer erreicht hat: linker Hand das Meer, rechts der pittoreske **Stadthafen**. Hier dümpeln elegante Jachten und Sportboote, die bunten Kutter der Küstenfischer und Fischereischiffe. Gefangen werden vor allem Dorsch, Hering und Flunder. Und von der Mole aus starten auch die Ausflugsdampfer zu ihren Fahrten entlang der Kreideküste, zum Kap Arkona oder zu den Seebrücken einiger Ostseebäder. Auf einigen ehemaligen

Fischkuttern am Molenfuß werden fast das ganze Jahr über Räucherfisch und leckere Fischbrötchen angeboten, Möwen kämpfen um Brötchenreste.

Auf der gegenüberliegenden Seite beginnt am **Rügenmarkt** die **Hafenstraße**, eine Art maritime Flaniermeile mit Reedereien, Fischereibetrieben, Schiffsausrüstern, Souvenirläden, Galerien, Cafés, Imbissbuden und Restaurants. Hier befindet sich auch das **Fischerei- und Hafenmuseum**. Es zeigt anschaulich anhand von zahlreichen Exponaten und Fotos die Geschichte der Fischerei, der Fischverarbeitung, des Fährschiff- und Bäderschiffverkehrs in Sassnitz. Bestandteil der Ausstellung ist das Museumsschiff ›Havel‹. Der 26-Meter-Kutter war das zu DDR-Zeiten für den VEB Fischkombinat auf der Ostsee unterwegs. Wenige Schritte entfernt liegt seit 2002 fest vertäut an der Kaimauer des Stadthafens das einstige britische **U-Boot H.M.S. Otus**, 1962 gebaut und im Auftrag der Queen vor allem im Persischen Golf sowie im Falkland-Krieg im Einsatz. Heute dient das 90 Meter lange U-Boot friedlich als Museum und kann besichtigt werden. Die Einrichtung ist fast vollständig original erhalten. darunter die Kommandozentrale mit zwei funktionstüchtigen Periskopen, die die Besucher bedienen dürfen.

Schmetterlingspark Alaris

Am südwestlichen Ortsrand von Sassnitz wird´s exotisch. Im Schmetterlingspark Alaris sind Hunderte von frei fliegenden tropischen Schmetterlingen zuhause. Unter den vielen farbenfrohen Arten flattert auch der mit 30 Zentimeter Flügelspanne größte Schmetterling der Welt, der Atlas-Seidenspinner, unter dem Glasdach.

Neu Mukran

Der neue Hafen Neu Mukran entstand zu DDR-Zeiten nur wenige Kilometer südlich von Sassnitz. Die riesige Anlage wurde vor allem auf Betreiben der Sowjetunion in kürzester Zeit, zwischen 1983 und 1986, hochgezogen. Die politische Bedeutung des Hafens war aufgrund der engen wirtschaftlichen Verflechtungen zwischen der DDR und der UdSSR immens, denn durch die damals politisch unzuverlässige Volksrepublik Polen sollten keine Warenlieferungen mehr geleitet werden. Rund zehn Jahre später, 1994, diente ausgerechnet dieser Hafen

Im geschäftigen Mukran Port

▲ Karte S. 159

zur Ausschiffung sowjetischer Streitkräfte in ihre Heimat: Ironie der Geschichte für die einen, wohl eher tragisch oder bitter für die anderen.

Der heutige **Mukran Port** ist der östlichste Tiefwasserhafen Deutschlands und ein wichtiges Drehkreuz für den internationalen Personen- und Güterverkehr. Der Hafen ist zudem Basishafen für Offshore-Projekte (→ S. 64), Drehscheibe für Getreideumschlag sowie der größte Eisenbahnfährhafen in Deutschland, in dem Züge der in Russland, den baltischen Ländern und Finnland verwendeten Breitspur angepasst werden können. Seit 2020 pendelt die neue Katamaran-Schnellfähre Skane Jet zwischen Mukran und Ystad in nur 2,5 Stunden (→ S. 178).

Auf der Suche nach Hühnergöttern: im Feuersteinfeld bei Neu Mukran

Die Umgebung

Eine einzigartige Sehenswürdigkeit nicht nur auf Rügen, sondern europaweit sind die **Feuersteinfelder** etwas südlich von Neu Mukran. Ausgangspunkt des etwa halbstündigen Fußwegs dorthin ist der große Parkplatz an der Hauptverkehrsstraße von Binz nach Sassnitz. Der gut ausgeschilderte Waldpfad führt zu dem rund fünf Hektar großen Areal nahe des Kleinen Jasmunder Boddens. Die Feuersteinfelder sind ein Geröllmeer mit Millionen von Feuersteinen, die sich vor Urzeiten in den Hohlräumen dickflüssiger Kreidemasse am Meeresgrund gebildet haben (→ S. 32) Die meisten dieser Steine sind nahezu 70 Millionen Jahre alt. Sie sind dunkelgrau, einige auch tiefschwarz, viele haben eine dünne weißliche Rinde. Doch wie kamen sie hierher? Vor rund 3500 bis 4000 Jahren riss das Meer die Steinmassen aus den Kreideküsten des Jasmund und warf sie durch eine Sturmflut hier auf, wo sie sich in Geröllwällen ablagerten. Die 14 Wälle sind insgesamt 2 Kilometer lang und bis zu 350 Meter breit. Zwischen den Wällen hat sich längst eine Wachholder- und Heidevegetation angesiedelt, ansonsten verhindern seit den 1970er Jahren Mufflons bisskräftig die Ausbreitung des Waldes auf dem steinernen Terrain. Mit etwas Glück lassen sich auch seltenere ›Hühnergötter‹ finden.

Bei **Gummanz**, knapp 15 Kilometer nordwestlich von Sassnitz, wurde von 1855 bis 1962 Kreide abgebaut. Ein **Kreide- und Naturlehrpfad** rund um den ehemaligen Kreidebruch vermittelt Wissenswertes über die historische Kreidegewinnung, die Geologie und die nach dem Abbau auftretenden Naturprozesse. Er beginnt am **Kreidemuseum** von Gummanz (→ S. 177) und führt zur Aussichtsplattform des 40 Meter aufragenden Kleinen Königstuhls. Die interaktive Ausstellung des Museums in der restaurierten Werkhalle des alten Kreidewerks informiert über das Gestein ›Rügener Schreibkreide‹ als geologische Formation, als natürlicher Rohstoff, als Heilmittel und als Fundstätte von Fossilien. In der Freilichtausstellung sind originale Werkzeuge und Geräte aus der Zeit des historischen Kreideabbaus zu sehen.

Wanderung: Hochuferweg von Sassnitz zum Königsstuhl

Länge: 8,3 km.
Gehzeit: ca. 3-4 Stunden
Symbol: roter Balken
Tour-Info: Ausgangspunkt ist Sassnitz-Wedding am nördlichen Stadtrand. Hier befindet sich auf der linken Seite vor der Bergstraße der Parkplatz ›Am Steinbachweg‹. Busse der Linie 23 fahren vom Nationalpark-Zentrum Königsstuhl nach Sassnitz zurück. Für Radler ist der gesamte Hochuferweg gesperrt, auch mit Kinderwagen ist die Tour nicht zu empfehlen. Hunde dürfen angeleint mitgeführt werden. Wanderstiefel oder robuste Schuhe sind ratsam.

Die Wanderung auf dem Hochuferpfad ist der Wander-Höhepunkt auf Rügen und darf zu den schönsten Wanderrouten Deutschlands gezählt werden. Der Weg führt wie auf einer Terrasse hoch über der Ostsee entlang, durch das schattige Buchengrün der Stubnitz und zu immer neuen, herrlichen Aussichtspunkten. Unterwegs bieten zwei Treppen die Möglichkeit, zum sogenannten Blockstrand der Ostsee abzusteigen. Dann lässt sich die ganze Pracht der Kreideküste vom Ufer aus bewundern.

Vom **Parkplatz Am Steinbachweg** führen die Bergstraße und in der Verlängerung die Weddingstraße in Richtung Nationalpark und zum ausgeschilderten Wanderweg. Schon nach wenigen hundert Metern führt eine Treppe hinunter zur **Piratenschlucht**. So heißt der steinige Strandabschnitt, an dem einst Klaus Störtebeker seine reiche Beute an Land gebracht haben soll. Die erste Aussichtsstation auf dem Hochufer nennt sich **Hengst**, eine bronzezeitliche Wallanlage. Bald danach erreicht man die Kreideformation der **Wissower Klinken** (→ S. 34). 2005 haben die berühmten Klinken bei einem heftigen Küstenabbruch ihre bezaubernden, fotogenen Hauptzacken eingebüßt. Einen Steinwurf entfernt ist 2017 das **UNESCO-Welterbe-Forum** als informativer Wanderstützpunkt an der Stelle des Gasthauses ›Waldhalle‹ eröffnet worden. Es folgt die **Ernst-Moritz-Arndt-Sicht**. Sie wurde nach dem auf Rügen geborenen Schriftsteller und Patrioten Ernst Moritz Arndt benannt (→ S. Extra S. 99). Von hier aus, von einem plateauförmigen Vorsprung, lassen sich weite Teile der Kreideküste bestens überblicken. Im Buchenwald der Stubnitz liegen Feuchtgebiete mit düsteren Quellmooren und teilweise schluchtartigen Bachläufen: Über das 60 Meter hohe Ufer geht es zum **Kieler Bach**. Er bildet den mit vier Metern höchsten Wasserfall Rügens bei seiner Mündung an der Kreideküste. Wo er wildromantisch in die Ostsee stürzt, führt eine steile Treppe hinunter zum Kieler Ufer. Hier gibt es einen Zugang zum unbewachten Blockstrand: gut zehn Meter breit, wenig Badebetrieb, sehr gute Wasserqualität, aber steiniger Untergrund. Der Blockstrand ist ein einziges Steinmeer, eine Art ›Müllplatz der Kreideabbrüche‹ mit Feuersteinen, Hühnergöttern, Donnerkeilen, Granitblöcken, Sandstein und Kreide, Muscheln und Baumstümpfen – ein anstrengendes und wenig zu empfehlendes Wanderrevier.

Über das **Kollicker Ufer** und am Kollicker Ort vorbei, stets durch prachtvollen Buchenwald wandernd, erreichen wir die **Kleine Stubbenkammer** mit der **Victoriasicht**. Sie bekam ihren Namen zur Erinnerung an den Besuch dieses Ortes durch den späteren Kaiser Wilhelm I. und seiner Gemahlin Victoria 1865. Der Ausblick von hier oben ist einfach grandios und wohl noch eindrucksvoller als vom rund 500 Meter entfernten und oft recht überlaufenen Königsstuhl. Der ist von der Victoriasicht aus bestens im Blickfeld. Der Königsstuhl erhält voraussichtlich ab Ende 2022 eine spektakulär auf Seilen aufgehängte und 96 Meter lange **Aussichtsplattform**, auf der die Besucher über dem berühmten Kreidefelsen schweben.

Tipp: Vom Nationalpark-Zentrum Königsstuhl lohnt sich ein Abstecher zum nahen, sagenumwobenen Herthasee mit der Wallanlage der Herthaburg aus slawischer Zeit (8.–12. Jahrhundert) und dem legendären Sagen- und Opferstein.

▲ Karte: vordere Umschlagklappe

Nationalpark Jasmund

›Sinkend küsst das stille Meer
Die Sonn´ mit ihrem Strahlenheer
Und wirft den letzten frohen Blick
Auf Jasmunds Königsstuhl zurück.‹
***Caspar David Friedrich** (1774–1840)*

Der Nationalpark Jasmund im Nordosten der gleichnamigen Halbinsel ist mit 3000 Hektar Fläche der kleinste deutsche Nationalpark (→ S. 35), zählt mit mehr als 300 000 Gästen jährlich jedoch zu den am meisten besuchten. Zum Park gehören neben gut 600 Hektar Ostseeküste und größeren Moorflächen auch das etwa 2400 Hektar große Waldgebiet der Stubnitz. Sie besitzt den größten zusammenhängenden Buchenwald an der Ostseeküste. Der uralte Rotbuchenbestand wurde 2011 in die Liste des UNESCO-Weltnaturerbes aufgenommen. Bereits im 16. Jahrhundert hatte der Fürst zu Putbus die Wälder mit Wegegebot unter Schutz gestellt, damals als Wildreservat. An den Hauptpfaden durch den Wald ließ er Wachthäuser errichten, die sogenannten Baumhäuser.

Die Hauptattraktion des Nationalparks ist der Königsstuhl, ein besonders exponierter Aussichtspunkt an der Kreideküste, der fast senkrecht zum Meer abfällt: 118 Meter in die Tiefe. Nach einer Legende soll der Königsstuhl seinen Namen bekommen haben, als in grauer Vorzeit die Bewerber um das Königsamt der Insel als Mutprobe vom Ufer aus den steilen Felsen zu erklimmen hatten. Oben angekommen, durfte sich der Sieger auf einem bereit gestellten Stuhl ausruhen. Nach einer anderen Legende soll der schwedische König Karl XII. 1715 vom Königsstuhl aus eine Seeschlacht gegen die Dänen – bequem auf einem Stuhl sitzend – beobachtet oder gar kommandiert haben. Wie auch immer, der Königsstuhl an der Großen Stubbenkammer ist eine Natur-Attraktion, die sich kein Rügenbesucher entgehen lassen sollte. Viele Berühmtheiten haben ihn gemalt, beschrieben und gepriesen, unter anderem der Begründer der Berliner Universität, der Sprachforscher Wilhelm von Humboldt. Bei seiner Beschreibung von 1796 ging selbst dem eher spröden Theoretiker das Herz auf: »Dies ist die Stubbenkammer. Es ist nicht möglich, einen einfacheren und erhabeneren Anblick zu finden, eine bloße Öffnung ins Meer, aber die unendliche Ebene so frei und groß daliegend, und der Schauplatz,

An der Kreideküste reichen die Buchenwälder bis unmittelbar ans Wasser

Am berühmten Königsstuhl

von dem man sie sieht, so kühn und fest gegründet, so wunderbar gestaltet durch die Ecken und Winkel der Felsen, so abstechend von Farben mit den weißen Kreidewänden gegen das blaue Meer, und so freundlich und schauervoll heilig durch den grünen, schattigen Wald, aus dem man nur so eben hervortritt. Lange bleibt man bei diesem Anblick stehen, ehe man weiter etwas untersucht, und offenbar ist er auch das Eigentümlichste und Schönste an der Gegend.«

■ Nationalpark-Zentrum Königsstuhl

Direkt am weltberühmten Kreidefelsen des Königsstuhls und dem UNESCO-Welterbe ›Alte Buchenwälder‹ liegt seit 2004 das moderne Besucherzentrum des Nationalparks mit 2000 Quadratmetern Ausstellungsfläche und 28 000 Quadratmetern Außengelände.

Zu den **Indoor-Angeboten** gehört das Multivisionskino mit dem UNESCO-Welterbe-Film ›Die Wanderung der Alten Buchenwälder‹ von TV-Moderator Dirk Steffens. Auf vier Leinwänden wird der Park aus der Vogelperspektive dargestellt. Das Kernstück des Zentrums ist die interaktive Erlebnis-Ausstellung ›Wir machen Unsichtbares sichtbar‹. Hier streifen die Besucher auf vier Etagen durch akustisch inszenierte Räume. Spielerisch wird man dabei in die Geheimnisse der Kreidelandschaft eingeweiht, für jeden ›Zeitreisenden‹ gibt es die passende Führung per Kopfhörer-System – man wandelt entweder auf den Spuren eines Romantikers, eines Forschers oder eines Abenteurers. Für Kinder hält das Zentrum ein spezielles Programm bereit: Der Rabe Krax und die Maus Mimi begleiten auf lustige Weise durch die Ausstellung. Hauptthemen sind das Kreidemeer, die Ostsee, die Eiszeit mit einem Gletscher aus echtem Eis, der große Findlinge vor sich herwälzt und die Zeitschleuse, die den Besucher mit in die Kreidezeit vor 69 Millionen Jahren nimmt.

Zu den **Outdoor-Angeboten** zählen Spielplätze mit Abenteuer-Parcours, Kurzführungen von Rangern jeweils zur vollen Stunde, ein mächtiger Mammutbaum, den der Berliner Bildhauer Reinhold Begas 1850 hier pflanzte, und selbstverständlich die natürliche und etwa 200 Quadratmeter große Aussichtsplattform am Königsstuhl. Aus 118 Metern Höhe hat man einen traumhaften Blick auf die Steilküste und die Ostsee. Ab Ende 2022 können die Besucher auf einer barrierefreien und 90 Meter langen Aussichtsplattform ein bis zwei Meter über dem Wahrzeichen Rügens schweben. Caspar David Friedrich konnte natürlich nicht ahnen, dass er mit seinem berühmten Stubbenkammergemälde, das Rügens Steilküste zur Nationalikone machte, einen solchen Touristen-Hype auslösen würde: schlangestehen für das Naturerlebnis der erhabenen Einsamkeit.

Lohme

Die Luft ist wunderbar. Trotz der Hitze hatte ich hier das Gefühl, die kräftigste Luft Rügens zu atmen.
Elisabeth von Arnim *in ›Elisabeth auf Rügen‹ (um 1900)*

Das alte Fischerdorf Lohme am nördlichen Rand der Halbinsel Jasmund schmiegt sich an die Ausläufer der Stubnitz mit ihren berühmten Rotbuchen und an die hier rund 50 Meter hohe Steilküste. Nur wenige Kilometer entfernt ragen die Kreidefelsen des Königsstuhls in die Höhe, ein wunderbarer **Hochuferweg** führt dorthin. Heute zählt das seit der Wende herausgeputzte Dorf kaum 500 Einwohner. Doch die Ortschaft hat sich in den letzten Jahren zu einem beliebten Urlaubsort mit netten Gässchen, hübschen Ferienhäusern, Appartements und Hotels in reizvoller Hanglage gemausert.

Der **Hafen** am bewaldeten Steilufer wurde 1906 angelegt und 1997 modernisiert. Er ist mittlerweile eher ein Jacht- denn ein Fischerhafen. Man erreicht ihn nur über die 250 Stufen einer langen, steilen Holztreppe, an der auch die Außenterrasse des legendären ›Café Niedlich‹ liegt. Von dort blickt man zum Kap Arkona, und die Fähren nach Schweden ziehen von Sassnitz-Mukran kommend nah vorbei. Der **Strand** Lohmes ist steinig, ein schmaler Blockstrand, der die Bademöglichkeiten einschränkt. Doch in den 1920er Jahren wurde der steinige Badegrund in der schönen Bucht stets vor der Saison mit viel Sand aufgeschüttet, die Badegäste flanierten an der festen Strandpromenade und warteten auf die Ausflugsdampfer. Noch einige Jahrzehnte früher, im Jahr 1855, wurde Lohme – kaum zu glauben – als erstes Seebad Rügens anerkannt. In den Jahren darauf gab sich die Welt der deutschen Dichter, Denker und Maler hier die Klinke in die Hand. Sie entdeckten die Naturidylle, fanden in Lohme Erholung und Inspiration. Darunter waren Gerhart Hauptmann, Elisabeth von Arnim und auch der märkische Dichter Theodor Fontane. Er logierte im damaligen ›Strandhotel Ostseebad Lohme‹, dem heutigen ›Panorama Hotel Lohme‹. Immer gut für schräge Vergleiche, soll er im September 1885 hier das Bonmot geprägt haben, das er später etwas abgeändert in seinem Roman ›Effi Briest‹ benutzte: »Lohme ist Sorrent.« Daher heißt ein Ostsee-Ausgucker des Hotels heute ›Fontane-Veranda‹. Wenn man von ganz weit oben über den mächtigen Buckel der Jasmunder Landschaft blickt, der sich bei Lohme steil abwärts in das Baltische Meer stürzt, erscheint Fontanes Vergleich mit der süditalienischen Amalfiküste eigentlich gar nicht so daneben.

Schloss Ranzow bei Lohme

▲ Karte: vordere Umschlagklappe

Schloss Spyker

Spyker ist ein kleiner Ort am gleichnamigen See, er gehört zur an der Schaabe gelegenen Gemeinde Glowe. Dominant thront hier das Schloss Spyker in einer recht einsam wirkenden Hügellandschaft, die sich zum Großen Jasmunder Bodden herabsenkt. Bereits 1318 wurde das Gebäude erstmals in einem Dokument erwähnt. Damals war es ein Rittergut und gehörte einer Stralsunder Patrizierfamilie. 1649 schenkte die schwedische Königin Christine ihrem Generalfeldmarschall und späteren Generalgouverneur über Schwedisch-Pommern, Carl Gustav von Wrangel, das Anwesen – als Dank für seine Verdienste im Dreißigjährigen Krieg. Wrangel ließ das stattliche Gebäude von einer wehrhaften Burg mit Graben zum heutigen dreistöckigen Schlossgebäude im Stil der Renaissance mit vier Ecktürmen umbauen. Die Beletage ließ er mit frühbarocken Stuckelementen und die Mauern des Schlosses, völlig untypisch für Rügen, mit rostrotem Putz verse-

Wohlproportionierte Renaissance: Schloss Spyker

hen. So bekam sein Schloss ein schwedisches Aussehen, als Vorbild diente ihm sein Schlossbesitz Skokloster am Mälarsee. Etwa zur gleichen Zeit wurde der **Schlosspark** angelegt. Wrangel starb 1676 kinderlos auf Schloss Spyker, allerdings etwas mysteriös, angeblich aufgrund einer nächtlichen Enthauptung durch einen Scharfrichter aus Stralsund. Jedenfalls ging der Besitz daraufhin an den schwedischen Grafen Nicolaus von Brahe über. 1816, nach dem Ende der schwedischen Herrschaft in Pommern, kaufte schließlich Fürst Wilhelm Malte von Putbus das älteste Profangebäude der Insel. Bis 1945 blieb es Familienbesitz derer von Putbus. Zu DDR-Zeiten wurde der luxuriöse Feudalbau verstaatlicht und seit den 1960er Jahren als FDGB-Ferienheim genutzt. Gleich nach der Wende, schon 1990, erfolgte die Eröffnung als Hotel und 1995 die Restaurierung anhand historischer Vorlagen.

Reizvolle **Spazier- und Radwege** führen um den Spyker See herum und am Jasmunder Bodden entlang.

Bobbin

Wenige Kilometer östlich von Schloss Spyker liegt das schöne Bobbin, ein ehemaliges Bauerndorf. Die überraschend große und interessante **Kirche St. Pauli** steht auf dem höchsten Punkt der kleinen Ortschaft. Die einstige Wallfahrtskirche ist die einzige erhaltene Feldsteinkirche auf Rügen. Um 1400 war sie fertiggestellt. Die meisten Ausstattungsstücke aus dem 17. Jahrhundert sind Stiftungen des schwedischen Generalgouverneurs Carl Gustav von Wrangel, so etwa die Kanzel von 1662 mit manieristischen Darstellungen biblischer Gestalten. Wrangel pflegte, so heißt es, in einer abgeschlossenen Loge mit Gitterfenstern und seinem Wappenschild hoch oben auf der Seite der Kanzel zu sitzen. Der Beichtstuhl kam erst mehr als 200 Jahre nach der Reformation in die evangelische Kirche. Auch auf dem noch etwas höher als die Kirche gelegenen malerischen **Dorffriedhof** mit seinen 56 erhaltenen Grabwangen lohnt es sich, sich umzuschauen.

■ **Dinosaurierland Rügen**

In Rügens größtem Natur- und Freizeitpark in der Nähe von Bobbin bewegt man sich weit zurück in die Urzeit, als vor 235 bis 66 Millionen Jahren die Dinosaurier die Welt regierten. Die gesamte Ausstellung befindet sich in freier Natur entlang eines 1500 Meter langen und behindertengerechten **Erlebnispfades**, auf dem die Entwicklungsgeschichte der Dinosaurier erzählt und eindrucksvoll gezeigt wird. Hier schaut ein lebensecht wirkender, langhalsiger Brachiosaurus um die Ecke, dort ragt ein riesiger Spinosaurus oder ein gefräßiger Tyrannosaurus Rex über die Büsche, furchterregende Schreie ausstoßend. Insgesamt sind es etwa 120 Modelle, Stahlkonstruktionen mit Latexhaut. Es gibt auch ein **Steinzeitdorf**, wo man Urmenschen besuchen kann und Wissenswertes über deren mühsamen Alltag und deren Jagdtechniken erfährt. Ein echter Mammut-Stoßzahn, rund 12 000 Jahre alt, der in einer Rügener Kiesgrube entdeckt wurde, ist Bestandteil einer Mini-Ausstellung.

Seebad Glowe

Nardevitz, Bisdamitz und Ruschvitz, der legendäre Geburtsort des Piraten Klaus Störtebeker: So heißen die kleinen Ortschaften, die man zwischen Lohme und Glowe in Küstennähe passiert.

Das Seebad Glowe liegt am westlichen Übergang der Halbinsel Jasmund zur Landenge der Schaabe, zwischen der Ostseebucht Tromper Wiek und dem Großen Jasmunder Bodden. 1314 wurde der Fischerort erstmals urkundlich erwähnt. Damals verkaufte der Rügenfürst das Dorf an seine Brüder, später gehörte es zur Herrschaft Spycker. Die ersten Badegäste kamen 1911 nach Glowe. Der Bädertourismus-Boom in jenen Vorkriegsjahren führte zu einem bescheidenen Wirtschaftsaufschwung und Glowe wuchs mehr und mehr in das Waldgebiet der Schaabe hinein.

▲ Karte: vordere Umschlagklappe

In den letzten Sommern wurde das Ostseebad Glowe mit seinen knapp 1000 Einwohnern zum Top-Trendziel der Deutschen mit rasanten Urlauberzuwächsen. ›Glowe, nicht Sylt!‹, witzelte die ›Ostsee-zeitung‹ 2017. Das ist kein Wunder, denn Glowe ist das Tor zum Rügener Badeparadies Schaabe. Am **Kurplatz** und entlang der **Seepromenade** herrscht im Hochsommer ein buntes, touristisches Treiben. Hier liegen viele Geschäfte, Restaurants, Cafés und neu entstandene Ferienhäuser. Historisches Ambiente mit typisch reetgedeckten alten Fischerhäusern mischt sich mit moderner Urlauberarchitektur: Appartementblöcke und Feriensiedlungen. Modern ausgerüstet ist auch der **Hafen** mit Charterbasis und Liegeplätzen für Segel- und Motorboote. Er befindet sich am Königshörn, einem kleinen Kap am östlichen Ortsrand. Glowe ist auch das Zentrum der Rügener Sanddornernte, da die ›Zitrone des Nordens‹ auf den kalkhaltigen Sandböden in der näheren Umgebung besonders gut gedeiht. Alljährlich im August findet auf dem Kurplatz das Sanddornfest statt.

Eine gastronomische Legende aus DDR-Zeiten konnte 2009 als Restaurant wiedereröffnen: die **Ostseeperle** im östlichen Teil der rund zwei Kilometer langen Strandpromenade. Die einst beliebte Konsum-Gaststätte, vom ›Inselingenieur‹ und Schalenbaumeister Ulrich Müther (→ Extra S. 58), 1968 als Spannbetonbau mit großen Glasfenstern und Ostseeblick erbaut, war das Wahrzeichen Glowes und wurde ›Muschel‹ genannt. 1997 blieb das originelle Gebäude, längst heruntergekommen, nur durch den Protest der Einwohner vom geplanten Abriss verschont. Nun kann man von seiner Strandterrasse aus wieder wie anno dazumal die Sonnenuntergänge hinter dem Kap Arkona genießen.

Die Ostseeperle, ein Werk Ulrich Müthers

Die **Schaabe** ist eine etwa zwölf Kilometer lange Nehrung, die einerseits die beiden Halbinseln Jasmund und Wittow verbindet und andererseits den Großen Jasmunder Bodden, einst eine Meeresbucht, von der Ostsee trennt. Sandige Pfade führen durch Kiefernwald, der vor rund 150 Jahren zur Befestigung des Ufers gepflanzt wurde.

Hinter dem Dünengürtel öffnet sich die weite, naturbelassene Bucht der **Tromper Wiek**: kilometerweit, sichelförmig geschwungen, feinster Sandstrand, bis zu 25 Meter breit und ohne ein einziges Hotel oder Restaurant. Die Landschaft hier – warmer Sand, Geruch nach Kiefernharz – wirkt fast südländisch. Dank Wald, Dünen und Strand ist sie ein einzigartiges Dorado für Badeurlauber und FKK-Anhänger. Ein schöner **Rad-Wanderweg** verläuft direkt hinter dem Strand an der Hochwasserschutzdüne entlang bis nach Juliusruh.

Sagard

Das mit rund 2500 Einwohnern zweitgrößte Städtchen auf der Halbinsel Jasmund liegt sieben Kilometer westlich von Sassnitz. Den historischen Ortskern mit seinen alten Gebäuden hat man mittlerweile sehr nett restauriert. Trotzdem wird man es wohl kaum glauben, dass die doch eher unscheinbare Ortschaft – und nicht Putbus-Lauterbach – der erste Badeort auf Rügen war. Die ersten Kurgäste kamen tatsächlich schon am Ende des 18. Jahrhunderts, wegen einer eisenhaltigen Mineralquelle. Von 1795 bis 1806 wurde im Ort eine ›Brunnen-, Bade- und Vergnügungsanstalt‹ betrieben, geleitet von den geschäftstüchtigen Brüdern Moritz und Heinrich Christoph von Willich. Ersterer war Landarzt, letzterer der Pastor von Sagard. Die Brüder ließen im damals noch weitgehend unerschlossenen Waldgebiet der Stubnitz Pfade anlegen, um ihre Gäste zu Wanderungen in der schönen Natur und zur Einkehr im Gasthaus eines befreundeten Wirtes zu animieren. Dabei arrangierten die beiden Schlitzohren zusätzliche, spektakuläre Sehenswürdigkeiten unterwegs. So platzierten sie etwa den bluttriefenden Opferstein am **Herthasee**. Den kann man heute noch bestaunen.

Die lukrative Quelle wurde aber nur 15 Jahre genutzt, danach geriet sie in Vergessenheit – und mit ihr auch das Kurbad. Die Badegäste kurten und badeten nun direkt an der Küste. Nur noch der **historische Kurpark Brunnenaue** mit seinem einsamen Tempelchen erinnert noch an die touristische Hochzeit Sargards. Eine Badestelle mit kleiner **Marina** gibt es in der Nähe bei Neuhof am Großen Jasmunder Bodden. Die mehrfach erweiterte **Dorfkirche St. Michael** stammt ursprünglich aus dem Jahr 1210. Glanzpunkt der noch romanisch geprägten Kirche ist die beeindruckende Barockorgel von 1796.

Südlich von Sagard liegt das mächtigste bronzezeitliche Hügelgrab Rügens, der **Dobberworth**. Der Erdhügel hat einen Durchmesser von 50 Metern und ist 14 Meter hoch. Das reicht für einen weiten Blick über die Halbinsel Jasmund.

Lietzow

Die kleine Ortschaft an der südwestlichen Ecke der Halbinsel Jasmund liegt direkt an der B 96 und an der schmalsten Stelle zwischen dem Großen Jasmunder Bodden und dem Kleinen Jasmunder Bodden. Die beiden Boddenteile sind seit 1868 durch einen künstlichen Straßen- und seit 1891 durch einen Eisenbahndamm voneinander getrennt. Heute sind sie nur noch durch eine Schleuse miteinander verbunden. Archäologen fanden ab hier ab 1827 zahlreiche bedeutende Exponate aus der Steinzeit, darunter Streitäxte, Messer und Objekte aus Feuerstein, etwa 6000 Jahre alt. Man war sich einig, dass es sich hierbei um Feuersteinwerkstätten handelt. Als Lietzow-Kultur gingen die Funde in die archäologische Forschung ein.

Schloss Lietzow

Wie ein weißes Märchenschloss en miniature wirkt das neugotische Bauwerk mit seinem markanten Turm auf der nahen bewaldeten Anhöhe. Der Eisenbahntechniker Bopp, verantwortlich für den Bau der Bahnstrecke von Bergen nach Sassnitz, ließ es sich 1893 als attraktive, zweigeschossige Villa mit Treppengiebel und hohem Rundturm errichten. Es han-

Der Wald bei Semper scheint verwunschen

▲ Karte: vordere Umschlagklappe

delt sich dabei um eine verkleinerte Kopie des Schlosses Lichtenstein bei Reutlingen auf der Schwäbischen Alb und wird daher seit 1896 auch ›Schlösschen Lichtenstein‹ genannt. Das schmucke Gebäude ist nicht zugänglich.

Schloss und Waldpark Semper

Das nordwestlich von Lietzow gelegene Schloss Semper ist ein zweigeschossiger Putzbau mit Mansarddach im neobarocken Stil. Es entstand in den Jahren von 1916 bis 1922 nach Plänen von Walter von Brüning und Georg Steinmetz. Das Gebäude diente nach 1945 als Kulturhaus und befindet sich heute in Privatbesitz. Etwa zur gleichen Zeit wie das Schloss hat man den 38 Hektar großen Waldpark Semper mit einer schönen Rhododendron-Allee an der Schlosszufahrt angelegt – eine Augenweide, wenn im Mai und Juni die Rhododendren blühen. Höchst bizarre Formen durch Knickwuchs besitzen die Buchen vom sogenannten **Hexenwald**. Hier stehen fast 100 Jahre alte Krüppelbuchen eng beieinander. Der historische Wasserturm aus Feldsteinen ähnelt einer malerischen mittelalterlichen Ruine. Kaskadenteiche bilden eine kleine Insel mit uralten Eichen.

Vom Hochufer schweift der Blick über die Boddenlandschaft. Schräg gegenüber sieht man die Freilichtbühne Ralswiek, auf der jährlich im Sommer die Störtebeker Festspiele stattfinden. Eine Klifftreppe führt runter zum Blockstrand.

Jasmund

Postleitzahl: 18546 (Sassnitz), 18551 (Lohme).

Vorwahl: 038392 (Sassnitz), 038302 (Lohme, Glowe, Spyker, Sagard).

Tourist-Service der Stadt Sassnitz, Strandpromenade 12, Tel. 038392/6490. www.insassnitz.de

Tourismusverein Gemeinde Lohme e.V., Zum Hafen 6, Tel. 038302/88523.

Touristik Lohme GmbH, Arkonastr. 31, Tel. 038302/88855. www.lohme.de

Infostelle Gemeinde Glowe, Hauptstr. 73, Tel. 038302/889939. www.glowe.de

▸ **Sassnitz**:

Kurhotel Sassnitz (€€), Hauptstr. 1, Tel. 530. Ehemaliges Seemannsheim, Toplage oberhalb des Stadthafens, toller Ausblick auf die Prorer Wiek. Restaurant ›Bi´n Fischer‹ mit regionalen Klassikern. www.kurhotelsassnitz.de

Villa Seeblick (€€), Rosenstr. 10, Tel. 0152/33590977. Schönes Gebäude in Bäderarchitektur nahe Strandpromenade. Helle Ferienwohnungen mit Seeblick, für bis zu 6 Personen. Kostenloser Parkplatz. www.villaseeblick-ruegen.de

Rügenhotel (€€), Seestr. 1, Tel. 038392/53100. Herrlicher Panoramablick über Stadt und Meer, neunstöckig mit 119 Zimmern, hoteleigene Rügentherme mit Schwimmbad. Reichhaltiges Frühstück im 9. OG, Restaurant und Broiler-Bar. www.ruegen-hotel.de

Fürstenhof Apartmenthaus (€€–€€€), Rosenstr. 11, Tel. 0152/33590977. Liebevoll eingerichtete Ferienwohnungen mit grandioser Aussicht auf die Ostsee. Sauna, Fitnessstudio. www.fuerstenhof-ruegen.de

Baumhaus Hagen (€€), Stubbenkammer, Tel. 038392/22310. An der L 303, 6 km nördlich von Sassnitz im Buchenwald. Behagliche Zimmer und Appartements. Günstiger Ausgangspunkt für Wanderungen zu den Kreidefelsen. Nettes Restaurant. www.baumhaushagen.im-web.de

Waterkant (€€), Walterstr. 3, Tel. 038392/50941. Wunderbare Lage oberhalb des Hafens. DZ mit Balkon und Seeblick, Garten, Liegewiese, familiäre Atmosphäre. www.hotel-waterkant.de

Gastmahl des Meeres, Strandpromenade 2, Tel. 038392/5170. Traditionsreiches Fischspezialitätenrestaurant an der Promenade, Außenterrasse mit Meerblick. www.gastmahl-des-meeres.de

Portofino, Hafenstr. 12h, Tel. 038392/ 63862; tgl. 11–23.30 Uhr. Schöne Lage im Sassnitzer Hafen, Außenterrasse, authentische italienische Küche. Pizzeria und Eiscafé.

Kutterfisch, Hafenstr. 12, Tel. 038392/ 51330. Manufaktur am Fischereihafen von Sassnitz, fangfrischer Fisch aus der Ostsee, ›größte Fischtheke Rügens‹. Frisch auf dem Teller im Restaurant ›Kutterfisch‹. www.sassnitz.kutterfisch.de

Fischkutter Heimat, am Kai im Fischereihafen. Fangfrischer Fisch vom Kutter, leckere Fischbrötchen und Räucherfisch.

▸ **Lohme:**

Panorama-Hotel Lohme (€€), An der Steilküste 8, Tel. 038302/9110. Stilvolle Zimmer und Appartements, viele mit grandiosem Meerblick. Das Haupthaus, erbaut um 1850, war das erste Bäderhaus Rügens. www.panorama-hotel-lohme.de

Panorama-Restaurant Lohme, im Panorama-Hotel. Feinste Fisch- und Fleischgerichte, große Kinder- und Eiskarte, Top-Weinkarte. Außenterrasse und ›Fontane-Veranda‹ mit Panoramablick, spektakuläre Sonnenuntergänge. www.panorama-hotel-lohme.de

Hotel Schloss Ranzow (€€–€€€), Schlossallee 1, Tel. 038302/88910. Das über 100 Jahre alte Schloss mit seinem charakteristischen weißen Eckturm besitzt eine majestätische Hügellage mit Blick bis zur Ostsee und zum Kap Arkona. Es herrscht lässige Eleganz in den Schlosszimmern, Suiten und den Studios im Appartementhaus. Fitness- und Wellnessbereich, 18-Loch-Golfplatz, offizielle Außenstelle des Standesamtes Nord-Rügen. www.schloss-ranzow.de

Restaurant-Café Daheim, Arkonastr. 10, Tel. 038302/9352. Familienbetrieb in der Ortsmitte, liebevoll maritim eingerichtet. Fangfrischer Fisch.
www.restaurant-daheim.de

▸ **Glowe**:

Hotel Schloss Spyker (€€–€€€), Schlossallee 1, Glowe/OT Spyker, Tel. 038302/ 770. Rotes Märchenschloss am Spyker See, Schlosspark. Charmant gestylt: 32 komfortabel und sehr stilvoll eingerichtete Zimmer, teilweise mit Saune, Turmzimmer mit Whirlpool. Frühstückssalon ›Vier Jahreszeiten‹, Gewölberestaurant ›Wrangel‹. www.schloss-spyker.de

Hotel-Restaurant Wrangel, im Schloss Spyker. Im Gewölbekeller aus dem 16. Jahrhundert. Gourmet-Restaurant mit lukullischen Variationen unter dem Motto: Mediterrane Cuisine trifft auf Mecklenburger Küche, erlesene Weine.
www.schloss-spyker.de

Apart-Hotel Ostseeperle (€–€€), Hauptstr. 42, Tel. 038302/56380. Appartementhotel mit 30 modernen Wohnungen, Wellnessbereich, direkt an der Strandpromenade. Mit legendärem Müther-Restaurant ›Ostseeperle‹. www.ostseeperle-hotel.de

Ostseeperle, Hauptstr. 42, Tel. 038302/ 563886; tgl. 8–24 Uhr. Im ehemaligen Konsum-Restaurant Ulrich Müthers. Gute regionale und mediterrane Küche, preiswerte Tagesgerichte, Frühstücksbuffet, Terrasse mit Meerblick.
www.ostseeperle-hotel.de

Zur Schaabe (€–€€), Hauptstr. 15, Tel. 038302/7100. Pension und Gasthaus in Strandnähe mit langer Familientradition, Zimmer mit zeitgemäßer Ausstattung, teilweise auch barrierefrei. www.schaaabe.de

Pier 32, Hauptstr. 32, Tel. 53199. Schöne Lage mit Hafenblick, Sommerterrasse. Klassische norddeutsche Küche, die Spezialität ist Labskaus. www.pier32.eu

Fischerhus, Hauptstr. 60, Tel. 038302/ 5235. Rustikal und maritim eingerichtet, regionale Fisch- und Wildgerichte, Sommerterrasse. www.fischerhus-glowe.de

▸ **Andere Orte**:

Precise Resort Rügen (€€), Am Taubenberg 1, Sagard/OT Neddesitz. Tel. 038302/95. Hochkomfortable Ferienanlage mit Hotel, Ferienappartements und Gutshaus Neddesitz. Splash-Erlebniswelt mit Fitnessstudio, Wellness- und Badelandschaft, Indoor-Spielplatz, Restaurants, Bar. Minigolf und Streichelzoo, regelmäßiger Busshuttle zum Strand an der Schaabe. www.precisehotelruegen.de

▸ Karte: vordere Umschlagklappe

Mare Balticum (€€), Vorwerk 2c, Sagard, Tel. 038302/7590. Reetgedecktes Appartementhotel mit 19 modernen FeWos und 4 Zimmern. Garten, Partyhäuschen, Fahrradhaus. www.mare-balticum-ruegen.de

Gästehaus Lietzow & Störtebeker Camp (€-€€), Waldstr. 59a, Lietzow, Tel. 038302/2166. Naturidyllisch zwischen dem Großen und Kleinen Jasmunder Bodden gelegen. Gästehaus mit geräumigen Zimmern, Campingplatz mit 60 Stellplätzen, Restaurant. www.lietzow.net

Café Gumpfer, Strandpromenade 13, Sassnitz, Tel. 038392/649888; tgl. ab 9 Uhr. Am Fuß der längsten Mole Europas. Große Auswahl an Torten und Kuchen aus der hauseigenen Konditorei, super Frühstück, Außenterrasse direkt an der Ostsee. www.gumpfer.de

Café Samowar, Dorfstr. 38c, Glowe/OT Polchow, Tel. 038302/889798; Mitte Mai–Mitte Sept. Terrassencafé mit russischen Gerichten wie Pelmeni, Wareniki und Bliny, Tee gegen 30 Krankheiten, Teezeremonien, Kuchen nach russischen Rezepten, Live-Musik. www.cafe-samowar.de

Café Niedlich, Lohme, Tel. 038302/886121; in der Saison tgl. ab 12 Uhr. Direkt am Hafen und der Steilküste gelegen. Kleine, regionale Gerichte, Kuchen, Kaffee, Eis und ein wunderbarer Ausblick bis zum Kap Arkona.

Nationalpark-Zentrum Königsstuhl, Stubbenkammer 2, Tel. 038392/661766; Juni–Aug. tgl. 9–19 Uhr, April, Mai, Sept., Okt. 9–18 Uhr, Nov.–März tgl. 10–17 Uhr. Buslinie 23 der VVR von Sassnitz (u.a. Stadthafen Parkhaus) bis Endhaltestelle ›Königsstuhl‹ direkt am Nationalpark-Zentrum. Mit dem Auto bis zum Großparkplatz ›Hagen‹, dann 3 km weiter mit dem kostenpflichtigen Pendelbus der Linie 19. Das Zentrum ist auch zu Fuß oder mit dem Rad erreichbar. Bistro mit Biokost in Selbstbedienung, Shop. Erwachsene 10 Euro, Kinder 6–14 Jahre 4,50 Euro, Familienticket 2 Erw. plus Kinder 20 Euro. Mitnahme von Hunden im Außenbereich erlaubt. www.koenigsstuhl.com

UNESCO-Welterbe-Forum, Waldhalle 1 (am Hochuferweg 2,4 km ab Sassnitz), Tel. 038392/649760; tgl. 11–17 Uhr. Wanderstützpunkt und Infostelle zur Orientierung im Nationalpark Jasmund. Ergänzung zur Dauerausstellung im Nationalpark-Zentrum.
www.welterbeforum.koenigsstuhl.com

Fischerei- und Hafenmuseum, Stadthafen Sassnitz, Tel. 038392/57846; Apr.–Okt. tgl. 10–18 Uhr, sonst eingeschränkte Öffnungszeiten. www.hafenmuseum.de

Erlebniswelt U-Boot-Museum, Hafenstr. 12j, Stadthafen Sassnitz, Tel. 038392/67860; Mai–Okt. tgl. 10–19, Nov.–April tgl. 10–16 Uhr. www.hms-otus.com

Schmetterlingspark Alaris, Straße der Jugend 6, Sassnitz, Tel. 038392/66442; Apr.–Okt. tgl. 10–17 Uhr, außerhalb der Schulferien Sa Ruhetag.
www.alaris-schmetterlingspark.de

Kreidemuseum, Gummanz 3a, Tel. 038302/56229; Ostern–Okt. tgl. 10–17 Uhr, im Winter Di–So 10–16 Uhr. Parkplatz gegenüber der Jasmar-Therme. www.kreidemuseum.de

Dinosaurierland Rügen, Am Spyker See 2a, Glowe, Tel. 038302/719874; Apr.–Okt. tgl. 10–17 Uhr, Juli/Aug. 10–18 Uhr, Nov. Sa–Di 10–15 Uhr, Dez./Jan./Feb. geschlossen. Bistro, Souvenirshop. Busse 12–14, B96 bis Sagard, links auf die L30 Richtung Glowe.
www.dinosaurierland-ruegen.de

Adler-Schiffe, Hafenstr. 12, Sassnitz, Tel. 038392/3150. Touren zu den Kreidefelsen, zum Königsstuhl und rund um Rügen. Kartenverkauf an der Mole.
www.adler-schiffe.de/ruegen

Reederei Lojewski, Schloßallee 4–5, Sassnitz, Tel. 038392/35136. Fahrten entlang der Kreideküste bis zum Königstuhl.

www.reederei-lojewski.de, Infos auch über www.ruegen-schifffahrt.de

Schweden-Katamaran, Reederei FRS, Tel. 0461/864608. Vom Hafen Sassnitz-Mukran düst der 40 000 PS starke Skane Jet in nur 2,5 Stunden nach Ystad. An Bord haben 210 Autos und knapp 680 Passagiere Platz. www.frs-baltic.com

Jasmar-Therme, Neddesitz, gehört zum Hotel ›Precise Resort Rügen‹, auch für Nichthotelgäste geöffnet. Große Bade- und Saunalandschaft mit Innen- und Außenbecken.

Golfplatz Schloss Ranzow, wie Hotel, Lohme, neue 18-Loch-Anlage, Übungsanlage der Golfakademie Rügen mit Driving Range, Putting Green und Pitching Area.

Fahrrad Harm, Hafenstr. 19b, Sassnitz, Tel. 038392/35075. Rad- und E-Bike-Verleih. www.fahrrad-harm.de

Am Pappelwald, Am Pappelwald 39, Glowe, Tel. 038302/71856, Fahrradverleih tgl. 9–18 Uhr.

Rügener Hafentage, 2. Juli-Wochenende im Sassnitzer Hafen.

Sassnitzer Molensoiree, 1. Sa im August, lange Nacht auf der Sassnitzer Mole.

Sassnitz-Sail, 3. August-Wochenende im Hafen Sassnitz.

Hafenfest in Glowe, Ende Juni.

Glowes Sandornfest, August auf dem Kurplatz.

Rügenmarkt, Hafenstr. 12d, Sassnitz, Tel. 038392/51341; tgl. 10–18 Uhr. Markthalle im Hafen mit ausgewählten Inselspezialitäten: Sanddorn- und Molkereiprodukte, Wurst, Produkte aus Rügener Kreide, Marmeladen, auch Keramik und Mitbrinsel. www.sassnitz.kutterfisch.de

Rügen Fisch, Straße der Jugend 10, Westhafen Sassnitz, Tel. 038392/600. Fabrikverkauf mit mannigfaltigem Konservenangebot, Renner sind die Makrelen- und Heringsfilets in der Dose. Auch Räucherfisch, Bratfisch, Fischsuppen sowie frische Fischbrötchen im Imbissraum. www.ruegenfisch.de

Hofladen Bobbin, Oberdorf 5a, Bobbin. Schönes Ausflugsziel für Familien und Radler. Verkauf von frischen, regionalen Produkten, Café, Imbiss, Rügener Mosterei. www.hofladen-bobbin.de

Steinmüller Steinmanufaktur, Zum Hafen 6, Lohme, Tel. 038302/90109, in der Hauptsaison Mo–Sa 13–18 Uhr. Der Lohmer Steinmüller, eigentlich Peter Müller, verarbeitet Steine, die er am Strand gefunden hat. In seiner Werkstatt poliert oder zerschneidet er sie, fertigt daraus Wohnaccessoires, Schmuck und andere Kunstunikate oder bohrt auf Wunsch auch Löcher in mitgebrachte Strandfunde, um daraus vielleicht einen Halsanhänger oder Ohrschmuck zu machen. www.ruegensteine.de

Dahlmanns Bazar, Am alten Markt, Uferstr. 1, Sassnitz, Tel. 677476. Großartige Lokalität mit Buchladen, Café und Bar, Feinkost und Wein, Lesungen, Kulturveranstaltungen. Die ›Welt der Inseln‹ unter einem Dach. www.dahlmannsbazar.de

Hof Baldereck, Rügener Spezialitätenmanufaktur, Am Camper Bach 5, Tel. 038302/ 53448. Ökobetrieb auf familieneigenem Hof: Kleine Räucherei, Brot und Kuchen aus dem Holzbackofen, Fruchtaufstriche aus Wildfrüchten, handgefertigte Pralinen und Konfekt, Lavendel- und Thymiannudeln. www.hof-baldereck.de

Bücherbahnhof Antiquariat Lietzow, Spitzer Ort 10A, Lietzow, Tel. 038302/56433; Mi–So 13–17 Uhr. Ein Dorado für Leseratten und Schmökerparadies: Zum Fundus Karoline Wolffs, der Chefin im Reich der Bücher, gehören 25 000 Bücher aus zweiter Hand, von Kinderbüchern bis zur Weltliteratur, aber auch Schallplatten, Zeitschriften und historische Ansichtskarten.

▶ Karte: vordere Umschlagklappe

Ludwig Gotthard Kosegarten

Pastor, Heimatdichter, auch Historiker und Philosoph war der 1758 in Grevesmühlen bei Wismar geborene Ludwig Gotthard (Theobul) Kosegarten. Und das jeweils mit schier grenzenloser, höchst schwärmerischer Leidenschaft und intensivster Hingabe. Er, Sohn eines lutherischen Pfarrers, gehört bis heute zu den bekanntesten und am meisten geschätzten Rüganern. 2012 haben die evangelische Kirchengemeinde von Nordrügen und die Kommune Altenkirchen ihm zu Ehren das Kosegartenhaus eröffnet, direkt neben der gotischen Pfarrkirche, an der der Dichterpfarrer von 1792 bis 1808 tätig war. In Greifswald starb Kosegarten 1818, beigesetzt wurde er auf dem Friedhof von Altenkirchen neben seiner Kirche.

›Kosegarten war der Hippie unter den Romantikern‹, meint der heutige Altenkirchener Pastor Christian Ohm über seinen Amtsvorgänger. Ein laxer, lockerer Typ mit sehr unkonventioneller Kleiderordnung soll Kosegarten gewesen sein, stets freundlich gesinnt, ein Mann Gottes und der Dichtkunst, der zu begeistern wusste. Kosegarten war gegen Ende des 18. Jahrhunderts der poetische Entdecker Rügens. Durch seine literarischen Werke machte er die Insel in den gebildeten deutschen Schichten, in Kreisen der Gelehrten und Künstler bekannt. Viele der damaligen Berühmtheiten besuchten ihn auf Rügen, darunter die frühromantischen Maler Philipp Otto Runge und Caspar David Friedrich, der Theologe und Religionsphilosoph Friedrich Schleiermacher sowie Wilhelm von Humboldt. Der Berliner Professor war einer der ganz wenigen, die dem dichtenden Pfarrer nichts abgewinnen konnten: »Überhaupt fehlt es seinem ganzen Wesen an Haltung und Harmonie; und er hat etwas Wildes und Verstörtes, was durch sein schwarzes Haar und seinen nachlässigen Anzug noch vermehrt wird.« Mit Goethe, Schiller und Herder unterhielt Kosegarten einen regen Briefwechsel, Ernst Moritz Arndt war einige Jahre Hauslehrer seiner Kinder.

Das ausgehende 18. Jahrhundert war die Zeit der Aufklärung, des Sturm und Drang und der sentimentalen Vorromantik, in der Kosegarten mit seinen überschwänglich gefühlsbetonten Naturbeschreibungen den Geist der Zeit traf. Der fromme Mann dichtete vorwiegend über die besonders markanten Orte der Insel. Die mystisch wirkende Landschaft mit ihren dunklen Buchenwäldern, den Kreidefelsen, Hünengräbern und dem offenen Meer faszinierte ihn. Fast rauschhaft erscheinen heute viele seiner Verse, etwa über ›heilige Hügel‹, ›Sturmwind‹, ›buchenträchtiges Felsenhaupt‹, über ›Deutschlands Herrlichkeit, seine Kraft ist voll wie Meeresflut‹. Seine lyrische Erfindung ›Abendsonnenglut‹ fand sogar Eingang in Grimms ›Deutsches Wörterbuch‹. Dutzende Komponisten haben Kosegartens Gedichte vertont, allein Franz Schubert vertonte 20 seiner Werke.

›Gott wohnt nicht in Tempeln‹, in der Natur sei er zu finden, in ihrer Schönheit offenbare er sich. Das war Kosegartens religiöse Weltanschauung. Wenn die Inselfischer, etwa während der Heringssaison, nicht zu seinen Predigten in das Altenkirchener Gotteshaus kommen konnten, dann kam der Pastor hin und wieder zu ihnen in das sechs Kilometer entfernte Vitt. So entstanden die berühmten und legendären Uferpredigten Kosegartens nahe der Felsklippen von Kap Arkona. Dabei soll es nicht selten vorgekommen sein, dass Kosegarten seine mehrere Stunden dauernden Predigten unterbrach, damit die Fischer zwischenzeitlich fischen konnten.

Wittow

Unter den drei Halbinseln Rügens ist Wittow die entlegenste, fast wirkt sie wie abgeschnitten vom Rest der Insel. Die einzige Landbrücke zu den anderen Inselteilen bildet die weißsandige Nehrung Schaabe. Mit der Wittower Fähre erreicht man die Südspitze des Wittow über den Verbindungsgraben zwischen dem Breetzer und dem Wieker Bodden. Die oft ›Windland‹ genannte, weitgehend sehr flache Halbinsel ganz im Norden Rügens besitzt kaum Wald, stattdessen unendlich weite Felder und viele Salzwiesen. Die fast nimmermüde Meeresbrise zaust das Korn, die Alleenbäume und die zahlreichen Büsche des Sanddorns. Zwischen den Feldern liegen kleine Dörfer und Gehöfte, an der Küste faszinieren Steilufer mit ruhigen, selbst im Sommer oft fast menschenleeren Naturstränden. Bug heißt die nicht zugängliche Landzunge im Westen, ein geschütztes, einsames Schwemmland. Das Kap Arkona im Nordosten der Halbinsel ragt wie eine Festung in die See. An diesem sonderbaren Ort wurde vor rund 850 Jahren die Entscheidungsschlacht zwischen den slawischen Ranen und den dänisch-christlichen Rittern geschlagen.

Seebad Breege-Juliusruh

Die beiden Dörfer Breege und Juliusruh sind mittlerweile zu einer einzigen Ortschaft zusammengewachsen und seit 1928 zu einer Gemeinde verbunden. Der Großgrundbesitzer Julius von der Lancken legte schon 1795 hier, zwischen Bodden und Meer, einen Park an und baute ein Jagdschloss als Alterssitz. Er wurde zum Namensgeber des Ortes. Die spätbarocke Parkanlage dient heute in veränderter Form als **Kurpark**, das Herrenhaus wurde 1945 niedergebrannt. Der Doppelort bildet am nördlichen Ende der Schaabe das Tor zur Halbinsel Wittow. Juliusruh liegt direkt an der offenen See, Breege am gleichnamigen Bodden. Juliusruh ist von zahlreichen Hotels, Ferien-

Am Strand bei Juliusruh

Karte: vordere Umschlagklappe

anlagen, Appartementhäusern und von seinem langen Strand an der Schaabe geprägt. Breege, das alte Fischer- und Kapitänsdorf, besitzt einen modernen Hafen am Bodden. Von dort legen Ausflugsschiffe nach Hiddensee, nach Ralswiek zu den Störtebeker-Festspielen und zu Boddenfahrten ab.

Altenkirchen

Die beschauliche Ortschaft mit ihren knapp 1000 Einwohnern besitzt eine große Sehenswürdigkeit: die dreischiffige **Backsteinbasilika** von 1168. Sie ist neben der Marienkirche in Bergen das älteste Gotteshaus Rügens und teilweise noch im romanischen Stil erbaut. In der Apsis, wie der Chor um 1200 vollendet, hat man 1967 eine spätromanische, ornamentale Wandmalerei aus der ersten Bauphase freigelegt. Das Langhaus erhielt im 14. Jahrhundert ein spätgotisches Kreuzrippengewölbe. Beachtenswert ist der mittelalterliche Taufstein mit archaischen Gesichtsmasken, die vermutlich die vier Ströme des Paradieses symbolisieren: Tigris, Euphrat, Physon und Gihon. Ein rätselhafter, noch vor 1168 entstandener altslawischer Bildstein ist in der südlichen Vorhalle eingelassen. Der bärtige Mann mit Füllhorn, Knebelbart und Kegelrock soll angeblich den höchsten und vierköpfigen Ranengott Svantevit darstellen und ist daher nach ihm benannt. Wahrscheinlich handelt es sich bei der Darstellung aber um einen Priester der Gottheit, der auf der Tempelburg bei Arkona verehrt wurde. Ein sehr ähnlicher slawischer Bildstein findet sich an der Außenmauer der Marienkirche in Bergen. Möglicherweise hat man solche Steinplatten mit slawischen Gottheiten oder Priestern zur Verhöhnung in den Mauern mittelalterlicher Kirchen verbaut. Der freistehende, hölzerne **Glockenturm** stammt aus dem 18. Jahrhundert. Im **Friedhof** der Kirche stehen zahlreiche Grabwangen aus dem 19. Jahrhundert. Hier fand auch Ludwig Gotthard Kosegarten (→ Extra S. 179), Dichterpfarrer und feuriger Prediger am Kliff von Vitt, seine letzte Ruhe; der stelenartige, bescheidene Grabstein ist efeuumwuchert. Dem 1818 verstorbenen Dorfpfarrer von Altenkirchen hat man 2012 das **Kosegartenhaus** neben der Kirche mit einer Dauerausstellung zum Leben des poetischen Geistlichen gewidmet (April–Okt. tgl. 10–18 Uhr).

Der Slawenstein in der Altenkirchener Kirche

Immer an der Küste entlang: Radtour zum Kap Arkona

Länge: 25 km.

Ausgangs- und Endpunkt ist Altenkirchen. Die mittelschwere Rundtour mit wenigen Steigungen führt vor allem über Plattenwege, über Schotter- und Lehmwege sowie einige asphaltierte Straßen. Im Zentrum von Altenkirchen gibt es eine Fahrradverleih-Station. Hier bekommt man auch Tour-Infos.

Am östlichen Ortsausgang von **Altenkirchen**, an der Straße nach Putgarten, geht rechter Hand ein ausgeschilderter Radweg zur Küste ab. Er führt gut zwei Kilometer mitten durch landwirtschaftliches Gelände und endet am **Campingplatz Drewoldke** mit toller Aussicht auf die

Tromper Wiek. Direkt am **Hochuferweg**, am steilen Abbruch zur Tromper Wiek, liegt das jungsteinzeitliche **Großsteingrab von Nobbin**, eines der größten Steingräber Norddeutschlands. Das Hünengrab auf dem Riesenberg stammt aus der jüngeren Steinzeit. Es ist gut 4000 Jahre alt und trapezförmig aus zwei Steinreihen gesetzt. An der südwestlichen Seite befinden sich zwei sogenannte Wächtersteine, sie ragen drei Meter empor. Die Megalithanlage ist 34 Meter lang und bis zu 11 Meter breit. Sie bestand ursprünglich aus 53 großen Randsteinen, heute sind noch 39 davon erhalten. Bei den Grabungen im letzten Jahrhundert konnten neben Resten einer Urnenbeisetzung aus dem 5. vorchristlichen Jahrhundert auch arabische Silbermünzen aus dem 9. Jahrhundert und Keramikscherben aus der Slawenzeit geborgen werden. Das stattliche Hünengrab wurde offenbar von den Rüganern über die vielen Jahrhunderte rege genutzt.

Auf Platten- und Sandwegen geht es weiter in Richtung Kap. **Zur kleinen Rast** heißt kurz darauf im Ort **Goor** das nette Steilufercafé mit Tischen nah an der Abbruchkante. Ein Stückchen weiter nördlich davon liegt geradezu romantisch verborgen in einer tiefen Uferschlucht der Steilküste das Fischerdörfchen **Vitt** mit seinen einstöckigen Reetdachhäusern (→ S. 182). Vom kleinen, pittoresken Hafen aus ist bereits das Kap Arkona gut zu sehen. Es erhebt sich steil und fotogen aus der Ostsee. Dorthin schlängelt sich der Hochuferweg in einigen Serpentinen. Der Radweg führt am Kap-Plateau am Peilturm und den Resten der slawischen Wallanlage vorbei direkt auf die beiden berühmten Leuchttürme zu. Vom **Flächendenkmal Kap Arkona** lohnt sich ein Abstecher nach **Putgarten** zum interessanten Rügenhof (3 km hin und zurück). Am Kap ist der Radweg zur Weiterfahrt entlang der Steilküste ausgeschildert. Die **Königstreppe** zum Strand – benannt nach dem preußischen König Friedrich Wilhelm III., der sie 1833 erbauen ließ – ist seit Dezember 2012 aus Sicherheitsgründen gesperrt. Der Strand unterhalb der Steilküste ist nur über die **Veilchentreppe** (Richtung Vitt) und über die **Treppe am Gellort** (Richtung Westen) zugänglich. Auch diese beiden Treppen können etwa nach längeren Regenfällen kurzzeitig gesperrt sein.

Gellort ist der nördlichste Punkt Rügens. Hier führt an der rund 50 Meter hohen Steilküste von der Abbruchkante die steile, serpentinförmige Treppe zum Blockstrand hinunter, einem Geröllfeld von Feuersteinen. Auch ein aus Skandinavien eingewanderter Steingigant aus Granit hat hier direkt am Ufer sein wohl letztes Ruheplätzchen gefunden: der **Siebenschneiderstein**, 61 Kubikmeter groß und 165 Tonnen schwer, der viertgrößte Findling Rügens.

Der **Nordstrand von Wittow** erstreckt sich wenige Kilometer westlich des Kaps. Er ist über den hier etwas löchrigen und von Wurzeln durchzogenen Hochuferpfad des Ostseeküstenradwegs zu erreichen. Der herrliche Naturstrand hat nur einen Zugang: die Treppe am Steilufer direkt neben dem Parkplatz bei Varnkevitz. Der Nordstrand ist gewiss einer der schönsten und beeindruckendsten Strände auf Rügen, wild und ursprünglich wie kein zweiter auf der Insel: feiner Sand, hier und da liegen einige größere Steine am seichten Uferbereich. Textilfreies Baden ist problemlos, aber es gibt keine Gastronomie und keine Toiletten. Grandios ist das Strandpanorama von der **Fallada-Sicht** aus, smaragdgrün leuchtet an sonnigen Tagen das klare Ostseewasser tief unten.

Der Küstenradweg verläuft westlich weiter zum ›Märchenwald‹ mit seinen von Wind und Wetter bizarr geformten Bäumen und zum Hochufer von Bakenberg. Auf dieser Strecke geht es bald links ab zu den Weilern Varnkewitz und Schwarbe. Das Landsträßchen stößt nach einem Kilometer auf den Rügen-Rundweg. Hier zweigt der Regionalradweg nach Altenkirchen ab. Er führt querfeldein direkt ins Zentrum der Ortschaft, unserem Ziel.

Putgarten

Der Ortsname Putgarten stammt aus dem Slawischen und bedeutet ›unter der Burg‹. Denn die kleine Siedlung lag unterhalb der Jaromarsburg am Kap, dem einstigen kulturellen Zentrum der westslawischen Ranen, das die Dänen 1168 eroberten und zerstörten. In den DDR-Jahren war das gesamte Areal am Kap militärisches Sperrgebiet, tabu für Touristen. Heute ist Putgarten der gängigste Ausgangspunkt für Ausflüge zum Kap Arkona. Zum Schutz der Natur wurde das Gebiet um das Kap als verkehrsberuhigte Zone ausgewiesen. Für Kap-Besucher, die mit dem Auto anreisen, ist das Parken auf dem gebührenpflichtigen **Großparkplatz** am westlichen Ortsrand obligatorisch. Von dort geht es etwa zwei Kilometer entweder zu Fuß, mit dem Rad, mit dem Kap-Arkona-Bähnchen im Pendelverkehr oder mit der Pferdekutsche weiter zum Kap. Dorthin führt die gepflasterte **Dorfstraße** mit einigen sehenswerten Bauern- und Fischerkaten. Der **Rügenhof** ist ein schönes Häuser-Ensemble in rotem Backstein mit einem Gutshaus von 1890 und mit Pferdeställen und Scheunen, in die Schauwerkstätten und Hofläden eingezogen sind. Im Angebot: Rügener Produkte, Keramik, Schmuck, Souvenirs, ein Flohmarkt, eine Korbflechterei, ein Kreativ-Mode-Atelier, Räucherfisch sowie 16 Ferienwohnungen. Auf der anderen Straßenseite steht ein etwa 200 Jahre altes reetgedecktes Fischerhaus, das **Helene-Weigel-Haus**. Die große Berliner Schauspielerin kaufte das Haus 1955. Nach dem Tod Ihres Mannes Bertolt Brecht 1956 überließ ›die Weigel‹ das schöne Gebäude ihren Theaterkollegen aus dem Berliner Ensemble. Bis vor kurzem beherbergte die Kate ein sehr nettes, kleines Café.

Kap Arkona

Das Flächendenkmal mit den beiden berühmten Leuchttürmen, dem Marinepeilturm, dem Marineführungsbunker und den Resten des slawischen Burgwalls ist ein Wahrzeichen der Insel Rügen. Es liegt auf einem meerumschlungenen und windumtosten, über 40 Meter hohen Felsplateau – dem ›Nordkap Rügens‹,

So kommt man am bequemsten zum Kap Arkona

einem mystischen Ort, wo die Kliffküste senkrecht ins Meer stürzt. Nach der Kreideküste mit dem Königsstuhl ist das Kap Arkona mit rund 800 000 Besuchern jährlich das beliebteste Ausflugsziel der Insel. Dementsprechend wird das Areal an manchen Sommertagen zum trubeligen Rummelplatz. Das Kap, 2014 sonnenreichster Ort deutschlandweit, besteht vorwiegend aus Kreide und eiszeitlichem Geschiebemergel mit eingeschlossenen Feuersteinschichten. Besonders in den Wintermonaten kann es zu größeren Abbrüchen der zerklüfteten, weißen Felsen kommen. Die zahllosen Feuersteine an den Kapstränden lassen das natürliche Phänomen nachvollziehen.

Der kleinere und ältere der beiden Leuchttürme wurde 1828 in Betrieb genommen. Die Baupläne stammen von Karl Friedrich Schinkel. Der dreigeschossige und 19 Meter hohe Turm, aus rotem Backstein im Stil des Klassizismus errichtet, wird daher **Schinkelturm** genannt. Das quadratische Gebäude mit verglaster Laternenkuppel besitzt nicht gerade das typische Aussehen eines Leuchtturms, es könnte genauso gut auch ein preußisches Wasserwerk sein. Den dicken Turm kann man über eine gusseiserne Treppe bis zur Aussichtsgalerie besteigen. Er beherbergt das **Museum Kap Arkona** mit Informationen über Schinkels Schaffen und die Leuchttürme an der deutschen Ostseeküste sowie ein **Standesamt** mit Romantikgarantie.

▲ Karte: vordere Umschlagklappe

Der **Neue Leuchtturm** unmittelbar daneben ist dagegen, wie es sich für einen Leuchtturm gehört: rund, schlank und hoch, 33 Meter ragt er in den Wittower Himmel und leuchtet in der Nacht gut 40 Kilometer ins Meer hinaus. Er löste 1902 den Schinkelturm ab. Von seiner Plattform hat man einen überwältigenden Blick über die Halbinsel Wittow und zur Jasmunder Kreideküste. Wer sehen will, wie das Leuchtfeuer funktioniert, kann sich das sogenannte Linsentripel unten neben dem Turm ansehen.

Dem berühmten, ungleichen Turmpaar gesellt sich auf dem schroffen, vom Wind gezeichneten nördlichen Inselzipfel noch ein dritter Turm hinzu: der **Marinepeilturm**, ebenfalls mit Aussichtsplattform. Er ist 27 Meter hoch und wurde 1927 von der Reichsmarine gebaut, um den Ostseeverkehr zu kontrollieren. Heute nutzt der Designer Nils Peters die Turmetagen und die Glaskuppel, um seinen ›Sonnenschmuck‹ auszustellen.

Der ehemalige **Marineführungsbunker** der DDR-Volksmarine in Leuchtturmnähe kann im Rahmen von Führungen besichtigt werden.

Von der ehemaligen **Jaromarsburg** sind heute nur noch Reste der bis zu 14 Meter hohen Wallanlage neben dem Marinepeilturm zu sehen. Der halbkreisförmige Ringwall ist jedoch seit einigen Jahren wegen Abrutschungen gesperrt. Die slawische Tempelburg war vom 9. bis zum 12. Jahrhundert das Hauptheiligtum der slawischen Ranen. Die siedelten ab dem 6. Jahrhundert auf der Insel. Die Lage der Kultstätte war strategisch gut gewählt und von zwei Seiten durch die Kreideklippen geschützt. Zwei hintereinander liegende Wälle und Palisaden sicherten den riesigen Bau von der Landseite her. Putgarten war die Siedlung ›unter der Burg‹ und das Marktzentrum, im heutigen Fischerdorf Vitt lag vermutlich der Hafen der Tempelanlage. Nach den Aufzeichnungen des dänischen Chronisten Saxo Grammaticus besaß der überaus prächtige Tempel ein Dach in leuchtendem Rot und die Außenwände waren mit bunten Szenen bemalt. Das zentrale Kultobjekt im Tempel war eine mindestens zehn Meter hohe, aus Eichenholz geschnitzte Statue des viergesichtigen, nach allen Himmelsrichtungen blicken-

Die berühmten beiden Türme am Kap Arkona

den Kriegsgottes Svantevit. In seiner Rechten hielt der Gott der Götter ein Trinkhorn, in das der Hohepriester zum Erntedankfest frisch gebrauten Met einschenkte. Verblieb es im Becher, durfte eine reiche Ernte erwartet werden. Verdunstete es, war das ein schlechtes Omen. Mit der Zerstörung des Heiligtums unter der Führung des dänischen Bischofs Absalon von Roskilde 1168 wurde die Christianisierung der Insulaner eingeleitet. Danach entstanden auf Rügen die ersten Kirchen. Den Schatz des Svantevit-Tempels erhielt der dänische König Waldemar I. Er musste ihn später mit Heinrich dem Löwen teilen. Im Laufe der Jahrhunderte ist durch die natürliche Ersosion am Kap mittlerweile schon ein Großteil der inneren Burg in die Ostsee gestürzt. Bei den archäologischen Arbeiten fanden sich Lanzen- und Pfeilspitzen, Perlen und ein Reitersporn. Einige Einzelstücke sind im Peilturm ausgestellt.

Vitt

Das denkmalgeschützte, autofreie Fischerdorf mit seinen einstöckigen, reetgedeckten Katen und schmalen Gassen wird oft als schönstes Dorf Rügens bezeichnet. Sicherlich ist Vitt eine Ortschaft wie aus dem Bilderbuch, und auch deshalb wird sie in den Sommermonaten vom Touristenstrom des benachbarten Kap Arkona geradezu überschwemmt. Am besten besucht man den kleinen Ort, der versteckt in einer Uferschlucht an der Steilküste liegt, in den ruhigeren Morgenstunden. Dann bekommt man auch noch in der uralten, gemütlichen **Dorfkneipe Goldener Anker** ein freies Plätzchen, ebenso am zierlichen **Fischerhafen** mit seinen Mini-Fischlokalen und der Räucherei. Von dort bezaubert der Blick zum rund einen Kilometer entfernten Kap Arkona, wo einst die slawische Jaromarsburg lag. Womöglich war das Dorf schon im 10. Jahrhundert der Fischer- und Handelshafen dieser Kultstätte. Der Fischfang blieb über die Jahrhunderte die erste Einnahmequelle des Ortes. Als Vitte bezeichnete man im späten Mittelalter Stapel- und Handelsplätze, wo der gerade gefangene Fisch eingesalzen und in Tonnen gelegt wurde. Heute ist auch der sommerliche Fremdenverkehr ein wichtiger Faktor für den Lebensunterhalt der rund 50 Einwohner. Die weiße, achteckige **Kapelle** auf einem Hochplateau über dem Dorf ließ Ludwig Gotthard Kosegarten, der Pastor von Altenkirchen, in den Jahren von 1806 bis 1816 angeblich nach Plänen von Karl Friedrich Schinkel erbauen. Hier hielt er bei schlechter Witterung seine berühmten Uferpredigten für die Heringsfischer. Der Innenraum ist sehr schlicht, die Orgel stammt von 1866. Das Fresko ›Menschen im Sturm‹ malte der italienische Künstler Gabriele Mucchi 1990. ›Petrus auf dem Meer‹ heißt das Bild über dem Altar. Es ist eine Kopie. Das Original, das Kosegarten beim Maler Philipp Otto Runge in Auftrag gab, kam nie in Vitt an. Es blieb in Hamburg, wo der bedeutende Frühromantiker 1810 starb.

Der traditionsreiche ›Goldene Anker‹

▲ Karte: vordere Umschlagklappe

Dranske und Bug

Der Ort Dranske im äußersten nordwestlichen Winkel Wittows liegt am ›Langen Finger‹ der Halbinsel, dem Bug. Landschaftlich ist diese abgelegene Inselregion zwischen Bodden und Meer sehr reizvoll und sehr ruhig. Über viele Jahrzehnte war Dranske unmittelbar von der militärischen Nutzung der langgestreckten, schmalen Landzunge betroffen – zuerst ließ der Kaiser 1916 auf dem Bug eine Seeflugstation bauen, bei den Nazis waren hier ein Seefliegerhorst, ein Seeaufklärungsgeschwader und eine Flugbootstaffel stationiert, nach dem Krieg errichtete die DDR-Volksmarine hier einen Stützpunkt, nach der politischen Wende wickelte die Bundesmarine 1991 den Schnellbootstützpunkt schließlich ab. Das **Marinehistorische- und Heimatmuseum Dranske/Bug** vermittelt mit vielen Dokumenten und Fotos die militärische Geschichte dieses bis heute gesperrten Landstrichs.

Ein Ferien- und Freizeitzentrum ist seit langer Zeit im nördlichen Teil des Bug geplant, der südliche Teil gehört seit 1990 zum Nationalpark Vorpommersche Boddenlandschaft. Der Bug ist der größte Sandhaken Rügens. Er wächst beständig, nur durch eine von Menschenhand regelmäßig frei gespülte Fahrrinne bleibt er von der Insel Hiddensee getrennt. Sonst würde zusammenwachsen, was natürlicherweise zusammen gehört. Zwischen April und Oktober werden geführte Wanderungen auf dem Süd-Bug angeboten, im Fremdenverkehrsamt Dranske kann man sich dafür anmelden.

Das alte Dranske, das vom Fischfang und vom Ackerbau lebte, wurde im ›Dritten Reich‹ sang- und klanglos weggesprengt, um neue Unterkünfte für die Offiziere zu bauen. Nachdem Hitlers Gartenstadtsiedlung einige Jahrzehnte später für die DDR-Volksmarine zu klein geworden war, zog die Nationale Volksarmee (NVA) in den 1960er Jahren kurzerhand eine Plattenbausiedlung in die Höhe – mit Meerblick. Die tristen, farblosen Kästen bestimmten fortan das Ortsbild von Dranske. Nach 1990 ist ein Großteil dieser Plattenbauten wieder abgerissen worden. Das gleiche Schicksal traf aber auch andere öffentliche Gebäude wie etwa das Gymnasium und Kindereinrichtungen. Die Einwohnerzahl nahm seit der Wende drastisch ab: 1990 waren noch gut 4000 Menschen gemeldet, heute nur noch knapp 1200. Die Zukunft Dranskes liegt nun eindeutig im Tourismus, die natürlichen Voraussetzungen dafür sind bestens – Ostsee hier, Bodden da. Und ganz nah verläuft der grandiose Hochuferweg entlang der Ostseeküste bis zum Kap Arkona (→ S. 183).

Wiek

Die geschichtsträchtige Siedlung Wiek am Wieker Bodden wurde 1165 erstmals urkundlich dokumentiert, als bedeutender Handelsort mit slawischem Burgwall. In dieser Zeit, Ende des 12. Jahrhunderts, erfolgte die Christianisierung des Gebiets von Wiek. Handelsschiffe fanden hier im Boddengewässer einen ruhigen und günstig gelegenen Hafenplatz. Um 1400 begann man in Hafennähe mit dem Bau der **St. Georgskirche**. Das Prunkstück des sehr geräumigen Gotteshauses, dem Schutzpatron der Seefahrer und der Reisenden gewidmet, ist ein fast zwei Meter großes, hölzernes **Reiterstandbild**, das den ›Ritter Georg zu Pferde‹ darstellt. Es ist ein Werk aus dem frühen 15. Jahrhundert. Reich dekoriert ist der gotische Westgiebel, der freistehende **Glockenstuhl** wurde um 1600 neben der Kirche errichtet.

Die heutige Wieker **Hafenanlage** entstand ab 1890. Am Rande des Hafenbeckens ist eine etwas seltsame Baukonstruktion auffällig. Es handelt sich um die 1914 gebaute, 130 Meter lange **Kreideverladebrücke**, ein architektonisches Überbleibsel für den damals geplanten Kreideabbau am Kap Arkona. Die Rügener Kleinbahn sollte die für die Bauwirtschaft wichtige Rohkreide vom Kap hierher nach Wiek transportieren, wo sie nach Stettin weiterverschifft werden sollte. Das Vorhaben – das Kap Arkona im Tagebau! – wurde zum Glück nie umgesetzt. Die mittlerweile sanierte Stahlbetonbrücke schwebt einige Meter über dem Wasser und dient seit 2014 als schwebende Promenade – ein schönes Unikum. Gleich daneben dümpeln im Sommer Segelboote und Jachten in der umfangreich ausgebauten **Marina Wiek**.

Das **Kinderkurheim** für sächsische Heimkinder am Südende des Ortes machte Wiek in den 1920er Jahren über die Grenzen Rügens hinaus bekannt. Die weiß gestrichenen Holzbauten, nach Plänen des Bauhausschülers Waldo Wenzel errichtet, sind heute im Besitz der Allgemeinen Ortskrankenkasse (AOK).

i Wittow

Postleitzahl: 18556 (Putgarten, Dranske)
Vorwahl: 038391 (Putgarten, Dranske, Wiek)
Informationsamt Kap Arkona, Am Parkplatz 1, Tel. 4190. www.kap-arkona.de
Fremdenverkehrsamt Dranske, Karl-Liebknecht-Str. 41, Tel. 89007. www.gemeinde-dranske.de
Touristinformation Wiek, Markt 5, Tel. 76870. www.wiek-ruegen.de
Informationsamt Breege-Juliusruh, Wittower Str. 5, Tel. 311. www.breege.de

Kapitänshäuser (€€), Am Hafen 1–3, Breege, Tel. 420. Familienfreundliches Drei-Sterne-Hotel und Ferienanlage mit Blick auf den Breeger Bodden. Schwimmbad, Sauna, Restaurant ›Zum alten Fischer‹. www.kapitaens-haeuser.de
Aquamaris (€€–€€€), Wittower Str. 4, Juliusruh, Tel. 440. Exklusive Hotel- und Ferienanlage im Kiefernwald, Penthouse- und Ferienwohnungen, Zimmer und Suiten, Campingplatz, Wellnessbereich, Restaurants. www.aquamaris.de
Min Herzing (€–€€), Nonnevitz 33, Bakenberg, Tel. 89050. Schönes Feriendorf im Dünenschutzwald, zwei Strandzugänge. Ferienhäuser, Appartements und Schlaffässer für Radtouristen. Gaststätte. www.min-herzing.de
Landhotel Bohlendorf (€€), Bohlendorf 6a, Bohlendorf bei Wiek, Tel. 770. Komfortable, geräumige Doppel- und Einzelzimmer im zweitältesten Herrenhaus Rügens von 1794, idyllisch mitten im Park. Restaurant, Sauna, Fahrräder. Meernah. ww.herrenhaus-bohlendorf.weblotse.com
Hafendorf Wiek (€€), Am Hafen 14, Wiek, Tel. 934793. Zwei schwimmende Häuser an der Marina Wiek, Hafenblick. Komfortabel eingerichtet, 100 und 77 qm groß. www.hafendorf-wiek.de
Leuchtturmwärter Schilling (€–€€), FeWo (60 qm) im Leuchtturmwärterhaus neben den Leuchttürmen am Kap Arkona, Tel. 13037. www.kap-arkona.de/leuchtturmwaerter

Freizeitcamp Am Wasser, Wittower Str. 1–2, Juliusruh, Tel. 43928. Im Wald zwischen Breeger Bodden und Ostsee. Saubere, moderne Anlage mit Kinderspielplatz, Rad- und Bootsverleih, Einkaufsmarkt. www.freizeitcampamwasser.m-vp.de
Regenbogencamp, Nonnevitz 13, Dranske/OT Bakenberg; Anfang Apr.–Ende Okt. Auf dem Hochufer, inmitten eines Kiefern- und Mischwaldes. Zugang zum Badestrand. www.regenbogen.ag
Küstencamp, Nonnevitz 23, Dranske/OT Bakenberg, Tel. 939070; Mitte März-Mitte Nov. www.kuestencamp.de

▸ Karte: vordere Umschlagklappe

Fischrestaurant MeeresArt, Am Waldwinkel 2–3, Juliusruh, Tel. 403-0. Regionaltypische Gerichte, fangfrischer Fisch, ausgezeichnet mit dem Logo ›Regionale Esskultur‹. Im Hotel ›Atrium am Meer‹. www.atrium-am-meer.de

Zum Alten Fischer, Am Hafen, Breege, Tel. 12189. Fischlokal direkt am Hafen, Sommerterrasse. www.restaurant-zum-alten-fischer.de

Zum Goldenen Anker, Vitt Nr.2, Putgarten, Tel. 12134; tgl. ab 11 Uhr. Historischer Gasthof im kleinen Fischerort Vitt, 1646 erstmals erwähnt. Nahe Kap Arkona. Maritimes Flair. Saisonale Fischgerichte wie Hering, Scholle und Hornfisch (Mai-Delikatesse mit blau-grünen Gräten), Fleisch vom Jäger, Kaffee und Kuchen. Sommerterrasse. www.gasthof-vitt.de

Zur Mole, Bahnhofstr. 5, Wiek, Tel. 76562. Am Wieker Hafen, fangfrischer Fisch, regionale Küche, als Hausspezialität gelten die ›Sturmsäcke‹ (Windbeutel), Außenterrasse. www.pension-zur-mole.de

Zum Anker, Karl-Liebknecht-Str. 14, Dranske, Tel. 430966. Maritime Einrichtung, Fischgerichte, saisonal abwechslungsreich. www.fischgaststaette-dranske.de

Schifferkrug Kuhle, Hauptstr. 2, Dranske/OT Kuhle, Tel. 938845. Rügens älteste Gaststätte, Ausschank seit 1455. Fischspezialitäten, Fleisch vom lokalen Jäger. www.schifferkrug-kuhle.de

Schreiber´s Fisch, Am Hafen, Dranske/OT Kuhle, Tel. 8784. Traditions-Fischimbiss, regionale Fischgerichte, leckerer Räucherfisch. Terrasse direkt am Wasser, kleiner Wintergarten. Bestens geeignet als Rast beim Radeln oder Wandern.

Blumencafé Rügen, Gerhart-Hauptmann-Str. 6, Wiek, Tel. 769932. Duftender Kaffee und duftende Blumen, leckere Kuchen und Torten in Bio-Qualität. Herrlich sitzt man im großen Blumengarten neben Schafen und Enten. www.blumencafe-ruegen.de

Flächendenkmal Kap Arkona, Tel. 13037. www.kap-arkona.de

Schinkelturm, Juli/Aug. tgl. 10–19 Uhr, Feb.-April tgl. 10–16 Uhr, Mai/Okt. tgl. 10–17 Uhr, Juni/Sept. tgl. 10–18 Uhr, Nov.–März tgl. 11–16 Uhr.

Neuer Leuchtturm, Juli/Aug. tgl. 10–19 Uhr, April tgl. 10–16 Uhr, Mai/Okt. tgl. 10–17 Uhr, Juni/Sept. tgl. 10–18 Uhr.

Peilturm, Juli/Aug. tgl. 10–18 Uhr, April tgl. 10–15 Uhr, Mai/Okt. tgl. 10–16 Uhr, Sept./Juni tgl. 10–17 Uhr.

Marineführungsbunker, Führungen (ca. 45 Minuten) 11–16 Uhr immer zur vollen Stunde.

Marinehistorisches- und Heimatmuseum, Schulstr. 19, Dranske, Tel. 687185; Mai–Okt. Mo–Sa 11–16 Uhr.

Reederei Kipp, Dorfstr. 101, Breege, Tel. 12306. Fahrten zur Insel Hiddensee, Bodden- und Kranichfahrten. Fahrradmitnahme. www.reederei-kipp.de

Wittow-Bike, Straße des Friedens 10, Altenkirchen, Tel. 13071. Trekkingräder, Mountain-Bikes, E-Bikes, Kinderräder. www.ruegen-fahrrad-fewo.sw

Fahrradservice Jonack, Hauptstr. 17, Wiek, Tel. 70045; Verleih Apr.–Okt.

Rügenhof Kap Arkona, Dorfstr. 22, Putgarten/Kap Arkona; Markt Apr.–Okt. tgl. ab 10 Uhr, Rügen-Laden im Gutshaus mit Café ganzjährig. Der altpommersche Gutshof wurde zum Handwerkerhof umgestaltet: Mehrere Werkstätten, Antik- und Trödelmarkt, Kaffeerösterei, hofeigene Räucherei, FeWos. www.kap-arkona/ruegenhof.de

Marine Shop, Hochzeitsberg 16, Breege, Tel. 439988. Direkt am Hafen, ganzjährig tgl. geöffnet. Maritime Souvenirs, Bernstein, Sanddornprodukte, Strandzubehör, Regionales, auch Angelkarten.

Westrügen und die Insel Ummanz

Westrügen ist eine Landschaft der Stille. Fernab des touristischen Trubels der Seebäder im Inselosten ist die ruhige Gegend am schilfumrandeten Nationalpark Vorpommersche Boddenlandschaft wie geschaffen für naturnahe Erholung und Entspannung mit erlebnisreicher Abwechslung. Die Region ist tischplatt, ein Paradies für Radler. Surfer und Familien mit Kindern schätzen die flachen Boddengewässer. Zwischen den weiten Feldern und der Boddenlandschaft liegen verstreut Bauerndörfer mit uralten Kirchen, versteckte Herrenhäuser und zahlreiche kleine Einzelgehöfte, aus denen Erlebnisbauernhöfe, Hofläden, Reiterhöfe, Kulturscheunen oder edle Destillerien entstanden sind. Die 20 Quadratkilometer große **Insel Ummanz** wird im Norden durch die Udarser Wiek, im Osten durch den Koselower See, im Süden durch die Bucht namens Breite und im Westen und Nordwesten durch den Geller Haken und den Schaproder Bodden begrenzt. Weite Wiesen, Weideland, kleine Mischwälder, schilfumsäumte Ufer dominieren. Es gibt keine großen Hotels, keine Promenaden und keine Schnellstraßen. Das flache, abgeschiedene und naturnahe Eiland gehört zum Nationalpark Vorpommersche Boddenlandschaft und liegt nur drei Meter über dem Meeresspiegel. Die Insel der Kraniche ist wie geschaffen für Radler.

Gingst

Das Angerdorf Ghynxt wurde 1232 erstmals urkundlich erwähnt. Es gehörte im Mittelalter neben Garz und Bergen tatsächlich zu den bedeutendsten Marktflecken auf Rügen. Gingst hatte Marktrecht und war folglich kein reines Bauerndorf. Es gab im Ort zahlreiche Handwerkerberufe, berühmt war die Gingster Damastweberei.

Die mit rund 1300 Einwohnern größte Ortschaft im Westen Rügens ist schön, besonders der langgestreckte **Marktplatz** im hübsch sanierten Zentrum. Hier finden sich einige Lädchen mit regionalen Produkten, eine Töpferei, ein interessanter Buchladen, eine Gaststätte und ein Café. Am östlichen Platzende steht der mächtige gotische Baukörper der **St. Jacobkirche**, deren Turm mit seiner

Still zeigt sich die Halbinsel Ummanz

▲ Karte: vordere Umschlagklappe

charakteristischen, geschweiften Haube über den gesamten Ort lugt. Die Backsteinkirche stammt aus dem frühen 14. Jahrhundert. Nach dem Großbrand von 1726 gestaltete man Teile des Gebäudes barock um. Auch das Inventar ist weitgehend barock, die Orgel von Christian Kindten stammt von 1790.

Das **Museum Gingst** ist in zwei nebeneinander stehenden reetgedeckten Fachwerkhäusern aus dem 18. Jahrhundert untergebracht. Die historischen Handwerkerstuben vermitteln einen Eindruck vom einstigen Leben der einfachen Leute auf Rügen und speziell von den ehemaligen Arbeits- und Wohnverhältnissen der in Gingst ansässigen Handwerker um 1900. Der Rundgang führt durch die Werkstätten eines Schneiders, Schuhmachers, eines Seilers und Drechslers. Kraft ihres Amtes, so erfährt man, war der Dorffriseur zugleich Zahnarzt und der Schuhmacher auch Leichenträger. Zu sehen sind Küchen- und landwirtschaftliche Geräte, Spielzeug sowie eine riesige Sammlung von Fingerhüten aus allen Teilen der Welt.

Regelmäßig finden im Museumshof Märkte statt mit Kunsthandwerk, Trödel und regionalen Spezialitäten. Stets frischen selbstgebackenen Kuchen gibt es im **Museumscafé**.

In der näheren Umgebung lohnt der **Schlosspark Pansevitz** östlich von Gingst einen Abstecher. Vom ehemaligen Renaissanceschloss der Grafenfamilie von Knyphausen sind nur Ruinen und ein über eine Wendeltreppe begehbarer Turm geblieben. Von dort oben überblickt man einen Teil des Parks. Ein Spaziergang durch den zwölf Hektar großen Schlosspark im englischen Landschaftsstil ist faszinierend. Mit seinen herrlichen, uralten Einzelbäumen, den wunderbaren Lindenalleen, romantischen Teichen, hügeligen Rasenflächen und Wanderwegen zählt er gewiss zu den schönsten Parkanlagen auf Rügen.

Der hübsche Eingang zum Museum Gingst

Im Sommer verwandelt sich der Park in eine **Open-Air-Bühne**, auf der unter anderem Klassiker der deutschen Theaterliteratur aufgeführt werden (→ S. 194).

Insel-Rundtour: Mit dem Rad durch Ummanz

Länge: 28 km.

Ausgangs- und Endpunkt der Tour ist der alte Handwerkerort Gingst. Auch Mursewiek oder Waase eignen sich als günstige Ausgangspunkte für eine Insel-Rundtour. An all diesen Orten gibt es Radverleihstellen. Meist fährt man auf der asphaltierten, wenig befahrenen Inselstraße und auf asphaltierten Radwegen, hin und wieder auf Betonplattenwegen. Es gibt keinerlei Steigungen, die Tour ist auch für größere Kinder geeignet.

Von **Gingst** aus verläuft parallel zur Landstraße in Richtung Insel Ummanz ein Fahrradweg. Nach knapp fünf Kilometern, in **Mursewiek**, ist der **Erlebnis-Bauernhof Kliewe** nicht nur für Kinder ein lohnendes Vergnügen, ebenso der etwa drei Kilometer entfernte Hof von **Bauer Lange** in **Lieschow**.

Die Insel Ummanz erreicht man seit 1901 über eine 250 Meter lange Straßenbrücke. Hier, am **Focker Strom**, liegt die Ortschaft **Waase** mit kleinem **Hafen** und dem traditionellen Fischlokal ›Holzerland‹. Nur ein paar Schritte vom Wasser entfernt steht ein ganz besonderes sakrales Kleinod: die **St. Marienkirche**, das einzige Gotteshaus auf der Insel Ummanz. Die unscheinbare evangelische Dorfkirche wurde schon 1322 erstmals urkundlich erwähnt, mehrere Umbauten erfolgten im 15. Jahrhundert. Zu ihrer reichen Ausstattung gehören die mit Intarsien geschmückte Renaissancekanzel von 1572 und der aus dem 15. Jahrhundert stammende Sakramentsschrein an der Ostwand. Das absolute Prunkstück des Kirchleins ist aber der spätgotische, vielfigurige Flügelaltar, der um 1520 in Antwerpen aus Eichenholz geschnitzt und bemalt wurde. Der wertvolle Schatz, der zur Gattung der sogenannten Antwerpener Retabel gehört, zeigt Szenen aus der Passionsgeschichte und Episoden aus dem Leben des englischen Kanzlers und Erzbischofs Thomas Becket (1118–1170), der unter König Heinrich II. diente. Ein Altar zu Ehren eines britischen Katholiken und Heiligen in einer kleinen, protestantischen Ummanzer Kirche? Eine solche Kostbarkeit in Waase am Focker Strom? Des Rätsels Auflösung: Ursprünglich stand der Altar mit seinen zwölf Tafelbildern in der mächtigen Stralsunder Nikolaikirche. Er kam erst 1702 für 50 Taler nach Waase. Der historische Hintergrund: Das geschnitzte Meisterwerk war eine Auftragsarbeit für eine englische Kirche. Doch der englische König Heinrich VIII. sagte sich 1527 von der katholischen Kirche in Rom los, da der Papst ihm die Scheidung von seiner Gattin Katharina von Aragonien versagt hatte. In dieser prekären historischen Situation, als Heinrich in Canterbury aus Wut die Reliquien des heiligen Thomas zerschlug, gab es für den Thomas-Altar in England natürlich keine Nachfrage mehr. Stattdessen kaufte ihn die betuchte Stralsunder Bürgerschaft.

Zum denkmalgeschützten Pfarrensemble gehören auch die **Alte Küsterei**, die heute ein **Informationszentrum für den Nationalpark** beherbergt, sowie daneben die **Inseltöpferei**. Die wenig befahrene, asphaltierte Inselstraße führt hier vorbei und in Richtung Wusse/Suhrendorf am Focker Strom entlang. Auf den Weiden tauchen oft größere Gruppen von Pferden auf – Haflinger, robuste und genügsame Freizeitpferde, die zu den Kleinpferderassen gehören.

In der **Haflingerzucht Ummanz** von Norbert Briesemeister wird neben der Fahr- und Reittouristik, dem Reiten für Behinderte auch **Stutenmilch** angeboten. Die frische Stutenmilch hat unter anderem eine ganzheitlich positive Wirkung auf das Immunsystem. Jährlich im August findet das traditionelle **Ummanzer Tonnenabschlagen** statt, ein Reiterspiel, bei dem aus dem Ritt eine Heringstonne zerschlagen werden muss.

Hinter Wusse geht ein Betonplattenweg links nach **Freesenort** ab. Diese Mini-Siedlung, windzersaust an der Südspitze von Ummanz, ist eines der letzten noch ursprünglich erhaltenen Fischerdörfer in Mecklenburg-Vorpommern. Der stille Ort wurde 1319 erstmals urkundlich erwähnt. Mit seinen vier Rohrdachhäusern liegt er gleich hinter dem Deich und steht unter Denkmalschutz. Die berühmte und fast 400 Jahre alte **Haasenburg** ist ein niederdeutsches Hallenhaus im sogenannten Zuckerhutstil und sehr tief herabgezogenem Reetdach. Es ist das älteste bewohnte niederdeutsche Ständerhaus im Kreis Rügen und liegt etwas versteckt hinter hohen geschützten Pappeln. Das eindrucksvolle Gebäude besitzt heute in seinem hinteren Teil eine kleine Ferienwohnung.

Suhrendorf ist die nächste Etappe der Tour. Der Ort mit dem großflächigen Ostseecamp, dem **Naturstrand** und dem **Windsurfcenter** gehört neben Thies-

▶ Karte: vordere Umschlagklappe

sow, Dranske und Wiek zu den Kite- und Surfspots rund um Rügen. Suhrendorf gilt als das größte Stehrevier Deutschlands – das ist eine Wasserfläche, in der die Surfer noch stehen können. Es sind vor allem die flachen Boddenbereiche, die für Surfanfänger wie für Profis ideale Wasser- und Windbedingungen bieten. Auf mehreren Kilometern kann man bis zu 500 Meter vom Ufer entfernt noch stehen – Ein Dorado für Surfer-Dudes und Kite-Boarder.

Am Schaproder Bodden entlang verläuft der vielleicht schönste Abschnitt der Inselradtour: der **Deichradweg**, immer im Blickkontakt mit der Ostküste von Hiddensee. Am Ende des Deichweges führt die Inselstraße zunächst südlich nach **Haide** mit dem **Rügen Surfhostel** und dann nordöstlich nach **Tankow**. Über einen Plattenweg erreicht man einen hölzernen **Kranich-Beobachtungsturm**. Von dort lässt sich im Herbst das Kranich-Naturschauspiel bestens beobachten, wenn Tausende der majestätischen ›Vögel des Glücks‹ über die Felder schreiten oder in der Abenddämmerung zu ihren Rastplätzen in der Udarser Wiek gleiten.

Wiesen, weite Felder und Weiden säumen schließlich die Fahrt zurück nach Waase und von dort nach Gingst.

Schaprode

Der Ort Schaprode am gleichnamigen Bodden ist der Fährhafen schlechthin zur Insel Hiddensee. Ein großer Parkplatz für die Automobilisten liegt am Ortsrand. Mehrmals täglich legen Fähren und Wassertaxis auf die Nachbarinsel ab. Viele Reisende sind daher, kaum angekommen, auch schon wieder weg: auf der Fähre zur kleinen Schwesterinsel Rügens. Dabei ist der alte Fährort selbst mit seinen rund 400 Einwohnern ein sehr gefälliges, schmuckes Plätzchen mit reetgedeckten, ziegelsteinroten Fischerkaten, geschnitzten Haustüren und Kapitänshäusern aus dem 17. und 18. Jahrhundert.

Die **Johanneskirche**, ein gotischer Backsteinbau aus dem 13. bis 15. Jahrhundert mit hölzernem Glockenturmaufsatz, steht markant in der Dorfmitte. Schon vor der Christianisierung war der westlichste Ort Rügens zur Zeit der slawischen Besiedlung im 12. Jahrhundert ein wichtiger Handelsplatz. Der **Hafen** liegt am Schaproder Strom, der die Ortschaft von der kleinen Insel Öhe trennt. Schaprode besitzt auch einen **Jachthafen**, einen sehr schönen flachen, kinderfreundlichen **Strand** und einen **Campingplatz** am Bodden. **Guts- und Herrenhäuser** stehen in den Ortsteilen Granskevitz, Udars, Streu und Poggenhof.

Über **Trent** mit der den Ort dominierenden **St. Katharinenkirche** aus dem 14. Jahrhundert erreicht man die **Wittower Fähre**, die das Muttland mit der Halbinsel Wittow verbindet. Sie pendelt ganzjährig über den 350 Meter breiten Rassower Strom. Schon im Mittelalter wurde an dieser Stelle per Fährdienst übergesetzt. Heute muss man während der Hauptsaison mit in der Regel Wartezeiten rechnen.

Westrügen und Insel Ummanz

Postleitzahl: 18569 (Gingst, Waase).
Vorwahl: 038305 (Gingst, Insel Ummanz), 038309 (Schaprode, Trent).
Tourismusverein West-Rügen e.V./Info-Stube Gingst, Karl-Marx-Str. 19, Tel. 535862. www.westruegen.net
Touristinformation Waase, Neue Str. 63, Tel. 53481. www.ruegeninsel-ummanz.de

Reederei Hiddensee, Büro Stralsund, Fährstr. 16, Tel. 03831/26810. Büro Vitte, Achtern Diek 4, Tel. 038300/210; ganzjährig, im Sommer bis zu 16 Fahrten von Schaprode und Hiddensee zwischen 6.15 und 18.30 Uhr. Fahrtdauer nach Neuendorf 25 Min., nach Vitte und Kloster 45 Min. Ab Vitte letzte Rückfahrt um 19.15

Uhr. Fahrradmitnahme möglich. Auch Wassertaxis per Bestellung. www.reederei-hiddensee.com

Wassertaxi Hiddensee, Tel. 038300/210. Die Schnellbootflotte der Reederei Hiddensee für Überfahrten von Schaprode nach Hiddensee, rund um die Uhr.

Holzerland, Am Focker Strom 17, Ummanz, Tel. 8159. Rustikales Fischlokal am kleinen Hafen von Waase, Sommerterrasse, Bootsverleih. Pension (€). www.ummanz-ruegen.de

Landhotel und Restaurant Kiebitzort (€€), Lieschow 26 18569 Ummanz, Tel. 55166. Angenehm abgeschiedene Lage auf der Halbinsel Lieschow, Hotelzimmer und Ferienwohnungen. Regionale Genießerküche, frisch und abwechslungsreich. Lauschiger Garten und Sommerterrasse. www.kiebitzort-ruegen.de

Alte Schule Gagern (€-€€), Schulstr. 1, 18569 Gagern, Tel. 366; tgl. ab 17 Uhr. Familiengeführte Pension und Gaststätte im ehemaligen Schulgebäude von 1845 nahe der Ortschaft Gingst. Wird von Insidern oft als eines der besten Restaurants Rügens gelobt. Exzellente regionale Küche zu moderaten Preisen. Ob Fisch, Fleisch- oder Wildgerichte, alle Zutaten stammen aus der unmittelbaren Region. Erstklassig: Zander auf Himmel und Erde, Boeuf Bourguignon vom Rügener Rind, Wild aus dem nahen Boldevitzer Forst.

Pension Haide-Hof (€), Haide 15, Tel. 55360. Einfache Ausstattung, Restaurant, Heilfastenangebot. www.haide-hof.de

Zur alten Schmiede (€€), Poggenhof 25, Tel. 70500. Nettes, renoviertes Hotel in dem kleinen Dorf Poggenhof bei Schaprode. Ländliche Umgebung, kinderfreundlich. Restaurant. www.ruegen-schmiede.de

Schillings Gasthof, Hafenweg 45, Schaprode, Tel. 1216. Regionale und saisonale Spezialitäten, der Fisch kommt direkt vom Fischkutter, das Salzwiesen-Fleisch von Rindern und Schnucken der nahen Insel Öhe. Fischhaus mit Fischbrötchen, Fischkonserven und frischem Fisch. Netter Hofladen mit Öhewurst und regionalen Produkten. Kleines, reetgedecktes Gästehaus (€-€€) mit Hafenblick und schönem Vorgarten. www.schillings-gasthof.de

Ostseecamp Suhrendorf, Suhrendorf 4, Ummanz, Tel. 82234. Vier-Sterne-Camping am Bodden mit ruhigen und aktiven Bereichen. Strand, Kite- und Surfschule, Multifunktionshaus, Spielplätze. www.ostseecamp-suhrendorf.m-vp.de

Rügen Park Gingst, Mühlenstr. 22b, Gingst, Tel. 55055; Apr.–Ende Okt., Juli/Aug. tgl. 10–19 Uhr, sonst Mo Ruhetag. Freizeit- und Miniaturenpark mit 100 maßstabsgetreuen, bis zu neun Meter hohen Modellen weltberühmter Bauwerke wie Kolosseum oder Berliner Reichstag. Außerdem Parkeisenbahn, Riesenrutsche, Familien-Achterbahn, SB-Restaurant. www.ruegenpark.de

Museum Gingst, Karl-Marx-Str. 19/20, Gingst, Tel. 304. www.historische-handwerkerstuben-gingst.de

Bauer Lange, Hof Nr. 37, Lieschow, Tel. 55117. Riesiges Programm im bekanntesten Bauernhof Rügens: Veranstaltungen wie Spanferkelessen, sommerliches Maislabyrinth, Westernfrühstück. Urlaub auf dem Bauernhof (€-€€), Hofladen, Erlebnisscheune, und dann gibt´s da noch Rosi, Rügens größte Sau. www.bauerlange.de

Erlebnisbauernhof Kliewe, Mursewiek 1, Ummanz, Tel. 530010. Ponyreiten, Streichelzoo, Traktorfahren, Hofladen mit regionalen Produkten und Haflinger Stutenmilch, Restaurant mit guter regionaler Küche, Urlaub auf dem Bauernhof (€-€€). www.bauernhof-kliewe.de

Kunstscheune Vaschvitz, Vaschvitz 16, Tel. 03838/828257. Im Stallgebäude einer Gutsanlage aus dem 18. Jahrhundert, direkt am Rassower Strom. Konzerte von Barockmusik bis zu Jazz, Lesungen, Ausstellungen. Die Veranstaltungen gehören

► Karte: vordere Umschlagklappe

seit Jahren zu den Höhepunkten der Kultur auf Rügen und sind ein Publikumsrenner. www.vaschvitz.de/kunstscheune

Theater im Schlosspark Pansevitz, Ende Juni–Ende Aug., Hinterlandbühne e.V., Reservierungen: info@rotekugel.com

Ummaii Surfhostel (€), Suhrendorf 8, Tel. 55018. Surfschule mit Hostel, Baumhäusern und Tikibar. www.ummaii.de

Kranichfahrten, Reederei Kipp ab Hafen Breege, Tel. 038391/12306. www.reederei-kipp.de

Haflingerzucht Ummanz, Neue Str. 30a, Waase, Tel. 0151/20884422. Tagesausritte, Kutsch- und Kremserfahrten, Abendfahrten zum Kranichrastplatz in Tankow, Ummanzer Tonnenabschlagen im August. Die Ummanzer Stutenmilch ist ein Naturprodukt, das sowohl als überaus gesunde Trinkmilch als auch für Kosmetik- und Wellnessprodukte genutzt wird – zu kaufen im Erlebnisbauernhof Kliewe (→ S. 191) oder in der Rugard-Apotheke am Marktplatz in Bergen. www.haflingerzucht-ruegen.de

Kranichwanderung Udarser Wiek, Führungen und Termine zur Vogelbeobachtung über den Tourismusverein West-Rügen: www.westruegen.net

Fahrradverleih Baaske, Ummanzer Chaussee 8, Gingst, Tel. 0151/18360828.
Fahrradverleih Prüßing, Neue Str. 7, Waase, Tel. 55114.

Erste Edeldestillerie auf Rügen, Lieschow 17, Ummanz, Tel. 55300. In historischer Scheune eines denkmalgeschützten Bauerngehöfts. Obstbrände und Liköre vom Feinsten. www.1ste-edeldestillerie.de
Der BuchLaden, Markt 5, Gingst, Tel. 535916. Ein Kleinod am Markt. Bücher, Lesungen von preisgekrönten Autoren, Vorträge, Kinderveranstaltungen. Die engagierte Buchhändlerin Petra Dittrich wurde mit dem Deutschen Buchhandlungspreis ausgezeichnet. www.buchladen-ruegen.de
Töpferei und Feinste Regionalwaren, Am Markt 4, Gingst, Tel. 60086. Unikate, bunt und fantasievoll bemalte Fayencen, schöne Gartenfiguren, Meerjungfrauen, Feen und Hexen, Kreidekeramik. Nebenan: Bioladen mit Käse und Konfitüren, Wurst und Obstbrand, nettes Gartencafé.

Blick von der Fähre auf Schaprode

Unter einem unfassbar hohen und blauen Himmel, in Licht und Farben getaucht, die hier noch leuchtender waren als an anderen Orten des Nordens, die ich kenne, liegt die schmale, primitive Insel wie eine Oase in der Ostsee.

Asta Nielsen, dänische Stummfilmkönigin (1881–1972)

Der Leuchtturm an der Nordspitze Hiddensees

HIDDENSEE

Annäherung

Ursprünglich, ruhig und autofrei: Hiddensee, die kleine Schwesterinsel von Rügen, ist noch immer weitgehend ein Ort für Naturfreunde und Romantiker. Lediglich einige Nutzfahrzeuge verkehren auf der schmalen Betonpiste zwischen den Inselorten Neuendorf, Vitte, Kloster und Grieben.

Drei Landschaftstypen prägen das Eiland: Im Norden erstreckt sich die malerische Wald- und Hügellandschaft des Dornbusch, den zentralen Inselbereich beherrscht die Dünenheide, den Süden die Dünenlandschaft des Gellen. Man bewegt sich vornehmlich zu Fuß, mit der Pferdekutsche oder am besten mit dem Fahrrad. Hiddensee ist die ideale Radlerinsel, die Wege sind meist flach und mittlerweile fast alle asphaltiert oder gepflastert.

Das seepferdchenförmige Eiland mit seiner herrlichen und vielfältigen Landschaft verzaubert den Besucher wie ehedem. Doch an manchen Sommertagen spucken die Fähren von Stralsund, von Breege oder vom nahen Schaprode haufenweise Tagestouristen aus, so dass Stille, Abgeschiedenheit und Beschaulichkeit zumindest für einige Stunden dem trubeligen Ansturm auf die Inselattraktionen geopfert werden. Aber kaum hat die letzte Fähre abgelegt, ist der Besucherandrang wieder gänzlich verschwunden und ›dat söte Länneken‹, das süße Ländchen, döst in alter Gewohnheit und Schönheit vor sich hin.

Besonders schön ist es im Frühling, wenn die Heckenrosen, der Flieder sowie die Kastanien blühen und der Ginster knallig gelb flammt, und im Herbst, wenn der orangerote Sanddorn reift. In dieser Zeit ist es auf Hiddensee, einem der sonnenreichsten Orte Deutschlands, oft noch angenehm warm. Es gibt öfter einen Nachsommer, mit Bademöglichkeiten bis in den Oktober. Der Seewind hat dann schon kräftig die allermeisten Touristen weggepustet. Abertausende Zugvögel legen ab Ende September in den umliegenden seichten Boddengewässern einen mehrwöchigen Halt ein, nicht zuletzt bis zu 60 000 Kraniche. Im Sommer blüht das Heidekraut märchenhaft violett. Und im Winter, wenn die etwa 1000 Hiddenseer ihre Insel ganz

So kommt man auf der autofreien Insel voran

▲ Karte: vordere Umschlagklappe

für sich haben und die Abende lang sind, fegt regelmäßig eine steife Brise über die Dünen und biegt die strandnahen Kiefern, branden meterhohe, aufgeschäumte Wellen an die Küste und hängt über der Insel nicht selten ein undurchdringlicher Nebel.

Die meisten ›Errungenschaften‹ der Urlaubsindustrie fehlen auf Hiddensee. Es gibt keine klotzigen, supermodernen Hotelkomplexe und Wellnesstempel, auch keine heißen Großdiscos mit schriller, lauter After-Beach-Musikbeschallung, noch nicht einmal Campingplätze und auch keine Kurpromenaden wie auf Rügen. Die Kapazität an Unterkünften ist sehr begrenzt, in der Sommersaison lässt sich dann spontan kein Quartier mehr finden. Rund 50 000 Urlauber besuchen mittlerweile Hiddensee jährlich, die allermeisten sind Tagesbesucher. Rund 3500 Betten in Hotels, Pensionen und Privatzimmern warten auf die Gäste, die auf der Insel übernachten. Dank des 1995 erlassenen Baustopps bleibt die Bettenzahl weitgehend gleich. Der Nachwendetraum von Investoren und Immobilienmaklern, aus dem Eiland ein Luxusresort zu machen, erfüllte sich glücklicherweise nicht. Hiddensee ist kein zweites Sylt geworden.

Die Insel Hiddensee ist knapp 17 Kilometer lang, an ihrer schmalsten Stelle nur 250 Meter breit. Mancherorts ist sie nur einen oder anderthalb Kilometer von Rügen getrennt. Der Inselstatus Hiddensees wird künstlich aufrecht erhalten. Die Naturkräfte drängen stetig auf eine Vereinigung zwischen Hiddensee und Rügen, drängen darauf, dass zusammen wächst, was wohl zusammen gehört. Schiffsbagger sorgen regelmäßig dafür, dass die Fahrrinne zwischen den beiden Inseln nicht versandet. Die Strömung und die Winde lagern beständig große Sandmassen im Süden Hiddensees an, dort wächst die Insel Jahr für

Die meisten Unterkünfte finden sich in Kloster

Jahr um einige Meter. Der Dornbusch erhebt sich im Norden der Insel mit dem Bakenberg 72 Meter über den Meeresspiegel, im Süden wird das Land immer ebener. Noch bis 1926 hieß Hiddensee Hiddensoe – das dänische ›oie‹ oder ›öe‹ bedeutet ›Insel‹.

Geschichte

Das Rügen vorgelagerte Eiland wurde mit Beginn der Dänenherrschaft 1168 erstmals von dem dänischen Geschichtsschreiber Saxo Grammaticus urkundlich erwähnt, unter dem Namen Insula Hithinsö. 1296 schenkte der Rügenfürst Witzlaw II. die gesamte Insel dem Zisterzienserorden. Die Mönche bauten ein Kloster und eine Kirche, doch mit der Reformation endete 1536 die Klosterzeit auf Hiddensee. Der Bau des Klosters, aber auch der Schiffsbau, schlugen im 14. Jahrhundert bereits erste empfindliche Schneisen in den bislang dichten Inselwald. Während des Dreißigjährigen Krieges ließ der Dänenkönig Christian IV. die stattlichsten Bäume auf Hiddensee fällen und nach Kopenhagen transportieren. Um dies zu unterbinden, hatte Christians Kontrahent Wallenstein ei-

Das Gerhart-Hauptmann-Haus

ne glorreiche Idee: er vernichtete kurzerhand den gesamten Baumbestand. Seither ist Hiddensee zu großen Teilen waldfrei, in der Inselmitte auch gänzlich baumlos. Es gibt nur noch einige Flecken mit Laub- und duftenden Kiefernwäldchen am Dornbusch sowie Birken auf der Dünenheide.

Spätestens ab dem 16. Jahrhundert teilte Hiddensee immer das politische Schicksal des großen östlichen Nachbarn: Herrschaft der Pommern-Herzöge von Wolgast bis 1637, herrenlose Zeit bis 1648, danach blieb die Insel schwedisch bis 1815, als sie im Wiener Kongress zu Preußen fiel. Knapp 100 Jahre später, zu Beginn des 20. Jahrhunderts, begann für Hiddensee die Ära des Tourismus. Es waren damals vor allem Künstler, die den besonderen Liebreiz der Insel entdeckten und sie in Deutschland bekannt machten. Hiddensee wurde zur Prominentenkolonie: Maler, Schriftsteller, Schauspieler und Bohemiens verbrachten fortan zumindest die Sommermonate auf dem kleinen Eiland und ließen sich dort von der einmaligen Schönheit der Landschaft und dem Meer inspirieren. Zur langen Liste der prominenten Inselliebhaber gehören Thomas Mann, Joachim Ringelnatz, Stefan Zweig, Albert Einstein, Heinrich George, Gustav Gründgens, Billy Wilder, Carl Zuckmayer, Bert Brecht, die Puppenmacherin Käthe Kruse, die zusammen mit ihrem Mann, dem Bildhauer Max Kruse, in der Jugendstilvilla ›Lietzenburg‹ bei Kloster wohnte, die Schauspielerin Asta Nielsen, die 1927 bei Vitte ihr Feriendomizil ›Karusel‹ erwarb (→ S. 204), die Malerin Henni Lehmann mit ihrem berühmten Künstler-Anwesen ›Blaue Scheune‹ (→ S. 204) und nicht zuletzt der Dichter Gerhart Hauptmann, dessen ›Haus Seedorn‹ in Kloster (→ S. 202) heute ein Museum beherbergt.

Aber Hiddensee wurde in den letzten 100 Jahren außerdem oft zum Sehnsuchtsort, zum Rückzugsort für ›Aussteiger‹ und Andersdenkende, gerade auch zu DDR-Zeiten – sehr eindrucksvoll beschrieben im mehrfach ausgezeichneten Hiddensee-Roman ›Kruso‹ von Lutz Seiler (→ S. 214). Eine Zuflucht auf der Insel – vor seinen finanziellen Problemen und dem Alkohol – fand auch der Schriftsteller Hans Fallada. 1931 konnte er auf

▶ Karte: vordere Umschlagklappe

Hiddensee seinen Roman ›Kleiner Mann – was nun‹ fertigstellen. Er brachte ihm Weltruhm.

Kloster

Namensgeber des Ortes Kloster ist das ehemalige Kloster der Zisterzienser. Es lag von 1296 bis zu seiner Auflösung zur Zeit der Reformation 1536 in der Nähe des heutigen Hafens. Kloster ist das kulturelle Zentrum von Hiddensee, das Mekka der Tagesbesucher. Hier befinden sich die meisten Sehenswürdigkeiten der Insel.

Dazu zählt eines der schönsten Fachwerkhäuser der Insel, das 1907 auf dem Gelände des Klosters erbaute **Hotel Hitthim**. In seiner Gaststätte trafen sich in den 1920er Jahren zahlreiche prominente Künstler, Autogrammkarten schmücken heute einige Wände. Einige Jahre zuvor, 1905, ließ sich der Maler Oskar Kruse mit seinem gesamten väterlichen Erbe eine fast burgartige Jugendstilvilla mit 15 Wohn- und Arbeitsräumen errichten, die **Lietzenburg**. Sie ist nach der Straße benannt, in der der Künstler in Berlin wohnte. Nach dem Tode des Malers, im Jahr 1919, ging das Gebäude in den Besitz von Oskars Bruder Max über. Der Bildhauer und seine Frau, die Puppenkünstlerin Käthe Kruse, führten noch einige Jahre die Tradition des Hauses als Künstlersalon fort. Heute kann man in der denkmalgerecht sanierten Villa Ferienwohnungen mieten.

Zu den Sehenswürdigkeiten Hiddensees gehört auch die schlichte, spätgotische **Dorfkirche**, die die Inselmönche 1332 einweihten. Das kleine Gotteshaus wurde mehrmals umgestaltet, es war und blieb stets die Kirche der Hiddenseer Fischer und Bauern. Das sehr eindrucksvolle Tonnengewölbe malte 1922 der Berliner Nikolaus Niemeier mit Hunderten Rosen aus, ›Hiddenseer Rosenhimmel‹ wird das Kunstwerk genannt. Über dem barocken Altar hängt, zwischen Himmel und Erde, ein Taufengel mit Füllhorn – ein nettes, rührendes Exponat barocker Volkskunst. Der fliegende Engel wurde früher zu Taufanlässen herabgelassen, um das Taufwasser zu spenden.

Auf dem **Inselfriedhof** hinter der Kirche liegen die Grabstätten der Tänzerin und Tanzpädagogin Gret Palucca (1902–1993), des österreichischen Regisseurs und Gründers der Komischen Oper in Berlin Walter Felsenstein (1901–1975) sowie des Dramatikers Gerhart Hauptmann (1862–1946). Auf mehreren verwitterten, bemoosten Grabstelen am Eingangsweg zur Kirche fallen eigentümliche Runenzeichen auf. Die verschiedenen Striche waren einst die Hausmarken der Inselfamilien. Sie markierten wie Monogramme die Besitztümer.

Der von hohen, alten Kastanien gesäumte **Kirchweg** verläuft durch den ganzen Ort, Quersträßchen verbinden ihn mit dem Hafen. An diesem zum großen Teil ungepflasterten, buckligen Weg findet man Restaurants, Cafés, Souvenir- und Schmuckládchen, die Inselbuchhandlung

Der fliegende Engel in der Dorfkirche

Das Wahrzeichen Hiddensees: der Leuchtturm Dornbusch

Arendt und die beliebte Bäckerei Kasten mit ihren süßen Verführungen.

Am Kirchweg 1, direkt an der Stranddüne, ist seit 1954 in der ehemaligen Seenotrettungsstation das interessante **Heimatmuseum** untergebracht. Die Dauerausstellung informiert über das Alltagsleben auf der Insel ab 1800, weitere Themen sind die Klostergeschichte, die Fischerei und der Tourismus. Es ist auch eine Replik des Hiddenseer Goldschatzes zu sehen, der 1872 nach der großen Sturmflut auf Hiddensee am Neuendorfer Strand gefunden wurde. Die 16 unversehrten Schmuckstücke aus Gold stammen aus der Zeit um 980. Sie sind das Werk eines Wikinger Goldschmieds. Die Originale befinden sich im Stralsunder Kulturhistorischen Museum (→ S. 93). Hinter dem Museum erstreckt sich der kilometerlange **Sandstrand**.

Ebenfalls am Kirchweg steht ein weiteres Museum, das **Gerhart-Hauptmann-Haus**. Der Literaturnobelpreisträger (1912) verbrachte von 1885 bis 1943 zahlreiche Sommer auf der Insel, 1930 erwarb er das mitten im Dorf gelegene ›Haus Seedorn‹ und erweiterte es durch den Anbau eines repräsentativen Arbeitszimmers. Die feine Villa ist seit 1956 eine reich mit Büchern, Schriften, Briefen, Bildern, Fotos und Theaterplakaten ausgestattete Gedenkstätte. Hauptmanns Lesepult, Schreibtisch und Regale aus Mahagoni stehen im geräumigen Arbeitszimmer. Vor einigen Jahren ist dem Haus ein Stahl-Glas-Bau als Eingang vorgesetzt worden, mit Kasse, Café und Museumsshop. Hauptmann widmete seiner Lieblingsinsel sein vielleicht schönstes Gedicht, das im Sommer 1885 entstandene ›Die Mondscheinlerche‹.

Die Umgebung

Gleich hinter Kloster beginnt die ausgesprochen malerische Wald- und Hügellandschaft des Dornbuschs. Es handelt sich dabei um den Inselkern, der sich in grauer Vorzeit zuerst aus dem Wasser erhoben hat. Zu den Hauptaktivitäten der Inselbesucher gehört die Wanderung durch den artenreichen **Dornbusch-Wald**. Es gibt drei Zugangsmöglichkeiten: Entweder über den Inselort Grieben oder über den Badestrand, an dem eine von Heckenrosen flankierte Treppe zum Hochuferweg hinaufführt, oder über den zentralen Leuchtturmweg, der vom Kirchweg abgeht. Dieser breite, recht steil ansteigende Betonplattenweg endet am **Inselblick**. Hier liegt einem die Insel zu Füßen, ein atemberaubendes Panorama tut sich auf. Man hat freie Sicht bis tief in den Inselsüden, weit über den schlanken Inselleib hinaus: Boddengewässer zur Linken, das Baltische Meer rechterhand. Ein schmaler Saumpfad schlängelt sich von dort oben weiter zum Leuchtturm (etwa 20 Gehminuten). Danach geht's durch den Honiggrund zum von Weiß-

▲ Karte: vordere Umschlagklappe

und Sanddorn bedeckten Swantiberg und durch dichten Laubwald am Steilufer entlang.

Richtung Osten verläuft der Wanderweg schließlich zum **Enddorn**, dem Nordostzipfel der Insel mit seinen Sanddorndickichten, und weiter zum pittoresken Reethausweiler **Grieben**, dem kleinsten und ältesten Ort Hiddensees. Die am Enddorn liegenden Sandhaken **Altbessin** und **Neubessin** gehören zum Nationalpark Vorpommersche Boddenlandschaft. Sie sind Rastplätze bedrohter Vogelarten und daher nicht zugänglich. Von Grieben geht es wieder zurück ins Zentrum von Kloster.

Auf dem höchsten Punkt des buckligen Dünengebirges und der Insel thront der 1888 erbaute **Leuchtturm Dornbusch**. Das zwölfeckige und weiß verputzte Wahrzeichen von Hiddensee ragt auf dem 72 Meter hohen Dornbuschhügel Schluckswiek fast 28 Meter in den Himmel. Nach exakt 102 Stufen hat man von der Aussichtsplattform einen grandiosen Blick über die Ostsee, die Boddenlandschaft und Westrügen. Ab Windstärke 6 bleibt der Turm mit dem markanten roten Dach aus Sicherheitsgründen geschlossen. Das Leuchtfeuer strahlt bis zu 25 Seemeilen weit. Es dient der Küstenschifffahrt als wichtige Orientierung. Der Turm ist nur zu Fuß zu erreichen, Fahrräder sollten am Leuchtturmweg abgestellt werden. Am nahen **Waldrestaurant Zum Klausner** gibt es einen Abstieg zum Weststrand.

Vitte

Der Hafenort (ausgesprochen ›Fitte‹) ist mit seinen rund 600 Einwohnern, wenn man so will, die ›Hauptstadt‹ von Hiddensee. Hier befinden sich die Gemeindeverwaltung und die Inselschule. Vitte ist mit Kloster über den Inselfahrweg, den Strand sowie den schönen Deichweg am Bodden verbunden. Der Name des größten Inseldorfes leitet sich von den sogenannten Vitten ab, Fischanladeplätzen, die im Mittelalter auf Hiddensee und auf Rügen entstanden. Im Hafenbecken, wo die Fähren aus Schaprode, Breege, Dranske, Wiek und aus Stralsund mehrmals täglich mit Heerscharen

Am Hafen von Vitte

Herbe Schönheit: der Strand bei Vitte im Herbst

neuer Inselbesucher anlanden, dümpeln die Fischerkähne und schaukeln im Sommer die Segelboote.

Am Norderende mit seinen typischen Fischerhäusern zeigt das **Nationalparkhaus** eine Ausstellung zu Flora und Fauna Hiddensees. Ebenfalls am Norderende steht blau-weiß gestreift und mit abgerundeten Ecken das **Sommerhaus Karusel** der dänischen Stummfilmdiva Asta Nielsen (1881–1972). Das interessante, ein wenig kurios wirkende Gebäude, in dem der UFA-Filmstar die Sommer von 1925 bis 1933 verbrachte, entwarf 1922 kein geringerer als der Bauhaus-Architekt Max Taut. Hier traf sich die Schauspielerin mit vielen berühmten Künstlern. Ein besonders gern gesehener Gast war der witzige, geistreich-humoristische ›Kuttel-Daddeldu‹-Dichter Joachim Ringelnatz (1883–1934), der damals auch auf Hiddensee so manchen skurrilen Vers niederschrieb:

Kühe weiden bis zum Rande
Großer Tümpel, wo im Röhricht
Kiebitz ostert. – Nackt im Sande
Purzeln Menschen selig töricht.
Und des Leuchtturms Strahlen segnen
Eine freundliche Gesundheit.
Andrerseits: Vor steiler Küste
Stürmen Wellen an und fliehen –
Nach dem hohen Walde ziehen
Butterbrote und Gelüste …

Das **Zeltkino** in Vitte präsentiert Filme aus dem aktuellen Kinoprogramm und im Sommer täglich Kinderfilme. Das grüne, halbrunde Zelt wird auch für Konzerte und andere Kulturveranstaltungen genutzt. Das reetgedeckte **Hexenhaus** im Süderende stammt aus dem 18. Jahrhundert und ist das zweitälteste erhaltene Wohngebäude der Insel.

Das bekannteste Haus in Vitte ist aber die **Blaue Scheune**, ein niederdeutsches Hallenhaus und Rookhuus (Rauchhaus ohne Kamin) aus dem frühen 19. Jahrhundert, das die Malerin Henni Lehmann 1920 kaufte. Sie gründete hier den Hiddenseer Künstlerinnenbund, die Scheune – schon damals blau – diente den Malerinnen als Atelier und Ausstellungsraum bis zur Auflösung des Bundes durch die Nazis. Nach dem Krieg, im Jahr 1954, erwarb der Maler Günter Fink das Anwesen und wohnte hier bis zu seinem Tod im Jahr 2000. Seither öffnet dessen

▲ Karte: vordere Umschlagklappe

Witwe in den Sommermonaten sporadisch das Haus zur Besichtigung.

■ Die Umgebung

Die einzige **Dünenheide** an der Ostseeküste erstreckt sich zwischen Vitte und Neuendorf, erreichbar über den Inselfahrweg oder vom Strand aus. Sandpfade schlängeln sich durch die wunderschöne Zwergstrauchheide, die ab dem Spätsommer ein violetter Blütenteppich überzieht. Hügel und Sandmulden wechseln sich ab, einsam stehen hier und da Wacholder- und Ginstersträuche, auch mal Birken und windgebeugte Kiefern. Zu den Charakterpflanzen dieser geschützten Landschaft gehören neben dem Heidekraut auch die Krähenbeere, die Glockenheide, die Kriechweide und der Wacholder – ein herrliches Wanderziel vor allem während der Heideblüte. Die Unterschutzstellung der Dünenheide erfolgte bereits 1964. Aufgrund der starken Westwinde bildeten sich in dem dem Meer zugewandten Teil der Heide bis zu fünf Meter hohe Dünen. In ihren Senken sind hier und da Dünenmoore eingestreut. Die Einwanderung von unliebsamen Gehölzen in das 75 Hektar große Naturschutzgebiet wird durch die emsigen 400 Inselheidschnucken durch Verbiss verhindert.

Neuendorf

Der südlichste Inselort ist sicherlich auch der ruhigste. Und das will auf Hiddensee was heißen, zumal außerhalb der Saison. Im gänzlich denkmalgeschützten Fischerdorf stehen die weißen, reetgedeckten Häuser buchstäblich auf der grünen Wiese und weit auseinander. Es gibt kaum fest angelegte Wege, dafür ein Netz von Trampelpfaden. Die Bewohner von Neuendorf mit seinem Ortsteil Plogshagen werden auf der Insel knapp ›De Süder‹ genannt.

Ein schönes Plätzchen ist der kleine **Hafen** mit dem Gasthaus ›Zum Süder‹. Auch hier legen die Fähren aus Rügen an. Das **Fischereimuseum** ist in einem restaurierten Reusenschuppen untergebracht. Es informiert von Mai bis Ende Oktober über die Knochenarbeit der Inselfischer und zeigt eine Vielzahl von Exponaten und alte Fotos.

Ein Weg führt durch ein Waldstück südlich zur Dünenlandschaft des **Gellen**. Dort steht in den Dünen der zehn Meter hohe **Süderleuchtturm** von 1905. Das Inselterrain weiter südlich ist für Touristen tabu. Es gehört zur Kernzone des Nationalparks Vorpommersche Boddenlandschaft, hier befindet sich ein Vogelschutzgebiet.

Der Neuendorfer Hafen

Die Malweiber von Hiddensee

Der deutsche Dramatiker Gerhart Hauptmann (1862–1946) verbrachte viele Sommer auf Hiddensee. Er liebte die reizende Insel, ganz besonders die Ruhe und Abgeschiedenheit. »Nur stille, stille, dass es nicht etwa ein Weltbad werde«, schrieb er 1899 besorgt dem Berliner Theaterleiter Otto Brahm. Denn, so Hauptmann, Hiddensee sei »eins der lieblichsten Eilande«. Doch schon 1910 war Hiddensee kein Geheimtipp mehr, das ruhige Eiland galt nun als Ort der Künstler. Immer mehr Boheme strömte jetzt herbei, Künstler aller Art auf der Suche nach Inspiration und eines Tages sogar – Künstlerinnen! Das verdross den Literaturnobelpreisträger offenbar so tief, dass er auf recht unflätige Art und Weise in sein Tagebuch notierte: »Ein dickes Weib hat eine Villa errichtet und malt frech vor der Tür mit zwei Centnern am Leibe. Fürchterlich.«

Das malende ›dicke Weib‹ war Henni Lehmann (1862–1937), eine politisch und sozial engagierte Berliner Künstlerin, die seit 1907 regelmäßig mit ihrer Familie die Sommerferien auf Hiddensee verbrachte. Der jüdischen Malerin folgten in den Jahren von 1910 bis 1920 noch zahlreiche weitere emanzipierte Damen, die mit Staffelei, Palette und Pinsel auf der Insel en plein air malten, also in freier Natur, wie schon zuvor Vincent van Gogh oder Paul Gauguin. Sie alle hatten sich in den Kopf gesetzt, Malerinnen zu werden – und zwar als Beruf. Das war neu und galt damals geradezu als Anmaßung. Die ausschließlich männlichen zeitgenössischen Kunstkritiker nannten die kreativen Frauen spöttisch ›Malweiber‹. Doch aus dem herabwürdigenden Schimpfwort wurde mit den Jahren eher ein Qualitätssiegel. Die Hiddenseer Malweiber – Frauen waren bis 1919 in Deutschland vom Studium an Kunstakademien ausgeschlossen – probten den Aufstand und gründeten 1922 auf Initiative Henni Lehmanns und Clara Arnheims in Vitte den ›Hiddenseer Künstlerinnenbund‹. Zeitweise gehörten ihm um die 20 Malerinnen an, unter ihnen Julie Wolfthorn aus Berlin, Elisabeth Büchsel (›Tante Büchsel‹) und Katharina Bamberg aus Stralsund, Käthe Loewenthal aus Stuttgart und zeitweise Paula Modersohn-Becker.

Die Bilder der nach dem Zweiten Weltkrieg über Jahrzehnte vergessenen Malerinnen zeigen neben Porträts vor allem die reizvolle Insellandschaft, Dünen, Strand, den Alltag der Insulaner, Fischer bei der Arbeit, Frauen und Kinder vor und in ihren reetgedeckten Katen, auch impressionistische Stimmungen von Licht und Schatten. Zentrum des Inselbundes wurde die ›Blaue Scheune‹, die Henni Lehmann zu einem Atelier und einer Werkstatt ausbauen ließ. Bis heute ist das knallblaue Haus ein beliebter Anziehungspunkt für Kunstfreunde. Viele der Werke gingen verloren, sind verschollen oder wurden zerstört, manche hängen wohl noch in den Fischerhäusern einiger Inselbewohner, wenige Bilder konnten 2011 auf einer Kunstauktion in Ahrenshoop verkauft werden. Darunter war Elisabeth Büchsels ›Inselblicke‹ für 11 000 Euro. Die von den Einheimischen liebevoll ›Tante Büchsel‹ genannte Malerin blieb bis 1957, bis kurz vor ihrem Tod, auf der Insel.

Mit der Machtergreifung der Nazis 1933 wurde der Hiddenseer Künstlerinnenbund aufgelöst. Die jüdischen Mitglieder Käthe Loewenthal, Clara Arnheim und Julie Wolfthorn hat man deportiert und in KZs ermordet, Henni Lehmann nahm sich 1937 das Leben.

Hiddensee

Postleitzahl: 18565; **Vorwahl**: 038300.
Insel Information Hiddensee GmbH, Achtern Diek 18a, Tel. 608685. www.seebad-hiddensee.de
Nationalparkhaus, Norderende 2, Vitte, Tel. 68041; Apr.–Okt. tgl. 10–16 Uhr, Nov.–März tgl. 10–15 Uhr.

▸ **Kloster**:
Hotel Hitthim (€€), Hafenweg 8, Kloster, Tel. 6660. Traditionsreiche Herberge in einem dreistöckigen Fachwerkhaus von 1907, 25 Zimmer im Laura-Ashley-Stil, direkt am Hafen. Im Speiserestaurant mit großer Sommerterrasse werden inseltypische Gerichte serviert. www.hitthim.de
Haus Hiddensee, Kirchweg 29, Kloster, Tel. 335. Nette, kleine Pension mit empfehlenswertem Restaurant ›Die Kajüte‹. www.haus-hiddensee.de
Zum Klausner, Im Dornbuschwald 1, Kloster, Tel. 6610; in der Saison tgl. 10–22 Uhr. Beliebtes Ausflugslokal, gute Fischgerichte. Pension (€€). Eine Insel-Institution! www.klausner-hiddensee.de
Zum kleinen Inselblick, Birkenweg 2, Kloster, Tel. 234. Café, Restaurant und Antiquitätenladen mit Biergarten. Fisch und Pasta.
Café Hedins Oe, Hügelweg 23, Kloster, Tel. 273. Café mit selbstgebackenem Kuchen sowie Gaststätte mit leckeren Fischgerichten. Galerie mit regelmäßig wechselnden Ausstellungen. Gute Weine, idyllischer Garten, FeWos. www.hedinsoe.de

▸ **Vitte**:
Post Hiddensee Appartements (€€), Wiesenweg 26, Vitte, Tel. 0162/1338597. Stilvolles Gebäude nahe Fähranleger, komfortable Appartements und Doppelzimmer. Kamin-Lounge, Bibliothek, Sauna, schöne Gartenanlage, ganzjährig. www.hotel-post-hiddensee.de
Hotel Godewind (€€–€€€), Süderende 53, Vitte, Tel. 6600. Hotelzimmer und FeWos in Hafennähe, Sauna. Gleichnamige Gaststätte mit inseltypischen Fischgerichten. www.hotelgodewind.de
Inselhaus Hiddensee (€€), Süderende 185, Vitte, Tel. 6620. Komfortable FeWos, rund 250 Meter zum Strand, Wellnessbereich. www.inselhaus.de
Hotel Heiderose (€€), In den Dünen 127, Vitte, Tel. 630. Hotelanlage mit Zimmern, Appartements, FeWos, teilweise mit Boddenblick. Auf halbem Wege zwischen Vitte und Neuendorf, sehr ruhige Lage an der Dünenheide. Restaurant. www.hiddensee-heiderose.de
Lachmöwe (€–€€), Wallweg 5, Vitte, Tel. 253. Einfache Pension direkt am Hafen. www.lachmoewe.de
Fischer Timm (€–€€), Am Bollwerk 1, Neuendorf, Tel. 50082. FeWos mit Boddenblick. www.fischer-timm.de
Restaurant Buhne XI, Norderende 104, Vitte, Tel. 299. Familiäres Fischlokal, Sanddornspezialitäten, auch Fleisch vom Grill. Reichhaltige Portionen, Terrasse. www.hiddensee-buhne11.de
Inselreif, Süderende 9, Vitte, Tel. 263. Frischer Fisch aus Ostsee und Bodden, prämiert mit dem Logo ›Regionale Esskultur‹. www.hiddensee-inselreif.de
Gasthaus zum Hiddenseer, Wiesenweg 22, Vitte, Tel. 419. Regionale Küche, auch vegetarisch. Maritimes Flair. www.hiddenseer.de
Café Seepferdchen, Süderende 84, Vitte, Tel. 266. In Strandnähe, mit Terrasse im Grünen. Köstlicher Sanddornkuchen.
Hafenkater, Achtern Dieck 24, Vitte, Tel. 708599. Direkter Blick zum Hafen. Frischer Fisch vom Kutter, variantenreiche Speisen, auch Burger vom Fleisch der Öhe-Rinder und frisch gebackene Teigfladen, belegt mit regionalen Spezialitäten. Große Terrasse. www.hafenkater.de
Das Rote Haus, Wallweg 2, Vitte, Tel. 708599. Klassisches Holzhaus im Schwedenstil. Restaurant, Bar und hin und wieder auch Bühne. Frische Tagesgerichte mit Fisch, Gemüse, regionalem Rindfleisch. Leckere Dorschbällchen, Sprotten, fangfrische Flundern. www.dasrotehaushiddensee.de

▸ **Andere Orte**:
Bilderkneipe zum Enddorn, Dorfstr. 8, Grieben, Tel. 460. Uriges Gasthaus mit hunderten von Fotos und Bildern an den Wänden der gemütlichen Stube. Auf der Speisekarte: Fischgerichte in üppigen Portionen. Sommerterrasse mit Boddenblick. Pension (€-€€). www.enddorn.de
Gasthaus und Café Rosi, Pappelallee 11, Neuendorf, Tel. 50168. Hausgemachte Blechkuchen. Fisch- und Fleischspeisen, Terrasse, Veranda. www.cafe-rosi.de

Gerhart-Hauptmann-Haus, Kirchweg 13, Kloster, Tel. 397; Mai–Okt. tgl. 12–17 Uhr. www.hauptmannhaus.de
Heimatmuseum Hiddensee, Kirchweg 1, Kloster, Tel. 363; Apr.-Okt. 10–16 Uhr, Nov.-März Do–Sa 11–15 Uhr. www.heimatmuseum-hiddensee.de
Leuchtturm Dornbusch, Kloster, Tel. 50456; Mai–Okt. tgl. 10.30–16 Uhr, Nov.-Jan. Do 11–15 Uhr.
Nationalparkhaus, Norderende 2, Vitte, Tel. 68041; Apr.-Okt. tgl. 10–16 Uhr, sonst tgl. 10–15 Uhr. Ausgangspunkt für naturkundliche Wanderungen. www.nationalpark-vorpommersche-bod denlandschaft.de
Haus Karusel, Zum Seglerhafen 7, Vitte; www.asta-nielsen-haus.de
Zeltkino, Achtern Diek 21, Vitte. www.seebad-hiddensee.de
Inselkirche, Kirchweg 42, Kloster, Tel. 328; Mai–Okt. 10–17 Uhr. Regelmäßig Orgelkonzerte und Kulturveranstaltungen.
Homunkulus Figurensammlung, Norderende 181, Vitte, Tel. 60593; Saison tgl. 11–17 Uhr. Neues, mit Lärchenholz-Latten verkleidetes Gebäude. Mehrere hundert handgefertigte Theaterpuppen des Puppenspielers Karl Huck, auch Requisiten der Seebühne Vitte. Kulturveranstaltungen, Café. www.homunkulus.de
Seebühne Hiddensee, Wallberg 2, Tel. 60593; Mai–Sept. Mehrfach ausgezeichnetes Kammertheater am Vitter Hafen. Einstündige Aufführungen von Klassikern und Märchen, witzig und klug. www.hiddenseebuehne.de

Surf & Segel Hiddensee, Norderende 163, Vitte, Tel. 605, www.surfundsegelhiddensee.de, Mai.Okt. tgl. 10–18 Uhr. Kurse, Vermietung von Jollen, Kajaks, SUPs, Surf- und Segelmaterialien, Segeltörns, Touren.

Fahrradverleih Mirko Pehl, Hafenweg 4, Kloster, Tel. 437. Touren-, Kinder- und Tandemräder. www.hiddensee-pension.de
Fuhrmannshof und Fahrradverleih, Süderende 4, Vitte, Tel. 68015. Auch Kutsch- und Planwagenfahrten über die Insel.
Rad & Rikscha, Achtern Diek 29, Vitte, Tel. 0151/18112381. www.rad-rikscha-hiddensee.de
Fahrrad-Müller, Wallweg 3, Vitte, Tel. 464. Verleih und Fachwerkstatt.
Freizeit-Center Hiddensee, Schaulbarg 7, Neuendorf, Tel. 477.

Buchladen Koralle, Norderende 202, Vitte, Tel. 218; Mai–Sept. tgl. 10–18 Uhr. Im Haus mit dem markanten, reetgedeckten Spitzdach. Inselgeschichten, Lesebücher, Krimis. Die Ladenbesitzerin Renate Seydel ist Autorin und Herausgeberin vieler Biographien und Bildbänden.
Inselbuchhandlung Arendt, Kirchweg 19, Kloster, Tel. 465; März–Okt.
Ingos Bernsteinwerkstatt, Norderende 142, Vitte, Tel. 60730; Mai–Okt. Unikatschmuck aus Bernstein und Holz. www.bernsteinwerkstatt-vitte.de
Schatzkiste, Kirchweg 38, Kloster, Tel. 50134; Mai–Sept. Selbst entworfener Schmuck aus Bernstein, Holz, Leder, Silber und Kork.
Bäckerei Kasten, Kirchweg 27, Kloster, Tel. 608798, April-Okt. Mo–Sa 7–17, So 7–15 Uhr. Eine Inselinstitution in dritter Generation: Brot nach alten Rezepten, leckere Brötchen, Blechkuchen, Kirschschnecken u.v.m.

▸ Karte: vordere Umschlagklappe

Reisetipps von A bis Z

Angeln

Rügen zählt zu den besten Angelrevieren Deutschlands und ist auch berühmt für seinen Fischreichtum. Die Angelrute auswerfen darf jeder, der einen Fischereischein und einen Angelschein besitzt. Die sind unter anderem bei den Touristenbüros und in manchen Angelgeschäften erhältlich. Man kann statt des Fischereischeins auch einen Touristenfischereischein für 28 Tage erwerben. Infos bekommt man beim **Landesanglerverband Mecklenburg-Vorpommern**, www.lav-mv.de.

Die häufigsten Fischarten in den hiesigen Gewässern sind Hering, Dorsch, Flunder, Barsch, Hecht, Aal, Brasse, Meerforelle, Zander, Scholle und Karpfen. Beim Kutterangeln auf der Ostsee können neben Dorsch selbst Lachs und Steinbutt gefangen werden.

Von den Häfen Sassnitz, Schaprode und Glowe aus stechen Kutter für Ausfahrten auf Dorsch und andere Fischarten in die Ostsee. Auf den Dorsch trifft man oft küstennah, aber nie in den Bodden. Die besten Fangzeiten sind April/Mai und September/Oktober. Kapitale Hechte finden sich besonders in der vorpommerschen Boddenlandschaft, vor allem im Herbst und Winter. Zander und Barsche sind in den inneren Boddengewässern heimisch. Der Strelasund ist ein Dorado für Heringsangler, natürlicherweise von Ende April bis Mitte Mai. Dann ziehen die Silberlinge zu Abertausenden durch die Engstelle zwischen dem Festland und Rügen.

Anreise

Je nachdem, von wo man anreist, führt der Weg – sowohl mit dem Auto oder mit der Bahn – entweder über Hamburg oder über Berlin.

Auto: Die Strecke von Berlin nach Bergen auf Rügen beträgt rund 300 Kilometer. Hier bietet sich die Route über Prenzlau und Neubrandenburg auf der A 11 und A 20 an. Je nach Ausgangspunkt in Berlin kann auch die Route über Wittstock/Dosse und Rostock auf der A 10, A 19 und A 20 kürzer sein. In den Sommermonaten kommt es vor allem an den Wochenenden oft zu Verkehrsbehinderungen auf der B 96 ab Stralsund. Günstiger ist daher, wenn möglich, nicht an den stark frequentierten Tagen anzureisen. Gäste der Seebäder im Osten der Insel sollten die Ausweichstrecke über die Deutsche Alleenstraße über Garz und Putbus nehmen. Die Autofähre von Stahlbrode nach Glewitz auf Rügen bietet eine weitere Alternative zur B 96 (Fahrzeiten unter www.weisse-flotte.de).

Die Strecke von Hamburg nach Bergen auf Rügen beträgt ebenfalls etwa 300 Kilometer, die direkteste Route führt über die A 1 und die A 20 via Lübeck und Rostock.

Bahn: Ab Berlin verkehren neben den stündlichen Nahverkehrsverbindungen ganzjährig täglich einzelne umsteigefreie ICE/IC-Züge nach Rügen. Ganzjährig sind es drei Direktverbindungen pro Tag und Richtung, an den Wochenenden in der Saison bis zu fünf Direktverbindungen. Von Berlin erreicht man Rügen günstig mit dem Ostsee-Ticket der Deutschen Bahn.

Ab Hamburg verkehren neben den Regionalzügen auch IC-Züge auf der Strecke Hamburg–Bergen und weiter bis ins Ostseebad Binz. Ohne Umsteigen braucht man etwa 3,5 Stunden. Günstig ist das Mecklenburg-Vorpommern-Ticket, das in allen Nahverkehrszügen und in allen Verkehrsmitteln im Großbeeich Hamburg (Tarifringe A und B) in der Woche ab neun Uhr sowie an den Wochenenden und Feiertagen ohne zeitliche Einschränkung gilt.

Bus: Von mehreren Städten in Deutschland kann man bequem mit dem Fernbus nach Rügen anreisen. Flixbus bietet etwa ganzjährig und täglich Verbindungen von Berlin-ZOB über Greifswald und Stralsund nach Bergen auf Rügen und in die Ostseebäder der Insel an. Fahrzeiten und Preise unter www.ruegen.de/bus.

Baden und Strände

Wasserqualität: Die Wasserqualität der Ostsee und der Boddengewässer unterliegt auf Rügen und Hiddensee regelmäßig einer strengen Kontrolle und wird seit Jahren als gut bis sehr gut beurteilt. Das Baden im Meer und im Bodden ist an allen Stränden unbedenklich. Die besten Werte werden an den Stränden der Rügener Ostküste mit ihren berühmten Seebädern, an der Nordküste der Halbinsel Wittow und an der Westküste von Hiddensee ermittelt. Die ortsnahen Badestrände werden in der Badesaison während festgelegter Tageszeiten durch die DLRG bewacht. Beachten sollte man unbedingt die internationalen Warnzeichen: Die gelbe Flagge warnt vor Gefahr beim Baden, die rote Flagge verbietet das Baden völlig.

Strände: Die Strände auf Rügen und Hiddensee sind feinsandig und breit, einige wenige auch grobsteinig. Rügen bietet etwa 60 Kilometer Sandstrand. Zu den schönsten gehören sicherlich die feinkörnigen Strände der traditionsreichen Seebäder Binz und Sellin, ebenso die etwas schmaleren Strände der Bäder Baabe, Göhren, Prora und Glowe sowie der Sandstrand von Vitte auf Hiddensee. Besonders beliebt ist der Strand der kilometerlangen Schaabe zwischen Glowe und Juliusruh. Am attraktivsten ist vielleicht der etwas abgelegene Nordstrand an der Steilküste der Halbinsel Wittow. Reizvoll und weniger überlaufen sind die Naturstrände von Dranske und Neuendorf, Surfer bevorzugen den Strand von Thiessow. Die meisten Boddenstrände sind sandig mit vereinzelten Steinen, oft auch wiesenartig. Die schönsten liegen in Suhrendorf auf Ummanz, in Schaprode, Lietzow, Wreechen und am Palmer Ort auf der Halbinsel Zudar. An allen Sandstränden sind die Zugänge ins Wasser meist sehr flach und daher äußerst kinderfreundlich. An den unbewachten und kurtaxefreien Naturstränden, wie etwa auf der Schaabe auf Rügen und auf Hiddensee, ist FKK üblich. Ansonsten sind FKK-Bereiche in der Regel an den Enden der Strände und getrennt von den Textilbereichen ausgewiesen. Das Wasser der Ostsee erreicht im Hochsommer kaum mehr als 20 Grad. Das Baden bleibt meist ein recht kühles Vergnügen.

Hallenbäder und **Spaßbäder** gibt es in mehreren Ortschaften auf Rügen. Besonders attraktiv sind die Binz-Therme (→ S. 152) und die Jasmar-Therme in Neddesitz (→ S. 178). Einige Hotels haben öffentlich zugängliche Pools, etwa das Cliff Hotel in Sellin (→ S. 153). Als einzigartiger Freizeit- und Erholungspark gilt der HanseDom in Stralsund (→ S. 93).

Barrierefrei

Detaillierte Informationen zum Thema ›Rügen barrierefrei/-arm‹ findet man unter www.ruegen-fuer-alle.de. Zu finden sind hier für Urlaubsgäste mit Handicap unter anderem behindertenfreundliche Unterkünfte, Campingplätze, Restaurants, Museen, Freizeit- und Erlebniszentren, Ausstellungsorte, Strandzugänge, Behindertentoiletten und -parkplätze. Vorgestellt werden auch rollstuhlgerechte Inseltouren für Rolliwanderer und Handbiker. Kontakte und Infos unter Tel. 03838/807780, info@ruegen.de.

Fähren

Insgesamt 13 Fähren pendeln im Gebiet zwischen Stralsund, Rügen, Hiddensee und der kleinen ›Urwaldinsel‹ Vilm. Im Normalfall ist auf allen Fähren die Mitnahme von Fahrrädern möglich. Die Fahrpläne erhält man unter den Webadressen:
www.ruegen-schifffahrt.de und
www.weisse-flotte.de.

Es gibt zwei Fähren vom Festland nach Rügen sowie eine Fähre vom Festland nach Hiddensee: Die **Rügenfähre** ist eine Autofähre und fährt von Stahlbrode auf dem Festland nach Glewitz, täglich ab 6 Uhr im

20- oder 30-Minuten-Takt von Anfang Mai bis Ende Oktober (www.ruegen-faehre.de). Die Fähre **Stralsund–Altefähr** pendelt täglich von Anfang Mai bis Ende September. Mehrere Fähren verbinden auf Rügen die Halbinseln, pendeln zur autofreien Insel Hiddensee und zu den kleineren Inseln, darunter die Fähre **Schaprode–Hiddensee**, die ganzjährig fährt. Im Sommer gibt es vom Hafen Schaprode bis zu 16 Abfahrten täglich zur autofreien Insel Hiddensee. Die Fähre **Stralsund–Hiddensee** fährt täglich von April bis Oktober.

Verkehrstechnisch bedeutend für Rügen ist die **Wittower Fähre**. Die Autofähre verbindet ganzjährig die Halbinsel Wittow mit Zentralrügen (Muttland), je nach Saison und Jahreszeit täglich zwischen 5.50 und 19/20/21 Uhr.

Die kleinste Fährverbindung auf Rügen gibt es in **Moritzdorf**. Oft noch per Muskelkraft und auf Zuruf kann man sich hier während der Saison in einem Ruderboot auch mit dem Fahrrad über die Baaber Bek übersetzen lassen (→ S. 145).

Tagesausflüge führen per Fähren von und nach Fischland-Darß-Zingst (Barth) sowie von und nach Usedom (Peenemünde). Der **Mukran Port** (in Neu Mukran bei Sassnitz) ist ein idealer Ausgangspunkt für Fährverbindungen nach Schweden und Dänemark (Trelleborg und Bornholm) sowie ins Baltikum.

Informationen

Die Informationsstellen für Touristen sind jeweils bei den Adressen im Reiseteil dieses Buches nachgewiesen. Zusätzliche Informationen auch unter ›Rügen, Hiddensee und Stralsund im Internet‹ (→ S. 215).

Klima und Reisezeit

Nirgends in ganz Deutschland ist es regelmäßig so sonnig wie auf Rügen und Hiddensee, nicht einmal auf der ›Sonneninsel‹ Usedom oder in Freiburg im Breisgau. Seit Jahren führen Orte der beiden vorpommerschen Inseln die Top 10 der sonnigsten Orte Deutschlands an, 2014 ließ das Kap Arkona auf Rügen mit ungewöhnlichen 2034 Sonnenstunden pro Jahr allen anderen sonnenverwöhnten Städten deutschlandweit keine Chance. Der Jahresdurchschnitt auf Rügen und Hiddensee liegt bei 1850 Stunden. Im Durchschnitt lacht die Sonne zwischen München und Flensburg, Köln und Dresden gerade mal rund 1585 Stunden pro Jahr, die beliebte Nordseeinsel Sylt bringt es auf durchschnittlich 1750 Sonnenstunden jährlich. Der sonnenreichste Monat auf den beiden Pommern-Inseln ist der Juni. Die Jahresdurchschnittstemperatur liegt bei etwa acht Grad Celsius. Aber Rügen und Hiddensee haben sowieso ihr eigenes Klima, sagen viele Insulaner und ignorieren geflissentlich den Wetterbericht. Ein prognostizierter trüber Regentag mit dicken Wolken und Niederschlag am Morgen löst sich im Sommer sehr oft urplötzlich auf und wandelt sich noch zu einem herrlichen Sonnentag. Das ist keine Seltenheit. Die relativ niedrige Niederschlagsmenge von rund 600 Millimetern pro Quadratmeter verteilt sich gewöhnlich ziemlich gleichmäßig über das Jahr, am meisten Niederschlag fällt jedoch in den Sommermonaten. Mehrere Regentage hintereinander sind aber äußerst selten. Allerdings kann es trotz der ständigen Luftbewegungen auch mal zu längeren Phasen mit feucht-kalter Witterung kommen, aber ebenso auch zu stabilen Hochdruckphasen. Regenfeste Kleidung sollte im Urlaubsgepäck jedenfalls nicht fehlen. Im Sommer setzt am späten Vormittag fast verlässlich Seewind ein, der aber wieder gegen Abend abflaut und meist sommerlich laue Luft zurücklässt. Die Winter zeigen sich auf den Inseln in der Regel ziemlich rau mit Temperaturen um den Gefrierpunkt.

Das Ostseewasser erwärmt sich angesichts des nördlichen Breitengrades nur recht langsam. Die Ostsee erreicht erst im August Temperaturen von annähernd 20 Grad, im Juli liegen sie oft erst zwischen 17 und maximal 19 Grad. In den geschützten Boddenbereichen sind die Wassertemperaturen zwei bis drei Grad höher. Ein reiner Badeurlaub empfiehlt sich auf den Inseln eigentlich nur im Hochsommer. Dann herrscht fast allerorten Hochbetrieb, zumal wenn die einwohnerstärksten Bundesländer Schulferien haben. Für diese touristische Hochzeit muss man frühzeitig disponieren. In der Hauptferienzeit sind nahezu sämtliche Hotels und Ferienwohnungen sowie die Campingplätze ausgebucht. Berücksichtigen sollte man, dass die Ostsee als Kälte- und Wärmespeicher die Jahreszeiten auf den Inseln verzögert: Der Frühling ist deshalb eine relativ kurze Übergangszeit zwischen Winter und Sommer. Wanderer, Radfahrer und Naturliebhaber schätzen besonders die Zeit von April bis Juni. Sehr angenehme ruhige Monate mit oft längeren sonnigen Abschnitten sind auch der September und der Oktober. Wer also nicht zu den Sonnenanbetern gehört, besucht die Inseln besser im Frühling oder Herbst. Gut gebucht sind die allermeisten Hotels inzwischen auch über Weihnachten und Silvester. Dann muss man mit Übernachtungspreisen wie in der Hochsaison rechnen. Ansonsten gibt es im Winter viele günstige Wellness- und Freizeitangebote. Die Inseln eignen sich das ganze Jahr über mit ihrem milden, sehr jodhaltigen Mikroklima hervorragend für Allergiker, Senioren und Urlauber mit Kindern.

Notrufe

Feuerwehr, Rettungsdienst: Tel. 112;
Polizei: Tel. 110;
Pannenhilfe ADAC: Tel. 0180/2222222, mobil 222222;
AvD: Tel. 0800/9909909;
Karten-Sperr-Notruf: Tel. 116116;
Ärztlicher Bereitschaftsdienst Vorpommern/Rügen: Tel. 03831/3572222;
Sana-Krankenhaus, Calandstr. 7/8, Bergen, Tel. 03838/390, www.sana-ruegen.de

Öffentliche Verkehrsmittel

Die Verkehrsgesellschaft Vorpommern-Rügen mbH (VVR) bietet ein inselweites Busnetz zur Erkundung der Insel. Neben den normalen Einzelfahrscheinen gibt es auch verschiedene Spezialtickets: Das inselweit gültige **Tagesticket**, mit dem man alle Busse nutzen kann; das **KönigsstuhlTicket**, mit dem man einen Tag lang das inselweite Busnetz nutzen kann und einen ermäßigten Eintritt ins Nationalpark-Zentrum Königsstuhl hat; das **BernsteinTicket**, ein Kombiticket für die Nahverkehrszüge der Deutschen Bahn zwischen Stralsund und Rügen sowie die Busse in Stralsund und auf Rügen. Dabei werden rabattierte Eintritte etwa für das Ozeaneum und Meeresmuseum Stralsund oder das Nationalpark-Zentrum Königsstuhl gewährt. Die **RADzfatz Busse** der VVR bieten die Möglichkeit der Fahrradmitnahme auf speziellen Anhängern an. Diese Busse verkehren mit dem Sommerfahrplan von Mai bis Oktober (www.vvr-bus.de).

Die **RügenscheBäderbahn** fährt mit dem 100 Jahre alten ›Rasenden Roland‹ ab Putbus, im Sommer auch ab Lauterbach, mit Dampfzügen im 2-Stunden-Takt zum Seebad Göhren (→ Extra S. 148).

Radfahren

Auf der autofreien Insel Hiddensee ist das Radeln gewissermaßen ein Muss, aber ein Muss der besonders reizvollen Art. Auf Rügen mit seinen faszinierenden und sehr vielfältigen Landschaften ist mittlerweile ein umfangreiches Radwegenetz entstanden. Zu einem Urlaub auf der Insel gehört eine Radtour einfach dazu: an atemberaubenden Steilküsten entlang, durch Heidelandschaften, durch uralte Wälder, durch schöne Fischerdörfer mit reetgedeckten Dächern, über flaches Bauernland mit weiten Feldern, durch eine ursprüngliche Natur, zu den mondänen Seebädern, von Bodden zu Bodden, von Bucht zu Bucht. Auch der weiße Ostseestrand ist nie weit entfernt. Gleich mehrere Radfernwege umrunden die Insel oder finden hier ihr Ziel. Der **Rügen Rundweg** ist 279 Kilometer lang. Beliebt sind unter anderem die einfache Ummanz-Tour über die ruhige, idyllische Boddenlandschaft Westrügens, Touren auf der schönen Halbinsel Mönchgut, an der schroffen Kliffküste am Kap Arkona entlang, die Jasmundtour mit der spektakulären Aussicht vom Königsstuhl oder kleinere Touren durch Zentralrügen um das Städtchen Bergen herum. Dort, wo es noch keine Radwege gibt oder auch um längere und steilere Strecken zu überbrücken, verkehren Busse mit Fahrradanhängern, die sogenannten RADzfatz-Busse (www.vvr-bus.de). Die Busse verkehren inselweit auf Rügen, Haltestellen sind im Fahrplan mit einem ›H‹ gekennzeichnet. Wer sein eigenes Rad nicht dabei hat, kann in allen Seebädern und Ferienorten, in vielen Hotels, Campingplätzen und Pensionen Tourenräder und E-Bikes mieten.

Souvenirs

Zu den typischen Mitbringseln von der Ostseeküste gehört der Bernsteinschmuck. Vor allem in den größeren Seebädern auf Rügen und in Stralsund stößt man auf Schritt und Tritt auf Bernsteinerzeugnisse. Das Angebot reicht von billigen und kitschigen Produkten bis hin zu kunstvoll verarbeiteten Schmuckstücken, oft in Silber eingefasst. Auch Maritimes wie etwa Buddel- und Modellschiffe können nette Mitbringsel sein. Keramik mit regionalen Motiven und andere kunsthandwerkliche Exponate, in liebevoller Handarbeit hergestellt, findet man besonders in zahlreichen Läden und Schauwerkstätten auf Rügen. Beliebt als Souvenir ist das Rügener Kreidemännchen, das Maskottchen der Insel (→ S. 66). Ein durchaus nützliches Mitbringsel ist die Rügener Heilkreide, das kostbare weiße Gold aus dem Kreidewerk Klementelvitz (→ S. 65). Die riesige Auswahl an kulinarischen Mitbringseln reicht von mannigfachen Sanddornprodukten über Räucherfisch und den beliebten Fischkonserven aus Sassnitz bis zum cremigen Inselkäse, dem ›Rügener Badejungen‹ (→ S. 71). Viele Adressen zu regionalen Produkten liefert der Reiseteil dieses Buches.

Wassersport

Auf der Ostsee und auf den zahlreichen Boddengewässern rund um Rügen und Hiddensee wird gesurft und gekitet, gesegelt und getaucht, gerudert und gepaddelt. Es gibt an der fast 600 Kilometer langen Küste Rügens vielfältige Marinas, Wassersport-Reviere, Wasserwanderplätze und Spots, weiße Segel schaukeln in den Sommermonaten an den Molen, Kaikanten und Stegen. Ruder-, Paddel- und Segelboote stehen in vielen Seebädern und Ferienorten zum Mieten bereit. Aktive Segler lieben für ihre Segeltörns die abwechslungsreichen und reizvollen Naturlandschaften Rügens. Die beliebtesten Segelschulen und Wassersportzentren liegen in Putbus-Lauterbach, dem Wassersportmekka Rügens, in Dranske und Binz. Mit den seichten Boddengewässern und den guten Windverhältnissen verfügt die Insel über ideale Surf- und Kitebedingungen. Surf- und Kitespots gibt es etwa in Altefähr, Juliusruh, Kreptitz, Groß Banzelvitz, in Schaprode und in Lobbe, in Dranske, Suhrendorf, Thiessow und Wiek, am Nordstrand der Halbinsel Wittow sowie auf Hiddensee. Sowohl Anfänger als auch Fortgeschrittene finden hier beste Voraussetzungen. Tauchschulen und -basen befinden sich in Lobbe, Göhren, Prora, Putgarten und Sassnitz. Adressen sind im Reiseteil dieses Buches nachgewiesen.

Literaturhinweise

Elizabeth von Arnim, Elizabeth auf Rügen. Ein Reiseroman, Ullstein, Berlin 1996. Elizabeth von Arnim, alias Mary Annette Beauchamp (1866–1941), heiratete in die preußische Familie von Armin ein und verfasste mehrere Bestseller. In ihrem Rügenbuch, vor gut 100 Jahren geschrieben, erzählt sie sehr amüsant ihre Reiseerlebnisse. Bis heute eine empfehlenswerte literarische Lektüre für den Inselurlaub.

Lutz Seiler, Kruso, Suhrkamp Verlag, Berlin 2014. Kultroman (›Hiddenssee-Roman‹), der 1989 spielt, als die DDR untergeht. Kruso ist der einsame Robinson mitten im Gewimmel der Inseltouristen, Saisonarbeitern und DDR-Flüchtlingen, der an seinem philosophischen Ideal von der großen Freiheit festhält, aber letztlich doch scheitert. Mit dem Deutschen Buchpreis 2014 und mehreren anderen Preisen ausgezeichnet. TV-Verfilmung 2018.

Hans Fallada, Wir hatten mal ein Kind, Aufbau Verlag, Berlin 2011. Falladas grandioser Rügen-Roman über einen kauzigen Helden und dessen merkwürdiges Glück war für den Autor sein ›schönstes, reifstes und reichstes Buch‹.

Ernst Moritz Arndt, Die schönsten Märchen, Artemis & Winkler, Düsseldorf und Zürich 2002. Märchen und Sagen aus den Rügener Kindertagen Arndts.

Roswitha Schieb, **Gregor Wedekind**, Rügen. Deutschlands mythische Insel, Berlin Verlag, Berlin 1999. Kulturhistorisches Reisebuch, das auf sehr intelligente und informative Weise die Erfindung und Mythisierung Rügens durch die Romantiker im frühen 19. Jahrhundert beschreibt. Lebt der Mythos der Insel im deutschen Nationalgefühl bis in die Gegenwart fort?

Hanns Cibulka, Swantow. Die Aufzeichnungen des Andreas Flemming, Mitteldeutscher Verlag, Halle 1982. Einfühlsame Beschreibung der stillen südlichen Rügen-Landschaft und des ›magischen‹ Orts Swantow.

Katharina Peters, Hafenmord, Aufbau Taschenbuch, Berlin 2012. Band 1 der Krimiserie mit der Kommissarin Romy Beccare. Der kurzweilige Rügenkrimi spielt im Sassnitzer Hafen, er verquickt thematisch die Enteignungen von Hotels und Pensionen während der DDR-Zeit (›Aktion Rose‹) mit Immobilienspekulationen der Wendezeit.

Klara Holm, Möwenfraß (Ostsee-Krimi), Rowohlt Taschenbuch, Reinbek 2014. Mitreißende Urlaubslektüre. Spannend geschriebener Inselkrimi mit viel interessantem Lokalkolorit.

Sylvia Frank, Das Haus der Winde, Berlin 2021. Die dänische Schauspielerin Asta Nielsen verbringt den Sommer 1934 auf Hiddensee.

Landkarten, Stadtpläne

Kompass, Rügen: Wandern, Fahrradfahren, Reiten, Maßstab 1:50 000, www.kompass.de

Fahrradkarte Rügen & Hiddensee, grünes herz, Maßstab 1:75 000. Mit Rügen-Rundtour, wasser- und reißfest, www.gruenes-herz.de.

Touristische Informationen

Das touristische Inselmagazin **Rügen aktuell** erscheint monatlich im Sommer, sonst zweimonatlich, www.ruegen-aktuell.de. Ein weiteres touristisches Informationsmagazin für Rügen, Hiddensee und Stralsund ist das 130 Seiten dicke Gratisheft **Urlaub à la Rügen**. Es erscheint ebenfalls monatlich bzw. zweimonatlich und ist in allen Touristenbüros, in vielen Unterkünften und Hofläden ausgelegt. Der **Urlaubslotse Rügen ist** eine Gratis-

zeitung mit aktuellen Informationen für den Sommerurlauber.
Die **Ostsee-Zeitung** ist mit rund 150 000 Exemplaren die auflagenstärkste Tageszeitung an der deutschen Ostseeküste. Sie besitzt einen Lokalteil zu den Inseln und Stralsund, www.ostsee-zeitung.de/ruegen. Aktuelle **Verkehrsnachrichten** sendet regelmäßig NDR 2, der Regionalsender des NDR.

Rügen, Hiddensee und Stralsund im Internet

www.ruegen.de Offizielle Website der Tourismuszentrale Rügen. Infos zu Tourismus, Kultur, Veranstaltungen, Wirtschaft.
www.kreis-rueg.de Homepage der Kreisverwaltung mit Verkehrsinformationen, Fährzeiten, Regionales.
www.mv-wetter.info Wetter auf Rügen.
www.ruegen-hiddensee.de Infos zu den Themen Tourismus, Kunst und Kultur, Aktivitäten für Kinder.
www.ruegen-guide.de Informative Seite für Rügenurlauber: Orte, Unterkunft, Sehenswürdigkeiten, Rügen entdecken.
www.ruegenurlaub.de Umfangreiche, sehr informative Seite zu Natur, Geschichte, Klima und vielem mehr.
www.ruegenaktiv.de Aktivitäten auf der Insel, Rügen barrierefrei, regionales Essen.
www.camping-caravan-mv.de Infos für Campingfreunde.

Die Autoren

Der in Mannheim geborene Reisejournalist und Dozent **Wolfgang Kling** ist seit 1988 Verfasser zahlreicher Reiseführer zu Brandenburg, Berlin, Mecklenburg-Vorpommern sowie zur Ostseeküste. Sein Reiseführer ›11 Tagestouren in die DDR‹/›Rund um Berlin‹ war 1989/90 der erste, mehrfach aufgelegte Nachwendeführer in das Berliner Umland. Zusammen mit seiner aus Gdańsk (Danzig) stammenden Ehefrau **Grażyna Kling** schrieb er mehrere Bücher über die polnischen Seebäder, über Regionen und Städte im Norden Polens. Beide leben und arbeiten in Berlin und Świnoujście (Swinemünde). Im Trescher Verlag erschienen bisher neben dem vorliegenden Rügenführer die Titel ›Usedom – Wollin‹ (3. Auflage 2022), ›Fischland, Darß, Zingst‹ (1. Aufl. 2021) und ›Neumark‹ von Wolfgang Kling/Jörg Lüderitz (1. Auflage 2015).

Bildnachweis

Alle Fotos von Grażyna und Wolfgang Kling, außer:
Agentur Waterkant/Tourismusverband Mecklenburg-Vorpommern (S. 22);
Biosphärenreservat Südost-Rügen/wikipedia (S. 38);
Ulf Böttcher/Tourismusverband Mecklenburg-Vorpommern (S. 37, 40);
Thomas Grundner/Tourismusverband Mecklenburg-Vorpommern (Vordere Klappe, S. 67, 118, 121, 174);
Erik Hart/Tourismusverband Mecklenburg-Vorpommern (Hintere Klappe, S. 79, 89);
klugschnacker/wikipedia (S. 34);
KaMey/shutterstock (S. 80);
Thomas Kliem/Tourismusverband Mecklenburg-Vorpommern (S. 4, 168);
Torsten Krüger/Tourismusverband Mecklenburg-Vorpommern (S. 16/17);
Kühnle Tours/Tourismusverband Mecklenburg-Vorpommern (S. 74/75);
LaMiaFotografia/shutterstock (S. 16/17);
Lapplaender/wikipedia (S. 31);
René Legrand/Tourismusverband Mecklenburg-Vorpommern (S. 196/97);
Mars2002/wikipedia (S. 43);
Frank Neumann/Tourismusverband Mecklenburg-Vorpommern (S. 94/95);
pocha.de/Tourismusverband Mecklenburg-Vorpommern (S. 71);
Prill/shutterstock (Titel);
Jürgen Reich/Tourismusverband Mecklenburg-Vorpommern (S. 41);
RobKohl/wikipedia (S. 46);
shutterstock/SSKH-Pictures (S. 164);
Dirk Topel/Tourismusverband Mecklenburg-Vorpommern (S. 25);
Unukorno/wikipedia (S. 128);
VollwertBIT/wikipedia (S. 48);
WERk3/Tourismusverband Mecklenburg-Vorpommern (S. 65).

Kartenlegende

- Autofähre
- Bahnhof
- Bank
- Bar
- Brunnen
- Burg/Festung
- Burgruine
- Busbahnhof
- Café
- Campingplatz
- Denkmal
- Dorfkirche
- Fähre
- Flughafen
- Hafen
- Höhle
- Hotel
- Internetcafé
- Kino
- Kirche
- Kloster
- Klosterruine
- Krankenhaus
- Leuchtturm
- Markt
- Moschee
- Museum
- Naturschutzgebiet
- Oper
- Parken
- Parkhaus
- Post
- Restaurant
- Ruine/ Ausgrabungstätte
- Segeln
- Sehenswürdigkeit
- Seilbahn
- Strand
- Supermarkt
- Synagoge
- Theater
- Tor
- Touristeninformation
- Turm
- Zoo

- Sehenswürdigkeit
- Burg
- Kirche
- Friedhof
- Zeltplatz
- Berggipfel
- Seilbahn

- Autobahn
- Schnellstraße
- Hauptstraße
- sonstige Straßen
- E 65 Europastraße
- A 65 Autobahn
- 243 Bundesstraße
- Eisenbahn
- Grenzübergang
- Staatsgrenze
- Hauptstadt
- Stadt/Ortschaft

Kartenregister

Stadtpläne

Übersichtskarten

Sonstige Karten